KB067638

이상훈의 중국 수다

이상훈의 중국 수다

초판 1쇄 발행_ 2021년 1월 5일

지은이_ 이상훈
펴낸이_ 이성수
주간_ 김미성
편집장_ 황영선
편집_ 이경은, 이홍우, 이효주
마케팅_ 김현관
제작_ 김주범
디자인_ 진혜리

펴낸곳_ 올림
주소_ 04117 서울시 마포구 마포대로21길 46, 2층
등록_ 2000년 3월 30일 제300-2000-192호(구:제20-183호)
전화_ 02-720-3131
팩스_ 02-6499-0898
이메일_ pom4u@naver.com
홈페이지_ http://cafe.naver.com/ollimbooks

ISBN 979-11-6262-042-7 03300

이 도서의 국립중앙도서관 출판예정도서목록(CIP)은 서지정보유통지원시스템 홈페이지
(http://seoji.nl.go.kr)와 국가자료공동목록시스템(http://www.nl.go.kr/kolisnet)에서
이용하실 수 있습니다.(CIP제어번호 : CIP2020053983)

이 책에 사용된 이미지 가운데 일부는 저작권자를 확인할 수 없었습니다.
확인될 경우 협의를 거쳐 사용료를 지불하도록 하겠습니다.

가볍게 풀어낸 중국 공부 40년의 통찰

이상훈의

중국 수다

올림

일러두기 ─────────────────────────────────

글에 나오는 중국어 표현 중에 배워두면 도움이 될 만한 것들은 중국어 발음기호인 한어병음을 함께 적었고, 혹 익숙지 않은 분들을 위해서는 부록으로 한어병음 읽는 법을 자세히 소개하였다.

중국어의 우리말 표기는 실제 소리에 가깝게 적었으나 지명과 인명은 국립국어원의 외래어 표기법을 따르되, 지명과 음식 이름 등은 중국어 발음과 우리식 한자 독음을 혼용하였다.

머
리
말

일반적인 얘기이지만, 미국에서 유학한 사람들은 친미, 일본에서 유
학한 사람들은 친일적인 경향이 있는 것 같다. 여기서 내가 말하는 친
미, 친일은 어떤 정치적 색채도 담지 않은, 순수하고 객관적으로 '친근
하다'라는 의미이다.

이들 국가가 그 어떤 객관적 근거로 다른 나라보다 나아서가 아니
라, 그곳에 대해 잘(?) 알고 익숙하다 보니, 그들의 입장에 서서 처지
를 바꾸어 판단하고 이해할 능력을 갖추게 되었기 때문이라고 생각한
다.

같은 맥락에서 중국에서 유학한 사람은 친중파일 가능성이 크겠다.
그럼 유학이 아니라 이민이나 파견 등으로 거주한 사람들의 입장은 어
떨까?

크게 다르지 않을 것 같다. 물론 치열한 생존경쟁의 최일선에 있는

일반인들의 경우 유학생들에 비해 그곳에서의 삶이 그리 유쾌하게만 각인되어 있진 않겠지만, 그런데도 다르지 않을 것이라 얘기하는 이유는 욕하면서 배우고 싸우면서 정드는 것이 인간이기 때문이다.

그것 자체로는 좋은 혹은 자연스러운 일임에 틀림이 없는데, 문제는 그러면서 사람들은 서서히 옳은 것과 친한 것, 틀린 것과 다른 것 사이의 경계를 혼동하기 시작한다는 것이다. 우리 주위를 둘러보아도 인간의 판단력은 그러한 한계를 여실히 드러내고 있다.

지금 나는 중국과 미국을 오가며 살고 있다. 한국에서 대학을 나오고, 대만과 미국에서 공부했고, 대만과 미국 그리고 중국에서 직장인으로 생활했다. 이 세 지역에서 내가 공부하고 생활한 세월은 각각 9년, 9년, 18년.

나는 친대만파일까, 친미파일까, 친중파일까?

요즘의 정치 외교적 환경을 보면 결코 한 개인 안에 공존할 수 없는 개념들처럼 들린다. 안타까운 일이다. 그렇지만 서두에 언급한 논리대로라면 나는 친대만파, 친미국파, 친중국파여야 한다. 나름 어느 한쪽에도 치우치지 않는 균형감도 가져야 마땅할, 흔치 않은 경험을 한 셈이기도 하다. (그렇다고 해서 이 글이 객관적으로 서술되었다는 의미는 아니다.)

이 글은 이들 국가 중에서 가장 오랜 세월을 보낸 중국에 대한 나의 개인적 기록이다. 신기했던 것, 황당했던 것, 화났던 것, 웃겼던 것, 감사했던 것들에 대한, 그리고 다름이 틀림은 아님을 가르쳐 준 지난 세월을 통해 배운 것과 반성해야 할 것들에 대한.

이 글이 단순히 한 개인의 일기 차원을 넘어, 오늘의 중국을 이해하는 데 도움이 될 수 있다면, 후일 중국을 연구하는 이들이 개방 초기 중국의 모습을 이해하는 데 조금이라도 도움이 될 수도 있다면, 하다 못해 당시 중국의 사회상이 궁금한 사람들이 눈앞에 당시의 상황을 생생하게 그려 볼 수 있는 최소한의 매개가 될 수 있다면, 하찮은 일기 따위를 출판하는 데서 오는 죄책감을 조금은 덜 수 있을 것 같다.

기대와 격려를 아낌없이 보내준 사랑하는 가족, 출판을 위해 애써준 올림의 이성수 대표, 나의 중국 생활 동안 함께해준 한중 양국의 동료들과 친구들에게 감사의 마음을 전한다.

2020년 세밑
이상훈

1 진정한 사랑
중국의 일상에 관한 수다

2 틀린 것이 아니라 다를 뿐
나의 중국 관찰기

3 한국 장관들, 공부 좀 하세요
중국에서 만난 사람들

4 지점장 나와서 비행깃값 물어내!
중국 비즈니스를 위한 몇 가지 통찰

5 신부는 새엄마
중국어 맛보기

부록

나는 왜 중국에서만 갑질을 했나

스무 살 이후 나는 한국에서 5년, 대만에서 9년, 중국에서 18년, 미국에서 9년 정도를 살았다. 역사와 문화가 각기 다른 이 네 곳의 사람들을 나는 어떻게 대하고 있는가? 어느 날 문득 그런 의문이 생겼다. 생각해 보니 나의 태도에는 분명 차이가 있었다.

부끄러운 얘기지만, 우선 한국 사람을 대할 땐 수준 있는 사람, 괜찮은 사람으로 인정받을 수 있을 정도의 친절한 모습을 보였다. 더 부끄러운 얘기지만, 미국인을 대할 땐 그들에겐 이 정도는 해야 하지 않나 하는, 내가 그들과 어울려 사는 데 모자람이 없는 수준의 인간이라는 걸 인정받기에 필요한 수준의 친절을 보였다. 중국 사람에게는, 오해의 소지가 있는 얘기지만, 내가 도덕적인 인간임을 스스로 잊지 않으려는 노력의 일환으로서의 친절을 보였다. 이런 차이는 어디에서 기인했을까?

인종이나 성별, 종교 등과 관계없이 모든 사람에게 잘 대하려고 노력하는 편이라고 자부해 온 터였지만, 그 이면에는 다른 의도가 있었음을 발견한 이상 반성할 필요가 생겼다.

대학 시절 처음 미국이란 나라에 가서 몇 달 동안 온종일 미국 사람들과 생활한 적이 있었다. 나는 모든 이에게 친절했다. 처음 며칠을 묵었던 호텔의 벨보이 할아버지에게도, 연수 기간 동안 만난 선생님들이나 구내식당 계산대의 아주머니에게도, 학교 행정실 직원 아가씨와 학교 화단의 꽃과 관목을 정리하던 아저씨에게도…….

당시에도 나는 그것이 나의 친절한 성품(?) 때문만은 아니라는 걸 이미 알고 있었다. 그들의 언어와 생활 방식에 익숙하지 않으니 그저 헤헤 웃는 것으로 '떼울' 수밖에 없었고, 그걸 마치 내가 친절하고 선한 사람인 양 포장하고 있었던 것이다. 대학 졸업 후 대만 유학을 갔을 때도 역시 비슷하게 행동했다.

물론 내가 모질거나 거친 사람은 아니었던 것 같다. 똑같은 그런 상황에서 답답하고 불편한 것을 짜증이나 엉뚱한 화풀이로 대신하는 사람들도 있었으니 말이다.

그들의 그런 반응이 사실은 내가 보인 반응들에 비해 훨씬 솔직하고 해결 지향적이었다는 생각을 그때는 하지 못했다. 하지만 싫으면 싫다고 하고, 맛없으면 먹기 싫다고 하고, 못 알아들으면 짜증을 내면 상대가 정확히 그 사람의 의도나 상황을 파악하고 그에 맞게 행동하게 되어 때로는 더 긍정적인 결과를 얻어내기도 한다. 반면에 나 같은 사람은 친절한 사람, 편안한 사람이라는 칭찬을 듣는 대신 실제로 내가 원하는 것은 하나도 얻지 못하는 경우가 많다.

대만 생활 초기에도 그랬다. 몇 달 묵었던 집의 주인은 내가 이사한 이튿날 아침, 부탁한 것도 아닌데 나를 배려하느라 바쁜 출근 시간임에도 불구하고 식당이 모여 있는 골목으로 나를 데리고 가서 앞으로 내가 먹을 만한(자기가 생각하기에) 아침거리를 소개해 주었다.

불행히도 그 가운데 내 구미에 맞을 만한 것은 하나도 없었다. '샌드위치나 국밥 같은 거 파는 데는 없나?' 옆눈으로 두리번거리면서 옆에서 뭐라고 계속 얘기하는 그의 얘기에도 귀를 기울이느라 눈과 귀가 동시에 바빴지만, 알아들을 수 있는 말은 절반도 되지 않았고, 내가 찾는 식당들은 보이지 않았다. 마음 같아서는 손짓, 발짓을 해서라도 샌드위치나 국밥 파는 데를 물어보고 싶었지만, 다 알아들은 체하며 정작 내가 내뱉은 말은 "와, 저거 맛있어 보인다!"였다. 내가 가리킨 것은 탕수육 소스처럼 걸쭉한 국물에 생굴과 쌀국수를 삶은 '어아미쏴'를 파는 집이었다. 지금은 없어서 못 먹는, 그 이름도 정겨운 어아미쏴이지만, 그때 내가 그걸 정말 먹어 보고 싶었냐고? 그럴 리가! 그가 하는 말을 못 알아듣는 자신이 창피하기도 했지만, 출근길의 그를 더 붙들고 있을 수도 없어서 어쩔 수 없이 선택한 '고육지책'이었다. 덕분에 그 후로 저녁때면 간혹 그가 나를 위해 특별히 사 오는 어아미쏴를 엄청 행복한 표정으로 한동안 즐겨야(?) 했었다. 결국은 그 덕에 내 인생에 또 다른 즐거움 하나가 생긴 셈이지만, 아무튼 당시로서는 나는 생전 처음 먹어 보는 이상한 국수로 아침을 때울 수밖에 없었다.

그런가 하면 내 친구 하나는 그런 경우 아예 대놓고 "샌드위치나 국밥은 없어요? 아, 그럼 됐어요!"라고 말함으로써 호의를 베풀려던 이가 다소 민망할 정도로 아침의 시장 탐방을 끝내 버린다. 양쪽 모두 시간의 낭비나 먹기 싫은 걸 억지로 먹는 고역을 막을 수 있으니 다분히 효율적인 방식이다.

(누구의 선택이 더 옳은지를 가리자는 것은 아니다. 인간의 친절한 얼굴 뒤에 숨어 있을지도 모르는 다른 모습, 즉 어색함과 무지를 어

---

* 전분 가루를 푼 국물에 생굴과 쌀국수를 함께 삶은 음식인 커짜이몐셴(蚵仔麵線)의 대만식 발음.

정쩡한 미소로 얼버무려 보려는 얄팍한 계산을 내게서 보았다는 얘기다.)

입사 후 발령을 받아 중국 생활을 시작하기 전까지 나는 나의 친절 뒤에 숨은 본모습이 그것 하나뿐인 줄 알았다. 어색함을 모면하려는 얄팍한 계산.

중국 생활을 시작하면서, 많이 다르기는 하지만, 그래도 같은 중국 계인 대만에서의 경험을 통해 언어건 생활 습관이건 많이 훈련되어 있던 나는 이제 그런 유의 친절을 가장한 어색한 미소를 지을 필요는 없는 수준이 되어 있었다.

이제 내가 사람들에게 보여주는 친절이나 미소는 다른 계산 없이 순수하게 내 본마음에서 우러나오는 표현, 내 나라에서라도 당연히 그렇게 했을 미소나 친절로 그 본모습을 찾아가고 있었다. 만족스러운 결과였다. 동료 직원들, 아파트 경비 아저씨, 간혹 슈퍼에서 만나는 아르바이트 청년에게 내가 보내는 미소는 미소 본래의 모습을 찾아가고 있었다.

그런데 몇몇 예외가 생기기 시작했다. 출퇴근을 도와주는 회사 차량이 쉬는 날 간혹 이용하게 되는 택시의 기사 아저씨들, 어쩌다 찾는 중국 식당에서 마주치는 복무원*들을 대하는 나의 태도가 무례하고, 심지어 때론 사뭇 고압적이기까지 하다는 사실을 깨닫는 데 그리 오랜 시간이 걸리지 않았다. 술이라도 거나하게 취한 날 택시나 식당 안에서의 내 모습은 내 동료 직원들이나 우리 집 가사 도우미 아주머니가 아는 나의 모습과는 판이하게 다른 모습이었다.

원인은 간단했다. 나는 그들을 무시했던 것이다. 신분? 수준? 내게 그들에 비해 내세울 무슨 신분이나 수준이 있었는지는 모르겠으나, 아무튼 나는 그들을 무시했음이 분명했다. 무엇이 나로 하여금 그들을 얕잡아 보게 했을까?

신분이나 지위 같은 그런 거라면 내가 감히 얕잡아 볼 사람은 그들뿐은 아니었다. 내 지휘하에 있던 현지 직원들, 가사 도우미 아주머니, 슈퍼의 아르바이트 청년……. 그런데 그들에게는 그러지 않았다. 그들은 늘 봐야 하는 사람들이니, 남들에게 늘 실제보다 좋은 사람으로 보이고픈 내 야비한 목적에 부합하려면 그들을 무시함으로써 야기될 수도 있는 결과는 내 인생에 전혀 도움이 되지 않는 것이었다.

---

* 중국에서는 종업원을 복무원(服務員, 푸우위안)이라 부른다. 우리는 복무라고 하면 '군 복무'라는 표현이 제일 먼저 생각나 뭔가 의무감 같은 게 느껴지지만, 중국어에서는 순수하게 영어의 서비스, 우리말의 봉사와 같은 뜻으로 아주 폭넓게 쓰인다. 복무원이란 단어에서 '원'은 사람이란 뜻이니 복무원은 봉사하는 사람, 서비스를 제공하는 사람을 가리킨다. 우리말의 종업원보다는 훨씬 일의 성격이 잘 드러나는 표현이겠다.

결국, 기사 아저씨들과 식당 복무원들에게 고압적이었던 것이 나의 본모습이었다. 다시 볼 일도 없을 뿐 아니라 내가 누군지도 모르니, 내 이미지에 먹칠할 일이 없는 사람들이기 때문에 그렇게 대할 수 있었던 것이다.

그런데 왜 유독 중국에서만? 한국에서였다면? 미국이나 대만에서 였다면? 그러지 않았고, 앞으로도 그러지 않을 것이다.

재작년이었던가, 한 취객이 택시를 타고 집에 거의 도착한 시점에 기사 아저씨가 길을 못 찾자 성깔을 부리며 다그쳤고, 그것이 직접적 원인이 되었는지는 모르겠으나 어쨌든 결과적으로 기사 아저씨는 현장에서 심근경색으로 사망했다는 기사를 읽었다. 부끄럽고 섬뜩했다. 바로 내 모습이었다. 아, 나도 사람을 죽일 수 있었구나! 나는 뉴스의 그 취객보다 좀 더 만만한 시절, 만만한 사회에서 상대를 골랐을 뿐, 나의 저열함은 그 사람보다 조금도 뒤지지 않았던 것이다.

만만한 사회라는 표현이 자칫 중국을 비하하는 것으로도 들릴 수 있 겠으나, 20여 년 전의 중국은 확실히 그랬다. 외국인들의 기준으로는 한참 갈 길이 먼 동네, 만만한 동네였다.

지금이야 갑질하다 자칫하면 9시 뉴스에 나오는 시대가 되었지만, 그 당시만 해도 중국에선 길거리에서 교통경찰이 택시를 세워 놓고 기사의 귀싸대기를 후려갈겨도 뉴스거리가 되지 않던 시절이었다. 갑과 을이 분명했고, 갑이 갑질을 하지 않으면 마치 제 역할을 하지 않는 것 같은 분위기가 사회 전반에 만연하던 시절이었다. 그 만만한 분위기에 편승해 나도 결국은 갑질이나 하는 한심한 부류의 하나로 한 시대를 살았다는 사실이 부끄러울 뿐이다.

친절 얘기를 하다가 얘기가 갑질로 흘렀다. 다시 정리해 보면, 나의 갑질 근성이 중국에 와서야 본모습을 드러내게 된 이유는 몇 가지가 있는 것 같다.

우선, 나는 본래 비열한 인간이었으나, 그전에는 드러나지 않았을 뿐이었다.

둘, 만만한 상황을 만나니 그것이 드러나기 시작했다.

셋, 중국이 내겐 만만하게 보였다.

중국이 왜 내게 만만하게 보였을까? 나는 크게 두 가지에 기인한다고 본다. 전반적 국력과 시민 개개인의 의식 수준.

1990년대 중후반까지만 해도 중국은 많이 못사는 나라였고, 국민들은 패배감에 사로잡혀 있었다. 우리의 강남 개발이 70년대 중후반부터였다면, 중국 상해의 푸둥 개발은 90년대 중후반부터였다. 1990년대 중반까지 상해 푸둥은 그야말로 허허벌판, 중국말로 '새는 알을 낳지 않고 개는 똥도 누지 않는 곳(鳥不生蛋狗不拉屎的地方)'이라고 할 만큼 황량한 곳이었다.

1994년 초여름, 당시 우리 회사가 상해에 팩스 공장을 지으려고 삼성, 마쓰시타, 샤프 등과 경쟁을 벌이던 때였다. 회사 중역들을 모시고 간 출장에서 상해 시정부 인사가 공장 부지 후보지들을 보여주러 우리 일행을 데리고 간 곳은 바로 푸둥이었다. 그 당시 찍은 사진이 남아 있지 않은 것이 아쉽지만, 정말 눈앞에 펼쳐진 거라곤 허허벌판에 여기저기 공사장 울타리와 구분을 위해 박아 놓은 말뚝들, 그리고 땅을 고르는 트랙터의 모습뿐이었다.

우리의 60, 70년대와 90년대가 공존하는 시절이었다. 우리 일행은 상해의 웨스틴 태평양이라는 특급 호텔에 묵었는데, 커피 한 잔에 30~40위안 했던 것으로 기억한다. 서울 뺨치는 가격이었다. 커피 한 잔이 40위안이면 아침 식사엔 과연 얼마가 들었을까?

첫날 시정부 관리들 앞에서 열정적인 프레젠테이션을 나름 성공적으로 마친 우리 일행은 다음날 아침 여유로운 마음으로 인근 공원과 시장을 찾아 나섰다.

아침나절 중국 공원의 모습은 그때나 지금이나 크게 다르지는 않지만, 그때가 좀 더 사람 냄새가 진했다고나 할까……. 장기 두는 노인들과 주변의 훈수꾼들, 녹음기에서 흘러나오는 음악 소리에 맞춰 쌍쌍이 춤추는 무표정한 중년 남녀, 혹은 또 다른 음악 소리에 맞춰 체조나 율동을 하는 사람들, 혼자서 나무둥치에 등을 연신 부딪히며 내공을 연마하는 할아버지, 양철 검을 들고 태극권을 흉내 내는 할머니, 양손 바닥으로 열심히 두 볼을 상하로 쓸어내리며 귓불까지 잡아당기는 할아버지. 그리고 얼마 멀지 않은 곳에 펼쳐진 아침 시장, 채소를 내다 놓고 파는 아저씨 아주머니들, 온갖 잡다한 일용품을 파는 좌판, 웃통을 벗어 재낀 채 파리떼가 윙윙거리는 속에 돼지고기를 팔고 있는 손수레 정육점 주인, 그 한쪽에 샤올룽빠오(小籠包)와 양춘몐(陽春麵)*을 파는 노점 식당이 있었다.

　모두 다섯 명이었던 우리 일행은 국수 몇 그릇과 샤올룽빠오 몇 판을 시켜 정말 맛나고 배부르게 타국에서의 첫 아침 식사를 마무리했다. 우리 일행이 느낀 뿌듯한 포만감 뒤엔 아마도 "내가 이렇게 현지 문화에 잘 적응하고 있구나!" 하는 자부심도 한몫했었을 것이다.

　아무튼 우리 일행이 그렇게 아침 식사를 위해 쓴 돈은 모두 20위안을 넘지 않았다. 호텔의 커피 한 잔과 아침 시장의 5인분 식사의 차이

* 파 다진 것과 상차이 약간 말고는 국물과 국수 외에 고명이라고는 없는 값싼 서민 국수.

가 컸다. 90년대와 60년대가 공존하는 전형적인 예의 하나였다.

그렇게 극히 일부의 장소, 일부의 계층을 제외한 전 국민의 생활이 그리 여유롭지 못했던 당시의 중국은 정치적 · 외교적으로도 움츠러져 있었다. 바로 그래서 작은 거인 덩샤오핑이 '드러내지 말고 조용히 힘을 기르라'는 도광양회(韜光養晦)를 주장하던 시절이기도 했다. 당시의 중국 사람들은 많은 면에서 자신감이 없었다. 택시를 타고 가며 기사 아저씨들과 이런저런 얘기를 나누다 내가 한국 사람이란 얘기를 하면 그들의 첫마디는 늘 "너희 한국은 정말 대단한 나라다. 한국 사람한텐 배울 게 참 많다!"였다. 이어지는 말은 "우리 중국 사람들은 안 돼!"였다. 열이면 열이 다 그랬다.

바로 이것이 내가 감히 그들을 무시할 수 있었던 이유였다. 기사 아저씨들의 이야기에서 자신감의 결여를 보았고, 아침 시장 손수레에서 고기 파는 사내의 벗은 웃통에서, 윙윙거리는 파리떼에서 그들의 궁핍을 보았다.

오랜 세월 지속된 빈곤과 국제 무대에서의 소외가 그들의 눈빛과 언어에서 '기'를 앗아간 것이다. 왠지 아무렇게나 해도 될 것 같은 그런 방자함을 상대에게 용인하는 무기력함. 기라는 것은 상호 작용의 결과로 느껴지는 것 같다. 내가 아무리 잘나고 자신감 있어도 상대가 알아

주지 않으면 제대로 기 펴고 상대하기가 힘들고, 상대가 아무리 갑질을 하려 해도 내가 눈 똑바로 바라보고 응수하면 상대는 움찔하게 마련이다.

현재의 궁핍이 과거의 영화에서 오는 자신감을 무너뜨리려면 몇 년 정도가 걸릴까? 또 현재의 풍요가 과거 수십 또는 수백 년의 궁핍의 때를 벗게 하는 데에는 얼마나 걸릴까? 한때의 부귀영화를 뒤로하고 최근 경제적으로 무너지는 나라의 국민들, 그리고 중국처럼 오랜 잠에서 깨어나 기지개를 켜기 시작한 몇몇 나라 국민들의 눈을 몇 년 혹은 몇십 년 동안 지켜보면 그 답이 나오지 않을까?

요즘 중국 사람들을 보면 이미 움츠렸던 과거에서 벗어나 벌써 갑질을 배우기 시작한 부류의 번들거리는 눈빛과, 아직도 두려운 기색으로 주위를 두리번거리는 전혀 다른 눈동자들을 동시에 보게 된다. 물론 우리나라에도 아직 사회 곳곳에 소심하고 불안하고 때론 비굴하기까지 한 후자의 눈빛들이 있어 안타깝지만.

미국인의 눈에서는 40년 전에도 후자의 눈빛을 보지는 못했던 것 같다. 내가 40년 전이나 지금이나 미국 사람들에게 친절한 이유는 단순히 온순한 성격 때문이거나 무지와 어색함을 숨기기 위해서가 아닌, 그보다 훨씬 근본적인 원인이 있었던 것이다. 바로 그들에게 기가 죽어 있었던 것이다. 20여 년 전 내가 북경의 택시 기사나 식당 종업원에게 갑질할 수 있었던 이유는 그들에게서 그런 기가 느껴지지 않았기 때문이었을 뿐이고…….

머지않은 미래에 상해 우리 동네 아파트 청소 도우미 아주머니에게서도, 건설 현장의 아저씨들에게서도, 택시 기사 아저씨들에게서도 우리나 미국의 그것을 능가하는, 여유 있고 친근한, 그러나 갑의 번들거림은 없는 겸손하고 자신감 있는 미소가 피어나기를 기대해 본다.

1

진정한 사랑

중국의 일상에 관한 수다

진정한 사랑
샹차이 이야기(1)

　'인생은 아는 만큼 즐기는 것'이라고들 한다. 어렸을 땐 무슨 말인가 했지만, 어느 정도 나이가 들면서 참 공감이 가는 말이라고 생각했다. 심지어 회사에서 후배 직원들을 교육할 기회가 있을 때는 열심히 예까지 들어가며 '아는 것만큼 즐기는 인생'에 대해, 즐기려면 알아야 하고, 알려면 싫어도 해야 하는 이런저런 경험에 대해 꼰대 같은 소리를 늘어놓기도 했다. 지금도 틀린 얘기는 아니라고 생각한다. 이 얘기가 틀린 얘긴지 맞는 얘긴지는 일단 차치하고, 당시 후배들에게 예를 들었던 이야기 중에 샹차이(香菜), 즉 고수에 관한 얘기가 있다.

　중국에 가본 적이 있는 한국인들이 중국의 첫인상을 얘기할 때 상당히 자주 등장하는 것 중의 하나가 바로 이 샹차이다. 문제는 이것이 좋은 경험이나 기억으로 회자되지는 않는다는 것이다.

　책을 쓰기로 마음먹고 나서 샹차이 얘기를 일찌감치 쓴 것은 샹차이로 대변될 수도 있는 이질감이나 거부감은 중국뿐 아니라 남의 나라에서 살면서 어쩔 수 없이 부딪혀야 하는, 때론 정신적이고 때론 물리적인 장애물(?)이며, 이 이질감이나 거부감이 '틀림'이 아니라 '다름'인 것을 깨닫는 것이 '이문화 적응', '남의 땅에서 살기'의 시작이라 생각하기 때문이다. 때로는 적응하고 때로는 극복해 가면서 궁극적으로는 내 것으로 만들고 사랑하는 단계로까지 발전시켜 나갈 때 내 문화와 이문화 사이에 존재하던 국경은 사라지고 중국 사람들이 좋아하는 이른바 사해지내개형제(四海之內皆兄弟), 즉 온 세상 사람이 모두 형제와 같다는, 사해동포(四海同胞)의 경지에 이르게 되지 않을까.

샹차이를 생각하면 떠오르는 기억 중에 청국장이 있다. 대학 입학 전까지 나는 그런 음식이 있는 줄도 몰랐다. 서울로 유학을 온 지 얼마 안 된 어느 날 아파트 복도에서 처음 그 냄새를 맡았을 때 나는 '이 아파트가 푸세식은 아닐 텐데? 이 출처를 알 수 없는 변의 향내는 도대체 어디서……?'라는 의문을 그곳에 살던 첫 일 년 동안 끊임없이 가져야 했다.

어느 날 안양에 사는 동기 녀석 집에 놀러 가서야 '아, 똥으로도 음식을 만드는구나!' 하는 사실을 비로소 깨닫게 되었다. 그 후 나는 청국장의 팬이 되었고, 지금도 과음 후 다음 날 찾는 메뉴 중에는 청국장이 몇 손가락 안에 들어 있다. 내 인생에 즐거움 하나가 더해진 것이다.

그때 내가 '똥'으로 만든 찌개에 도전할 수 있었던 것은 많이 알고 많이 경험해야 인생이 즐거워진다는 그런 고상한 인문학적 탐구심에서 출발한 것은 아니었다. 단지, 아들 친구가 왔다고 정성스레 음식을 차려 주신 친구 어머니의 정성을, 그 마음을 다치게 할 수는 없다는 어진

(?) 마음에서 비롯되었을 뿐이다.

다시 샹차이 얘기로 돌아가 보자. 내가 처음 샹차이를 접한 것은 대학 마지막 학기를 마치고 대만으로 떠나기 직전인 1984년의 2월 어느 저녁이었다.

대만 유학 전, 부족한 중국어 실력을 보완하기 위해 다녔던 모 어학당의 대만 선생님께서 유학을 떠나기 며칠 전 나를 집으로 초대해 푸짐한 저녁상을 차려 주셨었다.

상다리가 휘어지게 차려 주신 많은 음식 중에 제일 맛있고 지금도 타이완 음식점에 가면 즐겨 찾는 음식은 '차오미펀(炒米粉)'이란 우리의 잡채 비스름한 요리였다. 전분 가루로 만든 면발이 굵고 색상이 어두운 우리식 당면 대신 쌀가루(米粉)로 만든, 훨씬 가늘고 색상도 흰색인 말린 면을 당면 불리듯 불린 후 갖은 재료를 넣어 볶아내는 음식인데, 민남(閩南) 지방의 대표적 특미인 이 요리가 그날 나의 입맛을 창졸간에 천당에서 지옥으로 추락하게 했고, 이제는 지상에서 영원으로 인도하고 있는 장본인이었다. 다른 맛난 것들과 난생처음 마셔보는 구아바 주스 그리고 이 차오미펀의 맛에 진심 어린 감탄사를 연발하던 나는 어느 순간 그만 "억!" 하는 소리 없는 외마디를 지르며 음식 씹기를 멈추지 않을 수 없었다. "이게 뭐지???"

중학교 시절부터 늘어나기 시작한 나의 식탐은 식사 때 한 가지 음식만 입에 들어 있는 것을 용납하지 않았다. 굳이 예를 들자면 불고기 한입을 입에 넣고 우물우물하는 사이에 어느덧 젓가락은 빈대떡 접시로 가고 있게 마련이었고, 이렇게 입에 들어온 빈대떡과 불고기가 채 목구멍을 넘어가기 전에 도토리묵을 시간차 연타로 구강 내로 투척하

29

는 나의 식습관 때문에 이 이상한 맛의 출처를 도통 종잡을 수가 없었다.

방금 내가 뭘 집어 먹었지? 타이완샹창(臺灣香腸: 대만식 소시지)? 콩씬차이(空心菜)? 차오미펀? 그 어느 것도 처음 먹은 것이 아니었다. 최소한 한 번 이상은 젓가락질을 했던 것들인데……. 그렇다면 이 맛은 도대체? 혹시 차오미펀에 들어간 고기가 상했나? 선생님이 상한 고기를 썼을 리도 만무하고……. 암튼 당시의 충격은 하마터면 입에 넣었던 음식을 다 뱉어낼 뻔하기에 충분한 것이었다. 웬만한 음식은 다 잘 먹노라고 자부하던, 식탐의 대명사인 나였음에도 말이다.

그 맛의 정체가 바로 샹차이였다는 걸 알아채는 데 그리 오랜 시간이 걸리진 않았다. 앞서 이야기했듯이 차오미펀은 잡채 비슷한 것이어서 이것저것 다양한 재료가 들어가는데, 여기에 맛을 더하기 위해 화룡점정(?) 격으로 마지막에 투입된 것이 바로 문제의 샹차이였던 것이다. 다른 재료들과 섞여 있던 샹차이가 내 젓가락에 걸려들기 전까지만 해도 내게 가장 맛있는 음식 중 하나였던 차오미펀은 그날 이후 한동안 내게서 멀어지고 말았다.

물론 나중엔 차오미펀처럼 샹차이가 들어가는 음식을 시킬 때는 샹차이를 빼 달라고 미리 얘기하는 조심성을 발휘함으로써 그나마 그날의 공포를 조금씩 잊어갈 수 있었다. 그런데도 가끔은, 이미 국물에 우러났거나 다른 양념에 묻어 들어온 샹차이의 맛 때문에 놀라는 횟수들이 세월의 흐름만큼 줄어 가면서 나도 모르는 사이에 샹차이에 적응해 가는 나의 모습을 발견하게 됐고, 2년도 더 되는 꽤 긴 시간이 지난 후에야 샹차이는 더는 내게 공포의 대상이 아닌, 외려 새로운 즐거움이

자 탐구의 대상으로 서서히 자리를 잡아 가기 시작했다. 역시 인생은 아는 만큼 즐기는 것인가?

지금의 내게 샹차이는 어떤 존재인가? '샹차이김치'라는 반찬을 어디서라도 맛본 적이 있거나 혹은 그런 단어라도 들어 본 사람은 그리 흔치 않을 것이다. 고향이 황해도나 평안도가 아니라면 더욱이나 말이다. 궁금하신 분은 '고수김치'를 검색해 보면 관련 정보를 발견할 수가 있을 거다. 물론 내가 여기서 얘기하고자 하는 건 고수김치 만드는 법은 아니다.

내가 고수, 즉 샹차이를 얼마나 좋아하게 되었는가 하는 얘기를 하려는 건데, 나는 황해도나 평안도 출신도 아니고, 당시엔 주위에 그 지역 출신 친구도 없었다(이 지역에서는 고수김치를 담가 먹는다고 한다). 그런 내가 고수김치, 내 식으로 표현하자면 샹차이김치를 만들어 먹는다는 것은 내가 샹차이를 얼마만큼이나 생활의 중요한 일부분으로 간주하고 있느냐에 관한 증거란 얘기이다. 만든다고 해서 김장김치 담그듯 혹은 요리책에 나오는 것처럼 갖은 재료를 첨가하는 일련의 제조 과정이 있는 그런 것은 아니다. 너무도 간단하다. 샹차이를 좋아하는 사람이라면 그리고 이제까지 이렇게 해 먹어 보지 않은 사람이라면 오늘 당장 시도해 보시기를 권한다. 준비물은 잘 씻은 샹차이 한 사발, 간장 두 큰 술, 끝! 제조법은 샹차이를 사발에 넣고 그 위에 간장을 골고루 끼얹어 준다. 3, 4분 정도 지난 후 간장의 염분으로 샹차이의 숨이 죽으면, 즉 샹차이가 간장에 대충 절여지면 '이상훈표' 샹차이김치 완성! 라면이나 베트남 국수 드실 때 반찬 삼아 드시면 된다.

나는 정식으로 고수김치를 담가 드시는 황해도나 평안도 분들보다 감히 내가 훨씬 더 고수, 즉 샹차이를 사랑한다고 생각한다. 사랑한다는 표현이 다소 과하거나 부적절하다면, 나는 내가 고수김치를 일찌감치 만들어 드셨던 분들에 비해 적어도 샹차이의 본질에 더 충실하게 샹차이를 활용하고 있다고 본다.

이젠 여든을 훨씬 넘기신 나의 고모는 젊은 시절 커피광이셨다. 우리나라가 그리 잘 살지는 못했던 시절, 그래도 좀 여유가 있었던 우리 집에는 미군 PX에서 흘러나온 미제 물건들을 파는 일명 도깨비시장에서 사 온 테이스터즈 초이스나 맥심 같은 인스턴트커피가 있었다. 해마다 여름이면 남매를 데리고 부산으로 놀러 오시곤 했던 고모는 외출하고 돌아오면 미처 물을 끓일 사이도 없이 빈 잔에 인스턴트커피 한 숟갈을 크게 떠 넣곤 차가운 수돗물(그 당시엔 싱크대의 수도꼭지에서 더운물이 나오는 집이 거의 없었다. 우리의 어머니들은 한겨울에도 찬물로 설거지를 하셨던 것이다)을 콸콸 채워 넣은 다음 젓는 둥 마는 둥 한숨에 들이키시고는 "야, 이제 좀 살겠다!" 하며 기지개를 켜시곤 했다.

나는 이것이 진정한 사랑이라고 생각한다. 분칠하지 않은, 대상의 본질 자체에 대한 존중!

커피라곤 인스턴트밖에 없고 브랜드라야 기껏 맥스웰하우스, 맥심, 테이스터즈 초이스가 전부였던 시절에도 사람들은 본인이 커피에 관한 한 타의 추종을 불허하는 듯한 발언들을 꽤나 자신감 있게 쏟아내곤 했었다. 어떤 건 신맛이 더하네, 어떤 건 쓴맛이 더하네, 어떤 건 한물간 촌스러운 맛이네, 심지어 "촌놈처럼 커피에 설탕을 타 먹냐?"면서 옆 사람 면박 주기까지. 그 몇 안 되는 선택의 차이를 놓고도 사람들은 그것을 사랑이나 이해의 정도에 관한 판단의 기준인 양 잘난 체를 해댔었다. 물론 지금은 선택의 폭이 더 넓어진 만큼 그 잘난 체의 정도도 가히 현학적인 수준에 이르고 있지만.

그러나 고모를 보라. 피로에 지쳐 혼미해진 정신을 맑게 해 주는 카페인 자체의 본연의 가치에 얼마나 충실한 커피 사랑인가? 스타벅스? 카페베네? 홀리스? 파스쿠찌? 혹은 케냐? 에티오피아? 콜롬비아? 인도네시아? 그런 거에 관심이 없다.

사람에 대한 사랑도 그래야 할 것이다. 미국 사람, 한국 사람, 중국 사람, 혹은 키 큰 사람, 키 작은 사람, 마른 사람, 푸짐한 사람, 성질 급한 사람, 느려 터진 사람, 그런 것과 관계없이 사람이면 다 사랑하는 그런 사랑!

샹차이에 대한 나의 사랑은 그런 것이다. 그냥 샹차이면 된다는 얘기이다.

(샹차이의 맛을 알고 나면 베트남 국수, 우육면, 또 앞서 언급한 차오미펀 등등 샹차이 없으면 못 먹는다. 너무 과장인가?)

남의 눈이 아닌
나의 눈으로 나를 바라볼 수 있다면
샹차이 이야기(2)

　기피와 공포의 대상이었던 샹차이가, 나로 하여금 예찬론까지 펼치게 할 정도로 사랑하는 그 무엇이 된 배경에는 무엇이 작용했을까? 인생에 즐거움 하나를 더하기 위한 노력? 추천한, 혹은 만들어 준 사람에 대한 배려가 습관으로 이어진 결과? 내 뇌가 미처 인지하지 못했던 나의 체내 효소와 샹차이의 화학적 성분 사이에 이미 존재하던 생화학적 궁합을 시간이 지나면서 스스로 발견한 결과일까? 그도 아니면 샹차이를 나보다 훨씬 늦게 알게 된 사람들 앞에서 "너희들은 아직 이 맛도 모르니?", "너희들이 샹차이 맛을 알아?" 하며 잘난 체하기 위해 내 미각에 대해 부단히 강제적 세뇌를 한 결과인가?

　위에 열거한 여러 가지는 아마도 거부감을 느낀 후 그것을 극복하기 위해 의식적 혹은 무의식적으로 나의 생각이나 행위가 진행된 결과일 것이다. 그렇다면 거부감 자체가 생기지 않게 하는 방법은 없을까?

　대만 유학 시절 9년 동안 선후배를 비롯하여 수많은 사람들과 접촉

하면서, 의도적은 아니었지만, 샹차이에 대한 한 가지 유용한 실험 결과를 도출해 낼 수 있었다. 샹차이에 대한 거부감을 줄이거나 극복 기간을 줄이는 방법, 즉 거부감이 일종의 병이라면 병에 걸리지 않게 하거나 걸려도 빨리 낫게 하는 방법. 그렇다! 예방접종을 하면 된다는 결론에 도달했다.

주위의 수많은 사람을 크게 세 가지 부류로 나누어 보았다. 하나는 샹차이에 대해 아무런 사전 지식도, 설명도 갖지도 듣지도 못한 제1그룹. 하나는 비교적 객관적 정보만을 얻은, 이를테면 한국인의 대다수가 샹차이를 별로 좋아하지 않으니 굳이 모험하고 싶지 않으면 손대지 않는 것이 현명하다는 충고 정도를 들은 제2그룹. 마지막은 의도적으로 대상인을 자극해 샹차이에 도전하고픈 욕구를 불러 내고자 실험자(필자)가 주관적으로 편집한 정보를 습득한 제3그룹.

제3그룹에 내가 던지는 첫마디는 늘 똑같다. "저건 손도 대지마. 넌 저거 못 먹어!" 상대의 반응도 늘 거의 대동소이하다. "왜? 뭔데?" 그러면 나는 어김없이 그의 자존심을 긁는 두 번째 멘트를 날린다. "응, 저건 샹차이란 건데, 외국 생활도 많이 하고 맛있는 것도 많이 먹어 본 사람들이나 가능하지, 웬만한 한국 사람은 입에도 못 대!"

이 세 그룹의 사람들이 샹차이에 적응해 가는 과정을 결과만 놓고 보면 단연 제3그룹의 적응 속도가 가장 빠르다.

나의 두 번째 멘트까지 들은 제3그룹의 반응은 꽤 많은 경우 "도대체 뭐 그리 대단한 거길래 그래? 사람이 못 먹는 게 어딨어? 이래 봬도 나도 여기저기 많이 다녀 봐서 웬만한 건 다 먹어!" 등의 무시당한 데 대한 반감과 상대적 자신감에 쩌는 내용들이다. 물론 "어, 그래?"하며 바로 포기 모드로 들어가는 사람들도 있다.

그러나 발끈하며 자신감 쩌는 반응을 보였던 사람 중에는 바로 꼬리를 내리는 사람이 그리 많지 않다는 점이 나의 요지이다.

과학적, 통계적으로 접근한 것이 아니라 세월이 지난 뒤 친구들의 상차이와의 첫 만남을 상기하면서 발견한 사실이므로 내 말을 과학적으로 입증할 방법은 없다. 그러나 독자들께서도 비슷한 경험이 있다면 무슨 이야기인지 이해할 것이다.

이 예방접종의 요점은 두 가지다.

첫째, 객관적으로 상차이가 도전하기 쉽지 않은 어려운 과제임을 주입시켜 마음의 준비를 하게 한다.

둘째는, 그 과제를 풀 수 있는 사람은 너 같은 일반인이 아니라는 자극적 멘트로 자존심과 도전욕을 동시에 자극하는 것이다.

결과적으로 "뭐 그리 대단하길래? 갖고 와봐!"라고 했던 사람들은 본인의 자존심을 찾는 동시에 한 말에 대한 책임을 지기 위해 실제로는 '억! 이게 뭐야?'라는 느낌을 받았다 할지라도 겉으로는 "뭐 먹을 만하네! 별것도 아니구만!" 하는 반응을 보인다는 것이다.

새로운 것에 빨리, 보다 쉽게 적응하기 위해, 혹은 적응하게 하기 위해서는 사전 정보가 중요하다든지, 인간은 결국 껍데기뿐인 자존심이나 가식 때문에 이런저런 결정들을 내리는 경우가 많다는 따위의 얘기를 하자는 건 아니다. 물론 그것도 발견이라면 발견이겠지만…….

내가 더 중요하게 생각하는 건 제3그룹으로 대변되는 자존심과 체면으로 살아가는 수많은 사람들이 — 어쩌면 정도의 차이는 있을지언정 모든 사람은 결국 이 부류에 속할지도 모른다 — 도전하고 극복해 나가는 동인(動因)은, 나의 자존심이나 나의 체면이라는 표현을 쓰지만, 사실은 타인의 시선, 즉 남 때문이라는 것이다. 사실, 같은 의미이지만, 사람들은 어떻게든 '내 인생의 주인은 나'라는 주장을 하고 싶어서 내 자존심, 내 체면 같은 능동적으로 보이는 표현을 하려고 애를 쓴다. 사실은 판단을 남에게 맡겨 놓았으면서도 말이다. 남에게 무시당하지 않기 위해, 남에게 책임감 있는 사람으로 보이기 위해…….

시작을 시시하게 샹차이 같은 풀 나부랭이로 했으니 결론도 시시하게 나겠지만, 샹차이 같은 풀을 먹을까 말까를 결정하는 데에도 사람들에겐 – 적어도 일부 사람들에겐 – 남의 눈이라는 것이 영향을 미친다는 것인데, 그 보는 눈을 남의 것이 아닌 나의 것으로 바꾼다면 훨씬 능동적이고 여유 있는 삶을 살 수 있지 않을까?

쓰다 보니 별 결론이 없어졌지만, 그깟 결론이 뭐가 그리 중요하랴? 앞으로도 베트남 국수 먹을 때 샹차이 한 접시를 푸짐하게 옆에 놓고 즐길 수 있다면.

황당과 당황의 차이

예전에 누가 우스갯소리를 한다며 황당과 당황의 차이를 아느냐고 물은 적이 있다. 답을 못 대는 내게 그 친구가 해준 설명은 좀 천박하긴 하지만 설득력 있는 내용이었다.

말인즉슨, 길을 가던 중 뒤가 급해 마땅한 장소를 물색하던 한 사람이 동네 골목에 세워 놓은 트럭 한 대를 발견하고는 트럭과 트럭 뒤쪽 막다른 골목 담장 사이 1미터가량의 공간을 찾아 몸을 숨겼단다. 간신히 참았던 터지기 직전의 제1발을 시원하게 발사하고 안도의 한숨과 함께 제2발을 장전하려는 찰나 부르릉하는 엔진 소리와 함께 야속하게도 트럭이 떠나 버렸다는 것. 이미 장전된 제2발, 이러지도 저러지도 못하는 상황. 떠나가는 트럭의 뒷모습을 망연자실 쳐다봐야만 하는 이 상황은 당황일까 황당일까? 그 친구가 말하기를 이 상황은 당황이란다. 그러면 황당은 어떤 상황일까? 궁금했다. 얘기를 계속 들어 보자. 부르릉하는 엔진 소리가 나기 전까지의 상황은 똑같다. 문제는 그

다음. 부르릉, 한 차례 육중한 체구를 떨어댄 트럭이 후진을 시작한 것이다. 과연, 당황과 황당에 대한 절묘한 묘사라는 생각과 함께 박장대소했던 기억이 난다. 인간은 체면 앞에서는 당황하고, 죽음 앞에선 황당해지나 보다.

북경에 간 지 얼마 되지 않았을 때 외국인 친구에게서 들은 얘기가 하나 있는데, 방금의 우스갯소리와는 또 다른 차원의 당황과 관련된 에피소드이다.

아직도 중국에는 칸막이가 없거나 칸막이는 있어도 문은 없는 화장실이 꽤 있다. 재작년 겨울 아내와 둘이 쿤밍과 다리, 리장을 여행했을 때만 해도 가이드로부터 문 없는 화장실밖에 없는 관광지가 많다는 얘길 듣고 관광지에 가기 전에 호텔이나 식당에서 시도 때도 없이 문 있는 화장실만 발견하면 일단 들어가고 봤던 기억이 아직도 새로운데, 20여 년 전 중국에는 내륙은 물론이고 북경, 상해 같은 대도시라고 해도 특급 호텔을 제외하곤 백화점조차도 문 없는 화장실이 대부분인 시절이 있었다.

남자들이야 그리 큰 불편이 없지만, 여성들 입장에선 이만저만한 불편이 아닐 수 없었고, 관광을 하더라도 오전 오후를 나누어 중간에 한두 번씩은 꼭 호텔에 들릴 수 있도록 일정을 짤 수밖에 없었던 시절의 일이다. 어느 외국 여성이 도저히 더는 어떻게 해볼 수 없는 상황에서 나름 기지를 발휘하여 지니고 있던 양산을 펴서 앞쪽을 가리고 앉아 볼일을 보고 있는데 왠지 앞쪽이 어수선해서 고개를 든 순간, 무슨 일이 벌어졌을까? 아마 눈치채신 분도 있겠지만 줄 서서 차례를 기다리던 주위의 여성들이 모두 이 외국 여성의 양산 안쪽을 기웃거리며 양산 안쪽에서 무슨 일이 벌어지고 있는지를 구경하러 벌떼처럼 모여들었다는 것이다. 차라리 남들처럼 그냥 짐짓 모른 체하고 볼일만 봤으면 됐을 걸, 딴에는 머리를 쓴다고 한 일이 이처럼 당황스러운 결과를 초래한 것이다.

중국의 공항 화장실은 아직 갈 길이 멀어 보인다. 어느 도시, 어느 공항을 가도 그게 신공항이건 구공항이건, 일 년 전에 지었건 십 년 전에 지었건, 열이면 아홉은 지린내가 난다. 이런 얘기를 중국 친구 앞에서 대놓고는 못하지만, 한다 한들 나를 비난할 순 없을 것이다. 사실이니까. 겉보기엔 멀쩡하고 깨끗한 새 화장실인데도 말이다. 소프트웨어가 하드웨어를 따라가지 못한 결과이다.

왜 그럴까? 나는 이것이 국가적 원인과 개인적 원인, 두 가지에 기인한다고 본다. 우선 개개인이 자라난 환경이, 그리고 국영과 민영의 차이가 이러한 결과를 만들어 낸다고 본다. 청소를 하는 사람이나 청소 상태를 검열하는 사람이나, 어느 정도가 깨끗한 것인지에 대한 기준을 알지 못한다. 그저 바닥에 물기 없고 휴지 같은 것이 떨어져 있지 않으면 합격이라고 생각하는 것이다. 왜? 우리가 예전에 그랬던 것처럼 그냥 이 정도면 깨끗하다고 생각하기 때문이다. 내가 중고등학교에 다니던 시절 화장실은 모두가 푸세식이었다. 설사라도 나서 학교 화장실을 쓸 수밖에 없는 경우 화장실에 들어갔다 나오면 교복에서 냄새가 반나절은 진동했던 기억이 난다. 그렇게 자란 우리 세대에서는 지하철의 공중화장실만 봐도 호텔급이라고 생각했었다. 중학교 시절 수학여행에서 단체로 가본 서울의 지하철 1호선 화장실은 당시로선 특급이었다. 촌놈들 눈에 왜 안 그랬겠나?

그런데 예전의 우리나 지금의 중국처럼 열악한 환경에서 자란 사람들이 청소해도 깨끗하게 하는 곳들이 있다. 바로 고급 백화점과 특급 호텔들이었다. 선진국의 관리 시스템을 도입해 왔기 때문이다. 관리도 선진국에서 살아 본 사람에게 맡긴다. 우리 눈으로 보지 않고 남의 눈으로 본다는 것이다. 이러한 외부 전문가에 의한 관리는 공개적인 경쟁이 기본인 민영화된 부문에서는 효율적으로 실행되지만, 경쟁이 없는 소위 철밥통의 국영 부문에서는 제대로 실행되지 않거나 효과가 떨어진다. 백화점과 호텔은 되는데 유독 공항 화장실만이 지린내 제거가 안 되는 이유는 나로서는 달리 해석할 방법이 없다(현재까지 중국의 공항은 최근 인가가 난 순펑(順豐)*의 화물 전용 공항을 제외하고는, 100% 국무원 산하 민항총국에서 관리하는 국영의 개념이다. 물론 일부 민간 자본이 소액 출자 형태로 자본 참여를 하는 경우는 있지만, 경영을 하지는 않는다).

우리가 어렸을 때 담임 선생님들이 화장실 청소를 시키실 때면 늘 화장실에 가 보면 그 집의 수준을 알 수 있고, 한 국가의 문화 수준 역시 화장실을 보면 알 수 있다고 얘기하셨다. 중국의 공항 화장실이 현재의 수준을 계속 유지하는 한 경쟁상대인 나라들은 아직은 중국을 따돌릴 기회를 찾아볼 수 있을지 모른다. 그러나 어느 날 중국의 공항이 인천공항처럼 혹은 그 이상의 수준으로 청결해지는 날 다시는 경쟁국들에게 기회는 없을 것이다. 중국 친구들이 이걸 안다면 화장실 청소부터 할 텐데…….

* DHL이나 FEDEX 같은 중국 최대의 택배 회사

화장실에서 발견한 동서양의 차이

일반적으로 공항의 화장실들은 문 아래쪽으로 사람의 다리가 보이게 설계되어 있다. 아마도 범죄행위 예방 등의 이유가 크리라고 보는데, 차례를 기다리면서 일일이 문을 두드려 보거나 사용 중이란 표지를 굳이 확인하지 않더라도 아래쪽으로 보이는 다리의 유무만으로 사용 여부를 알 수 있으니 이 또한 화장실 문 아래쪽이 트여 있는 이유 중 하나가 아닐까 생각한다.

공항 화장실에서 줄 서 보기를 이젠 수십 년, 그 와중에 내가 발견한 것이 하나 있다. 지금은 그 차이가 크게 줄었지만 20~30년 전에는 문 아래로 보이는 것이 맨 다리인지 바지인지를 보고 안에 있는 사람이 서양 사람인지 동양 사람인지를 구별할 수 있었다. 서양 사람들은 바지를 발목, 즉 바닥까지 내리고 일을 보는 습관이 있는 데 반해 동양인들은 무릎까지만 내린 자세, 즉 밖에서 보았을 때 맨다리가 아니라 바지가 보이는 자세로 일을 보았다는 것이다. 왜 그랬을까? 동양보다 대체로 훨씬 잘 살았던 서양인들은 이미 100여 년 전부터 주택뿐 아니라 공공시설의 화장실이 수세식인 데다가 청소가 잘 되어 있었던 반면 우리는 그렇지 못했다는 것이다. 다시 말해 우리는 어려서부터 어떻게든 옷을 바닥에 닿지 않게 양손으로 그러모아 쥐고 앉아야 겨우 안심하고 일을 볼 수 있는 환경에서 자랐고, 따라서 아무리 깨끗한 특급 호텔의 화장실에 앉아도 잠재의식에 남아 있는 꺼림칙함 때문에 바지를 바닥까지 내릴 수는 없었던 것이다.

(PS: 작년 이맘때쯤 볼일이 있어서 북경을 다녀왔다. 늘 다니던 서우두(首都)국제공항과 최근 새로 문을 연 다싱(大興)국제공항을 비교하고 싶어서 갈 때는 다싱공항, 올 때는 서우두공항을 이용했다. 단일 터미널로 세계 최대 규모라는 다싱공항은 문을 연 지 몇 달이 채 되지 않다 보니 아직은 공항 이용객이 손가락으로 셀 정도였다. 이 글을 쓴 후 제일 궁금한 것은 화장실이었다. 비행기에서 내려 제일 먼저 가본 곳도 역시 화장실. 아직은(?) 냄새가 없었다. 오는 길엔 서우두공항에서도 화장실을 다시 들러 보았다. 여전히 기대를 저버리지 않는 추억의 향기!

상해에 도착해 홍차오공항에서도 확인차 화장실에 들렀다. 놀랍고 반갑게도 추억의 향기는 사라지고 없었다. 나오는 길에 화장실 청소를 하시는 아저씨에게 내가 가본 국내(중국) 화장실 중에 제일 깨끗한 곳이라고 감사하다고 인사를 하고 나왔다. 다싱공항의 이용객 수가 정상 수준으로 올라선 후에 그곳은 과연 어떤 상황일지 자못 궁금하다. 그 때 만일 그 화장실이 상해 홍차오공항의 수준 혹은 그 이상이 되어 있다면 전 세계는 정말 조심해야 할 것이다.

현 중앙일보 북경총국장이자 국내 언론사 최장수 북경 특파원인 중앙일보 유상철 기자가 2005년 칼럼에서 『디테일의 힘』이라는 중국의 베스트셀러를 이야기하면서 "중국이 '대충주의'에서 벗어나 '디테일'까지 갖추면 우리가 설 자리는 어딜지 모르겠다."라고 지적했던 적이 있는데, 바로 같은 맥락이다.)

한 가지 중국 친구들이 너무 서운해하지 않아도 될 부분이 있어 특별히 몇 자 적는다. 적어도 내가 다녀 본 중국의 도시들 중에는 백주

대로의 인도 변에서 지린내가 나는 경우는 없었다. 앞으로도 없을 것이다. 그러나 미국의 도시는, 대도시일수록 더하지만, 공중화장실이 아닌 백주의 인도 변에서 지린내를 맡을 수 있다. 노숙자들의 작품이다.

매운맛 즐기는 데도 서열이

매운 음식 먹기라면 우리나라 사람들도 나름 목에 힘을 주는 민족인데, 진짜 세상에서 제일 매운 음식은 어느 나라 어느 지역의 음식일까?

비록 이 나라 저 나라 좀 다녀 보긴 했지만, 아직도 못 가본 나라 수가 가본 나라 수의 열 배도 더 되니 "어디 음식이 제일 맵다"는 얘기는, 설령 그것이 100% 주관적 판단임을 전제로 한다 하더라도, 감히 할 수는 없을 것 같다.

그저 다녀 본 나라와 지역 중 일반적으로 사람들이 얘기하는, 매운 걸로 세계적으로 유명하다는 곳들을 몇 알고 있을 뿐이다. 그러나 그렇게 말하는 사람들이라 한들 전 세계 239개국을 다 가 보고 하는 소리는 아닐 것이다(239개국? 이 글을 시작하다 내가 다녀 본 나라들을 손가락으로 꼽아 보면서 '도대체 전 세계에 몇 개나 되는 나라가 있지?'라는 의문이 들어서 – 무식한 나는 그저 120여 개 정도인 줄 알았다 – 검색을 해 보았더니 비독립 국가를 포함한 국제법상 국가의 수가 239개국이나 된단다).

아무튼 그 많은 나라들 가운데 그래도 매운 걸로 세인들이 손꼽는 동네는 내가 아는 한도 내에서는 일단 우리, 멕시코 그리고 중국의 쓰촨(사천) 지방이다. 물론 인도나 태국에도 매운 음식이 있지만, 사람들이 인도나 태국을 '매운 음식의 나라'라거나 그 나라 사람들을 매운 음식을 잘 먹는 사람들로 기억하지는 않는다.

전 세계에서 제일 매운 음식 순위를 매긴다면 그중에는 틀림없이 우리가 들어도 보지 못한 나라의, 들어도 보지 못한 음식이 있을 것이다. 그럼에도 앞에 열거한 몇몇 나라나 지역이 매운 음식으로 유명한 것은 어느 한 가지 음식이 특히 매워서라기보다는 매운 음식이 생활의 일부가 되어 있기 때문일 것이다. 우리 음식이나 사천요리에 고추가 들어가지 않는 것이 드물듯, 또 멕시코 식당치고 할라피뇨가 없는 곳이 없듯, 매운 음식이 생활의 일부이다 보니 누가 보아도 매운 것을 즐기는 민족이라는 데 이견이 없는 것이다.

그런데 재밌는 것은, 무슨 이유에서 무슨 근거로 그런 현상이 생기게 되었는지는 모르지만, 어디를 가건 매운 음식을 잘 먹는 것은 자랑거리더라는 것이다.

이 얘기는 잠시 후 다시 하기로 하고, 앞에서 중국요리 중에선 사천요리를 예로 들었다. 과연 사천요리가 중국을 대표하는 매운 요리인가? 그런가?

나더러 대답하라고 한다면 나의 답은 '그렇다'이다. 어떤 이유에서건 전 세계적으로 중국요리 가운데 맵기로 가장 널리 알려진 것이 사천요리이니 대표성을 지녔다 해도 틀렸다고 하지는 못할 것이다. 그러나 질문을 좀 바꾸어서 '사천요리가 중국에서 가장 매운 요리인가?'라고 물으면 적어도 나의 대답은 '아니오'이다.

단언컨대 중국 사람들에게 똑같이 이 두 가지 질문을 던진다 해도 그 결과는 나의 답과 비슷하게 나올 것이다. 중국 사람들도 '매운 것으로 세계적으로 유명한 요리는 중국 어느 지방의 것이냐?'라는 질문에 대해서는 거의 모두가 사천요리라고 답할 테지만, '중국에서 가장 매운 음식은 어느 지방의 음식이냐?'라고 물으면 아마 절반은 다른 지방의 이름을 댈 것이다.

그중에는 후난성이나 구이저우성도 있을 것이고, 장시성이나 광시 자치구 혹은 후베이성이라고 대답하는 사람들도 있을 것이다. 심지어 산시(陝西)성이라고 답하는 사람도 있을 것이다.

다들 매운 음식이 있는 지방이고, 또 이 지역의 사람들이 매운 음식을 잘 먹는 것 또한 사실이다. 그럼에도 불구하고 일반적으로는 쓰촨성을 제외하고 많은 중국 사람들이 인정하는 지방은 아마도 후난성과 장시성 혹은 구이저우성이 아닐까 싶다. 물론 이런 질문에 정답은 없다.

그러나 한 가지 분명한 것은 이들 각각의 지방에 가서 그 동네 사람들에게 물어 보면 열이면 열 사람 모두가 자기네가 가장 매운 동네라고 답한다는 것이다. 강서 사람에게 물으면 강서가, 귀주 사람에게 물으면 귀주가 제일 매운 동네라고 답한단 얘기다. 이와 관련해서 재밌는 중국 말이 있다.

중국어 공부도 할 겸 한번 살펴보자.

不怕辣(bù pà là), 辣不怕(là bù pà), 怕不辣(pà bù là).

이 세 문장을 가지고 정하는 지역별 매운맛 순위 대결이다. 이 세 문장을 자세히 보면 모두 같은 세 글자로 문장이 이루어져 있음을 알 수 있다.

아니 불(不), 두려워할 파(怕), 매울 랄(辣).

이 글자들의 순서가 다를 뿐이다.

제일 첫 번째 문장 不怕辣부터 살펴보자. 不怕, 즉 두렵지 아니하다란 말이다. 무엇이 두렵지 않은가? 뒤에 오는 辣(매운 것)이 목적어가 된다. 그래서 해석을 하면 '매운 것을 두려워하지 않는다'라는 뜻이 된다.

두 번째 것은 무슨 얘기인가? 辣가 제일 앞에 왔다 도치법을 써서 강조한 것이다. 해석하면 '매운 거 따위? 무섭지 않아!'가 된다.

마지막이 조금 어려울 수 있겠다. 怕不辣! 怕(두렵다)가 문장 전체를 지배하는 동사이고 뒤에 오는 不辣(맵지 않다)가 목적어이다. 즉, '맵지 않은 것이(않을까 봐) 두렵다'이다.

그러면 이 세 문장 중에 어느 것이 가장 매운 것을 잘 먹는 사람들을 지칭하는 말일까?

1. 매운 것은 두렵지 않다.

2. 매운 것(따위) 두렵지 않다.

3. 안 매울까 봐 두렵다.

당연히 3, 2, 1의 순서로 3이 가장 매운 동네, 그다음이 2, 1의 순서일 것이다.

중국의 검색 사이트 바이두에 이 세 문장을 치면 어느 지방이 不怕

辣이고 어느 지방이 辣不怕인지 혹은 怕不辣인지를 묻는 질문들이 여럿 나온다. 물론 그에 대한 대답도 대답하는 사람마다 다 다르게 나온다.

의외인 것은 쓰촨 지방이 辣不怕 반열에는 항상 들어 있지만, 怕不辣의 반열에는 많은 경우에 오르지 못한다. 오히려 후난성이나 구이저우성, 장시성 등이 怕不辣의 지역으로 묘사되고 있음을 알 수 있다.

아무튼 이렇듯 통일되지 않은 답이 나오는 이유는, 내 개인적 견해로는, 아마 이들 각각의 지역 사람들이 서로 경쟁적으로 답글을 올린 결과가 아닐까 싶기도 하다. 공통적인 것은, 답글들을 보면 다들 사천 음식이 중국에서 제일 매운 것은 아니라는 데 나름 공감하고 있다는 것이다.

개인적인 견해이지만, 그 이유는 크게 둘일 것이다.

첫째, 사천 음식이 매운 것도 틀림없고 세계적으로 이름이 난 것도 맞지만, 사실 중국에는 그보다 더 매운, 숨어 있는 음식들도 많다는, 사천 음식이 너무 과대 포장되었다는 보편적 인식이 작용했으리라는 것이다.

둘째, 실제로 사천 음식은 순수하게 '맵다'라는 형용사와는 다소 거리가 있는 맛이라는 점이다. 즉, 사천의 매운맛은 매운맛보다는 얼얼한(麻: má) 맛이 더 강해서 그냥 辣(là)가 아니라 麻辣(má là)라는 형용사로 표현되는, 마치 우리가 추어탕 먹을 때 산초를 너무 많이 넣으면 혀끝이 얼얼해지는 것과 같은 느낌의 맛이다. 그러므로 순수하게 매운맛의 서열로는 1등을 줄 수 없다는 논리가 작용했을 것이다.

이제는 한국의 미식가들도 최근 들어 부쩍 인기를 얻고 있는 사천식 훠궈나 마라탕을 통해 이미 무슨 맛인지(물론 많이 순화된 맛이긴 하지만) 알고 있겠지만, 20여 년 전 한국의 동네 중국집에서 사이비 사천요리만(폄하의 의도는 전혀 없다. 사이비는 글자 그대로 비슷하나 진짜는 아니라는 의미로 해석해 주시길. 사이비 종교 따위의 부정적 이미지는 연상치 마시길) 먹다가 처음 중국에서 소위 정통 사천식 요리들을 접했을 때 나의 기분이 어땠을지 짐작이 가실 것이다.

와! 이것이야말로 진짜 매운맛의 진수로구나! 그랬을까? 천만의 말씀이다. 당시의 느낌을 지금 정확히 반추할 수는 없지만 짧게 얘기하면 '다시는 사천요리 집에는 가고 싶지 않다'라는 느낌 그 이상도 그 이하도 아니었다. 무슨 음식이 처음부터 끝까지 산초와 고추로 버무려 놓은 것 같은 맛인지……. 이제는 그리워도 다시 찾아갈 수 없는 북경의 사천요릿집 더우푸판좡(豆腐飯莊)에서 회사의 어른들을 모시고 처음 먹었던 사천요리의 맛은 그랬다.

지금은 사천요리도 퓨전화하면서 음식의 종류도 매운 것 외에 다른 지방이나 외국의 음식들과 접목한 다양하고 새로운 별미들을 선보이고 있지만, 사실 '음식은 추억'이라는 나의 '철학'에 근거해서 보면 그것들은 감히 사천요리라는 간판을 내걸어선 안 된다. 사천요리에 전복이나 새우나 랍스터까지 등장하는 요즘의 방식은 당연히 환영할 만한 일이기는 하지만, 순수한 사천의 재료와 사천의 손길로 만들어진 옛날 사천요리가 갖고 있는 추억이 거기에는 없다. 그 옛날 물류가 발달하기 전에 내륙 중에서도 내륙인 사천에 무슨 생전복, 랍스터, 바다새우가 있었겠는가?

얘기가 나온 김에 대표적 사천요리 몇 가지를 살펴보자. 사천요리만큼 음식의 이름과 관련한 얘깃거리가 많은 경우도 드물다. 일반적으로 다른 지역의 음식들이 대부분 단순하게 음식의 재료와 요리 방식에서 이름을 따오는 데 비해 사천 음식들은 그 음식과 관련된 나름의 이야기가 이름에 남아 있는 것들이 많다. 대표적인 것들이 마파두부(麻婆豆腐), 딴딴멘(擔擔麵), 궁보계정(宮保雞丁), 푸치페이펜(夫妻肺片) 같은 것들이다.

우리가 가장 익히 알고 있는 마파두부라는 음식의 이름은 얼굴이 얽은 곰보 할머니가 두부와 돼지고기 다진 것을 매운 양념으로 볶은 이 음식을 잘 만들어 유명해진 데서 유래했다. 사람들이 '곰보 할머니'라는 뜻의 마파(麻

딴딴멘(사진: 바이두)

婆)를 두부 앞에 붙여 이 음식의 이름이 생겨났다고 한다.

사천식 매운 비빔국수인 딴딴멘(擔擔麵)은 딴즈(擔子)*라는 단어에서 유래했다. 사천 지역의 국수 장사들이 서민 음식 중에서도 서민 음식이던 이 국수를, 가게에서 파는 것이 아니라 딴즈에 매달고 다니며 팔던 데에서 이 이름이 붙었다 한다.

닭고기를 깍둑썰기한 것에 고추와 고추기름, 땅콩, 파 등을 넣고 볶는 궁보계정(宮保鷄丁) 역시 이젠 우리나라의 중국식당에서도 흔히 보게 되는 음식인데, 옛날 우리식 중국집에서 라조기나 깐풍기라 부르던 것과 비슷한 맛이 나는 음식이다.

---

* 일꾼들이 물건 나를 때 사용하던 일종의 작대기 지게로, 우리의 물지게꾼들이 쓰던 긴 작대기 양쪽에 물통이나 짐을 매달고 운반하던 재래식 운반 도구

궁보계정(사진: 바이두)

암튼 이 음식은 창시자의 이름과 재료 그리고 재료 손질 방식을 조합하여 지은 이름으로, 궁보(宮保)란 청나라 말기의 관료이던 정보정(丁寶楨)이란 사람의 관직에서 따온 것이고, 계정(鷄丁)이란 깍둑썰기한 닭고기를 부르는 말이다. 정보정이 닭고기를 좋아하고 매운 음식과 땅콩을 즐겨, 산둥성 총독으로 있을 때 요리사에게 만들게 지시한 데서 시작된 음식이다. 쓰촨으로 파견된 후에도 이 음식을 즐겨 먹는 그를 본 그 지역 사람들이 그의 선정에 감사하는 의미에서 그에게 총독이란 정식 관직 대신 일종의 애칭으로 궁보라는 관직명을 붙여 주었는데, 여기에 계정을 붙여서 그를 기념하였다 한다.

그 외에도 많지만, 여기선 푸치페이펜(夫妻肺片) 얘기만 하나 더 하고 마치자.

옛날에 사천성 성도(成都)에 가난한 백정 부부가 있었다. 고된 하루 장사를 마치고 나면 먹을 게 별로 없을 정도로 가난했던 두 사람은 팔고 남은 못 쓰는 자투리 고기와 내장, 지금 말로 하면 육류 부산물을 고추기름에 버무려 먹기도 하고 내다 팔기도 했단다.

부부의 손맛이 어찌나 기가 막혔던지 주위에 소문이 퍼져 너도나도 따라 만들게 되었다고 한다. '백정 부부(夫妻)의 버리는 고기(廢片)'라는 뜻의 푸치페이펜(夫妻廢片)이라고 불렀다가 폐품(廢品)이라 할 때의 폐(廢) 자가 듣기 그렇다 하여 대신 발음이 같은 허파라는 폐(肺)를 써서 푸치페이펜(夫妻肺片)이라 부르게 되었다고 한다.

예전엔 실제로 소의 허파(肺)가 들어 있었지만, 대부분의 중국 사람들의 입맛에는 맞지 않아서 지금은 소허파가 들어가는 경우는 없고 주로 일반 부위와 소머릿살, 우설, 천엽 등이 들어간다.

푸치페이펜(사진: 바이두)

가난한 백정 부부 이야기는 그야말로 주워들은 옛날이야기이고 실제로는 청나라 말기부터 성도의 길거리에서 막노동꾼이나 인력거꾼들을 상대로 팔리던 흔한 길거리 음식이었다. 대략 90년 전쯤에 궈차오화(郭朝華)와 장톈정(張田政)이라는 부부가 이 싸구려 음식의 맛을 제대로 내서 유명해지고 장사가 잘되기 시작하면서 정식으로 푸치페이펜(夫妻肺片)이란 간판을 내걸게 되어 이 이름이 알려지게 되었다고 한다. 그것이 무엇이 그리 중요하랴? 요즘에는 한국에도 이 음식을 내놓는 식당들이 있는데, 술안주로 가성비가 이만한 것도 없다.

앞에서 요리 얘기를 하다가 라조기와 깐풍기라는 음식 이름이 잠깐 나왔는데, '서비스' 차원에서 한 가지만 알려드리고 넘어갈까 한다. 한자로 적어 보면 辣椒鷄(là jiāo jī)와 乾烹鷄(gān pēng jī)인데 중국 표준어 발음은 대략 '라쟈오지'와 '깐펑지'이다. 잘 보면 라조기의 '기'와 깐풍기의 '기'를 표준 발음에서는 '지'로 발음하고 있음을 알 수 있다. 그러면 우리네 중국집에서는 왜 '지'를 '기'라고 썼을까? 답은 간단하다. 닭 계(鷄) 자의 산둥식 발음이 '기'이기 때문이다. 과거 한국의 중국집 사장님들이 대부분 산둥 출신이라는 것은 다들 잘 아실 것이다.

서두에 매운 것 관련해선 사람들이 자랑질을 한다는 얘길 했었다.

내가 앞서 우리나라를 매운 음식 잘 먹는 나라의 반열에 올린 이유는 순전히 개인적으로 이곳저곳 여행을 다니면서 직접 먹어 본 경험과 그 나라 사람들이 나에게 해준 얘기들에 근거한다.

상대적으로 오래 생활했던 곳은 비록 대만, 미국, 중국 이 세 나라 밖에는 없지만, 적어도 이들 세 나라 사람들만큼은 모두가 만장일치로 '대한민국 사람들은 매운 것을 잘 먹는 사람들'이라고 인정을 했다는 것이다.

재밌는 것은, 앞에서 중국의 몇몇 지방 사람들이 매운 음식 잘 먹는 것으로 자랑질을 하듯 우리나라 사람들 또한 매운 음식을 잘 먹는 것을 대단한 자랑거리로 여긴다는 사실이다. 더 웃기는 것은, 사실 그 근거가 대단히 빈약하다는 것이다. 근거가 빈약하다는 것이 무슨 얘기인가? 평생 다른 나라 음식은 먹어 보지도 않은 사람들조차 자기가 평생 먹어 온 한국 음식에 대한 자신의 100% 주관에 근거해 '한국 음식은 매운 것이 되게 많고, 우리는 매운 것을 아주 잘 먹는 민족'이라는 자랑스러운(?) 결론을 내리고 있다는 것이다.

40년 전의 나와 그리고 함께 미국 연수를 갔던 열아홉, 스무 살의 내 친구들도 그랬었다. 연수를 시작하고 2주쯤이 지나면서 학교와 기숙사 주변의 동네가 서서히 눈에 익어갈 무렵 조금씩 배짱이 늘어가기 시작하던 우리는 편의점에서 사서 마시던 맥주에서 벗어나 현지 맥줏집을 찾아 진정한(?) 현지 문화에 흠뻑 젖어 보기로 의기투합하여 동네 탐험에 나섰다.

어렵사리 찾은 맥줏집은 동네가 시골 동네라 그랬는지 헐리우드 영화의 한 장면을 기대하고 갔던 우리를 실망시키기에 충분한 것이었지만, 테이블 서너 개에 그나마 손님 하나 없는 빈 주점을 지키던 40대의 뱃살 넉넉한 주인장은 꽤나 심심했던지 우리를 집 나간 둘째가 돌아오기라도 한 듯 무척이나 반갑게 맞아 주었다.

근처에 학교가 있고 일본 유학생들이 많아서 그랬는지 주인장은 우리에게 "재퍼니즈?" 하고 물었고, 손사래까지 치며 "위아 코리안" 하며 다소 발끈해 소리를 지르다시피 한 우리는 이 파란 눈의 이방인에게 우리가 자랑스러운 배달의 자손, 그것도 38선 이남의 자유대한에서 온 젊은이들임을 각인시키려 이구동성으로 '프롬 사우스 코리아(From South Korea)'까지 친절하게 덧붙이며 이날의 현장 언어 실습의 말문을 열었다.

고맙게도 그런 우리를 여전히 반가운 눈빛으로 쳐다보던 주인장은 뜻밖에도 우리에게 "너희 한국 사람들 매운 거 잘 먹지?" 하며 몸을 돌려 카운터 쪽으로 가더니 이제 갓 돌을 맞은 사내아이의 그것만 한 고추가 잔뜩 들어 있는 유리병 하나를 들고 왔다. '할라피뇨'를 난생처음 보는 순간이었다.

"이거 멕시코 친구가 준 건데, 너무 매워서 나는 도저히 먹을 수가 없어. 그냥 서비스로 줄 테니 니네들 먹어."

생긴 건 좀 달랐지만, 그것이 고추인 것은 묻지 않아도 자명한 사실이었고, 고추라면 어려서부터 고추장까지 찍어 먹어야 성에 찼다(사실은 고추장의 단맛이 고추의 매운맛을 순화시켜 주기 때문에 같이 먹는 건데도, 우린 외국인들 앞에선 고추 매운 거론 부족해서 고추장까지 찍어 먹어야 성에 차는 것이 우리 한국 사람이라고 허세를 부린다). 우리는 순간 우리가 얼마나 대단한 민족인지를 이제 곧 보여 주겠노라는 자신감에 찬 모습으로 할라피뇨 병조림 뚜껑을 열었다. 다들 의기양양하게 한입씩 베어 문 순간, 우리 모두는 하룻강아지 범 무서운 줄을 모른다는 속담이 무슨 뜻인지 알게 되었다.

이젠 20년 가까이 미국을 왔다 갔다 하면서 할라피뇨도 종류별로 거의 다 먹어 봤지만, 그날의 그 매운맛은 아직도 감히 다시 도전하고 싶지 않은, 마치 캡사이신 원액을 한 숟갈 떠먹은 듯한 그런 기분이었다.

아무튼 한국 사람이 매운 걸 잘 먹는다는 얘기를 어디서 들었는진 모르지만, 자존심 때문에 맵다 소리 한마디 못하고 그 매운 할라피뇨를 어쨌든 한두 개씩은 먹어 치운 우리를 보며 그 미국인 주인장은 '음……. 과연 한국 놈들 맞네!' 하며 자신의 상식이 틀리지 않았음에 만족해했을지도 모른다.

이렇듯 비록 자존심 때문에 마지못해 눈물을 머금고 씹어 삼키긴 했지만, 그래도 우리는 자타가 공인하는 매운 것에 강한 민족이다.

왜 중국 사람들은 파뿔라(怕不辣), 라뿌파(辣不怕)를 가지고 누가 더 매운 걸 잘 먹는지 내기를 하고, 우리는 눈물을 흘려 가며 우리가 매운 것에 강한 민족임을 증명하려고 애를 쓸까?

특히 요즘 내로라하는 식당들이 음식에다 예전에는 들어도 보지 못한 청양고추와 캡사이신 같은 것들을 경쟁적으로 넣고, 또 그것을 잘 먹는 것이 마치 진정한 한민족임을 증명하는 유일한 방도인 것처럼 되어 버렸는지 알다가도 모를 일이지만, 굳이 내 나름의 이유를 찾는다면 아마도 매운맛은 맛이 아니기 때문이 아닐까? (이건 또 뭔 소리임?)

어디선가 '주워들은' 이야기인데, 매운맛을 느끼는 것은 미각(味覺)

이 아니라 통각(痛覺)이라 한다. 즉, 맛을 느끼는 것이 아니라 아픔을 느끼는 것이다. 그러니 매운 것을 잘 먹는다는 것은 참을성이 강한 사람이란 얘기이고, 그런 민족은 참을성이 강한 민족이 되는 것이겠다.

이렇게 얘길 하고 보니 왜 매운 것이 자랑인지 조금은 알 것도 같은데, 반만 년 역사 속에서 수많은 전란과 역경을 견뎌 온 두 민족이 그래서 매운 것을 잘 먹는 것일까?

우리는 오늘도 마라훠궈와 신라면을 먹으며 아픔 만큼 성숙해 가고 있는지도 모른다.

중국의 유명 식당들,
과연 명불허전?

　중국은 음식이 맛있기로 자타가 공인하는 나라인 만큼 훌륭한 요릿집들이 많다. 개중에는 그 긴 역사에 걸맞게 몇백 년씩 된 식당들도 꽤 있다. 외국인들에게도 유명한 곳이 베이징의 취안쥐더(全聚德) 오리, 톈진의 꺼우불리(狗不理) 만두, 상해 인근 난샹(南翔)의 난샹 샤오롱빠오(南翔 小籠包) 등이 그것이다. 그런데 이들 유명 식당에 대해 한결같이 갖고 있는 내 생각은 하나같이 맛이 없다는 것이다(취안쥐더는 맛이 없진 않다. 아니 오히려 맛이 있다는 것이 더 사실에 가까운 표현이다. 단지 요즘 새로 생겨난 북경오리구이 전문점들에 비해 이름값을 못한다는 것이다. 굳이 찾아갈 이유가 없다는 정도).

　이 글을 이들 음식점의 관계자들이 읽게 되는 날이 오지 않기를 바라지만, 명예훼손죄로 고소를 당한다 해도 할 말은 해야겠다. 내가 이렇게 자신 있게 맛이 없다고 말할 수 있는 이유는 사실 나 말고도 거길 다녀온 사람은 거의 다 그렇게 말할 뿐 아니라 그런데도 이 식당들은 여전히 문전성시를 이루기 때문에 내가 고소를 당할 일은 없기 때문이다. 그럼 다들 맛이 없다는데도 장사가 잘되는 이유는 무엇일까? 나는 내 나름대로 그 이유를 두 가지로 추론해 보았다.

첫째, 음식은 맛이 아닌 추억으로 먹는다. 요즘 한국도 그렇지만 중국이나 대만에도 '옛날 도시락' 같은 메뉴를 만들어 파는 식당이 있다. 그게 무슨 맛이 있겠는가? 우리의 경우를 보자면 멸치볶음에 햄이나 소시지 구운 것 그리고 달걀 후라이(여기서 발음에 주의하자. 달걀 프라이가 아니다. 달걀 프라이는 요즘 젊은 사람들이 먹는 것이고, 60~70년대에 먹던 것은 달걀 후라이다. 이름 하나 다르게 부르는 것에도 감회가 묻어나는 것, 이게 바로 추억이다) 하나 지져서 밥 위에 얹어 놓은 것뿐인데(물론 식당에 따라서는 밥 밑에 달걀을 깔아놓은 곳도 있다), 그래도 팔릴 만큼은 팔린다. 왜? 그 시절이 그리워서 찾는 손님들이 있기 때문이다.

앞에서 열거한 유명 식당들을 찾는 사람 중에 진짜 그 음식이 맛있어서 혹은 맛있다고 착각해서 찾아오는 손님들의 주된 방문 이유가 바로 이것이다. 주로 나이 드신 분들인데, 지금과 비교하면 먹을 것이 그리 풍족하지도 않고 재료라고 해야 맛을 낼 고급진 것들이 없었을 시절, 시장기가 곧 반찬이고 조미료였던 시절에 아버지 어머니 손에 끌려, 혹은 어린 자식들 손을 잡고 동네에 몇 안 되는 식당이던 이런 곳을 찾았던 분들이다. 그들로서는 이 음식이 마치 우리네가 지금은 중국집에서 요리 시키면 공짜로 주는 군만두가, 어렸을 땐 세상에서 제일 맛있고 비싼 음식인 줄 알았던 것처럼 산해진미로 여겨졌을 것이다. 그 추억이 그분들의 입맛에 어떤 마술을 걸어 그와 다른 맛을 접하게 되면 제3자가 객관적으로 판단할 때 훨씬 더 맛있는 음식보다 더 맛있다고 착각(?)하게 된다는 것이다.

나와 내 친구들 경우를 예로 들어 보자. 대학 시절 우리가 술안주로 먹던 음식 중에 '향토 장학금'이라도 올라오면 호기롭게 시켜 먹던 것 중에 파전과 삼겹살 구이가 있었다. 요즘 친구들과 술잔을 기울일 때도 그 많은 안줏거리를 제치고 여전히 찾는 안주 중에 이 두 가지가 들어 있는데, 문제는 우리가 한동안은 꽤나 까탈스럽게 식당 선택을 했다는 것이다. 즉 파전에는 쓸데없이 해산물이 많이 들어가서는 안 된다는 것이고, 삼겹살은 싸구려 냉동 대패 삼겹살이어야 한다는 것이었다. 왜? 우리가 40년 전에 먹던 파전에 새우나 오징어는 가물에 콩 나듯 들어 있었고 요즘같이 두툼한 생삼겹살을 파는 식당은 없었으니까. 우리에겐 파만 잔뜩 들어간 퍼런 파전과 불판 위에서 해동될 때 나온 수분이 부글거리며 고기와 함께 익어 가는 그 대패 삼겹살만이 파전이고 삼겹살이었으니까.

바로 이러한 이유로 꺼우불리나 난샹 샤올롱빠오를 찾는 손님 중에는 그 맛을 알면서도 지속적으로 찾는 원조 고객들이 있다.

두 번째로, 이들 식당이 잘 되는 이유는 그 이름에 속은(?) 사람들이 계속 오기 때문이다. 속은 걸 알았으면 더는 오지 않을 것이고, 그럼 망할 것이 아닌가? 그러나 신기하게도 망하지 않는다. 중국 인구가 너무 많기 때문이다. 멀리서 천진을, 상해를 찾는 사람들 중에는 이미 현지 친구나 친척을 통해서 그 맛이 별로라는 조언 내지는 충고를 들은 사람들도 있고, 무작정 자기네 고향에서 들었던 얘기만을 근거로 찾는 사람도 있을 것이다. 어느 쪽이건 이 사람들은 한 번 맛을 보면 두 번

다시 이곳을 찾는 경우는 없다(라고 감히 나는 생각한다). 처음부터 그저 소문을 확인하고픈 것이 주목적이었던 사람도 있었을 것이고, 그렇지 않더라도 입맛이 정말 독특한 사람이 아니라면 며칠 머무는 사이에 그보다 훨씬 맛있는 음식점들이 널려 있다는 것을 곧 알게 될 테니까 말이다.

그러나 이렇게 속아서 먹고 다시는 안 오는 손님들의 방문도 앞으로 수십 년은 계속될 것이다. 중국에는 그만큼 사람이 많고 매일매일, 난생처음 북경이나 천진, 상해를 와 보는 사람들이 있기 때문이다. 내 말을 죽어도 못 믿겠다 하시는 분은 다음에 북경이나 천진이나 상해에 가시게 되면 이들 식당을 가 보시고 꼭 인근의 다른 오리집이나 만둣집도 가 보시기를 바란다.

글을 쓰다 보니 효과적인 의미 전달을 위해 평소에는 잘 쓰지 않는 과격하고 사리에 맞지 않는 표현을 쓰게 되었는데, 세상에 맛없는 음식은 없다! 내 입에 맞지 않을 뿐이다. 그런데 여기서 내 입에 맞지 않는다는 정도의 표현을 쓰면 극적인 효과가 반감되어, 글 본래의 목적과는 다른 결과가 나올까 봐 그만 과장된 표현을 쓰고 말았다.

얘기를 하고 보니 결론을 바꿔야겠다. 내 말을 믿는 분들도 이들 도시에 가게 되면 반드시 이 식당들을 가 보시라. 혹시 아는가, 여러분의 입맛에 딱 맞는 추억의 오리나 만두를 이곳에서 맛보게 될지.

중국에서 집 샀다가
한강 갈 뻔한 이야기

1997년 당시 IMF 구제금융을 불러왔던 금융위기 사태를 그린 〈국가
부도의 날〉이라는 영화가 있었다. 유아인은 금융회사에서 자산관리과
장, 즉 펀드매니저로 일하는 청년이다. 금융위기가 닥칠 것을 직전에
감지하고 그 위기가 어떤 방향으로 전개될지를 예측해서 어떤 금융 자
산에 투자하는 것이 위기를 기회로 바꾸는 길인지를 정확히 판단, 고
객들은 물론 본인까지 막대한 부를 거머쥐게 되는 역전 드라마를 연출
한다. 국가의 재난이 그에게는 기회가 됐던 셈인데, 이 영화를 보면서
옛날 생각이 떠올랐다.

정식 주재원으로 발령받기 전까지 짧은 기간 동안 때로는 일주일,
때로는 한 달씩 몹시도 빈번하게 중국 출장을 다녔더랬다. 그 무렵에
중국에는 외국인이 중국 내에서 물건을 살 때 지불 수단으로 쓸 수 있
도록 위안화(RMB) 대신 FEC(Foreign Exchange Certificate)라는 것을
은행이나 공항 환전소에서 달러와 교환해 주고 있었다. 위안화가 국제

적으로 통용되지 않던 시절이라 원화와 위안화를 직접 환전할 방법이 없었다. 출국 전 원화를 달러로 바꿔 들고 나가서 북경 현지 공항이나 은행에서 다시 위안화로 바꿀 수밖에 없었는데, 중국 내국인들이 사용하는 인민폐*의 대달러 환율은 10:1이었다. 1달러면 10위안을 교환할 수 있어야 했지만, 외국인들은 환전소에서 교환하면 RMB를 받는 것이 아니라, 생긴 것도 RMB와는 전혀 다른, 화폐인지 증서인지 애매하게 생긴 FEC만 받을 수가 있었고 이 FEC의 대달러 환율은 5:1 정도 수준이었다. 앉은 자리에서 절반을 도둑맞는 기분이랄까.

이 당시엔 환율뿐 아니라 관광지의 입장료도 외국인과 내국인이 달랐는데, 이건 두 배가 아니라 때론 열 배씩 차이가 나기도 했다. 물론 드러내 놓고 '외국인표'라고 써서 팔지는 않았다. 귀빈표(貴賓票)라고 쓰여 있는 경우가 대부분이었는데, 비싼 만큼 좋은 점도 있었다. 매표소 자체가 달라서 표를 살 때 줄을 설 필요도 없고, 입장할 때도 별도의 VIP 통로로 입장할 수 있었으니 말이다. (본론으로 들어가기에 앞서 사설이 너무 길어지긴 했지만, 뒤에 하려는 이야기와 사실은 다 관련이 있는 얘기들이다.)

어디 그뿐이랴. 주재원들이 사는 주택에도 차별이 있었으니, 내국인들이 사거나 임차하여 입주할 수 있는 소위 내소방(內銷房)은 외국인에게는 개방이 되지 않았다. 외소방(外銷房)이라 불리는 비싼 고급 아파트들만 외국인에게 판매나 임대가 허용되었는데, 그 가격이 내소방과는 비할 바가 아니었다. 1995년 북경 주재원으로 부임했을 때 내 전

---

* 우리가 일반적으로 위안화라고 부르는 중국 화폐의 공식 명칭은 인민폐(人民幣: rén mín bì)라고 쓰고 런민비라고 읽는데, Ren Min Bi의 각 첫 글자를 따서 RMB라고도 부른다.

임자가 살던 집을 물려받았는데, 월 임차료가 4천 달러에 육박했다. 8년 후인 2003년 미국으로 발령이 나서 시애틀에 아파트를 구했을 때 거의 비슷한 평수의 아파트가 2천 달러 남짓했던 것과 비교하면 1995년 당시 중국 정부가 외국인을 상대로 펼친 차별 정책의 정도를 가늠할 수 있을 것이다. 차별이라는 주관적인 표현을 썼지만, 중국 정부는 외국인 보호 차원에서 내린 조치라고 설명했다. 당시의 사회 질서나 내국인용 시설 혹은 주택들의 수준을 고려하면 완전히 틀린 말도 아니었다.

이렇게 외국인용 아파트가 매매가이건 임차료이건 턱없이 높았던 시절, 호기심 많고 도전정신에 투기심까지 가득하던 나와 몇몇 동료들은 이 점을 기회로 활용해 용돈을 벌어 보자는 생각을 했다. 임대료가 높으니 넷이서 돈을 모아 아파트 한 채를 사서 임대하면 용돈벌이가 되지 않겠느냐는 아이디어였다. 문제는 30대 청년들이 투자금이 넉넉할 리는 만무하니 구입할 아파트를 담보로 은행 대출을 받아야 하는 상황이었다. 한 사람당 당시 돈 2만 5천 달러씩을 투자해 10만 달러를 만들고, 나머지 10만 달러는 은행에서 빌리자는 계획을 세웠다. 당시의 상황만으로 보면 꽤 잘 짜인 계획이었던 것이, 우리가 구매한 아파트보다 훨씬 작은 평수도 월 3천 달러는 받을 수 있는 시절이었으니 평수가 큰 우리 아파트는 5천 달러는 받을 수 있을 것이고, 대출금의 원리금 상환액을 대략 월 3천 달러로 계산하면 매월 2천 달러는 순이익으로 떨어진다는 계산이 나왔다. 이 2천 달러를 네 명으로 나누면 1인당 월 500달러의 가욋돈이 생기는 셈. 하지 않을 이유가 없었다.

젊은 혈기로 저지르기는 했지만, 해외에서 네 명이나 되는 인원이 공동명의로 집을 산다는 것이 그리 간단치는 않았다. 우여곡절 끝에 완공되기까지는 1년 이상의 시간이 걸렸고, 우리 넷이 완공된 아파트의 열쇠를 받아 든 건 1996년도 저물어 가는 초겨울이었다.

장밋빛 꿈에 젖어 앞뒤 재지 않고 질러 버린 네 젊은이의 모험에 따르는 대가는 컸다.

다른 것은 다 차치하고, 경제적인 문제만 놓고 얘기해 보자. 급하게, 더욱이 외국인의 주택 구매가 전혀 일반화되어 있지 않던 시절, 국내에서도 집을 사본 적이 없던 우리가 외국에서, 그것도 25년 전의 중국에서, 설계도와 부동산 회사의 선전 팸플릿만 보고 집을 샀으니……

계약서와는 다르게 지어진 건물의 모습, 매입 당시 중개상이 해준 말과는 판이하게 다른 아파트 주변 환경, 근처에 변변한 가게 하나 없는 데다 새로 지은 단지라 택시 한 대도 들어오지 않는 교통 상황, 누가 보아도 몇천 달러씩 내고 세를 들어올 수준의 아파트가 되지 못했다. 세가 나갈 리가 없었다.

계약서대로라면 이제 두 달 뒤면 은행 대출금을 갚아야 하는 상황. 해가 바뀌어도 세는 나가지 않았고, 우리는 대출금 상환에 쪼들리기 시작했다.

이제는 손해를 보더라도 팔아 버리는 방법밖에 달리 도리가 없었지만, 세도 안 나가는 아파트가 팔릴 리가 있겠는가? 반년을 날려 버린 시점에 산둥성에서 온 한 촌로가 아파트를 사겠다고 나섰다. 너무도 반가웠지만, 그가 던진 가격은 고작 15만 달러. 우리가 산 가격의 삼분의 이밖에 되지 않는 가격이었다. 말이 '삼 분의 이'이지 실제로 15만 달러를 받아서 은행에 10만 달러를 돌려주고 나면 5만 달러밖에 남지 않으니 우리는 10만 달러를 투자하여 그 절반인 5만 달러밖에 건지지 못하는, 쉽게 말해 한 사람당 1,000만 원씩을 날리게 된 상황이었다.

그런데 이게 웬일? 어느 날부터 뉴스에서 IMF, 구제금융 따위의 단어들이 흘러나오기 시작하면서 840:1이던 환율이 불과 며칠 사이에 1,200:1, 1,300:1로, 하룻밤 사이에 몇십 원씩 뛰며 급기야 2,000:1을 넘보는 것이 아닌가!

이런 기회는 다시 오지 않는다. 지금 이 산둥 노인의 마음이 변하기 전에 빨리 팔고 원화로 바꿔야 한다! 그래야 그나마 본전에 가까워진다.

당시의 심정을 딱 한마디로 표현하면 '살았다!'였다. 지난 반년 마음 고생한 것과 원금을 다 건지지 못한 아쉬움은 있었지만, 쪽박 차고 한강 가는 일은 피할 수 있게 되었으니 왜 아니겠는가?

서두에 유아인 얘기를 했다. 온 국민이 피해를 본 국가적 위기의 와중에 혼자만 웃을 수 있었던 그의 모습에서 다른 이들은 위즉기(危則機)의 교훈을 떠올렸겠지만, 내 머릿속에서는 '남의 불행은 나의 행복'이라는 이기적 문구와 함께 20여 년 전, 국가의 명운이 백척간두에 있었음에도 그 덕에 본전 찾았다고 철없이 만세를 불렀던 부끄러운 우리 네 명의 모습이 겹쳤기 때문이다.

내소방(內銷房) 외소방(外銷房)

단어 가운데 있는 녹일 소(銷)라는 글자는 본래 '녹이다' '제거하다'라는 뜻인데 여기서는 '팔다'라는 뜻으로 쓰인다. 부동산을 얘기할 때 내소방은 내국인에게 파는 집. 외소방은 외국인에게(내국인도 구매 가능) 파는 집이란 의미인데, 이 구분이 이젠 사실 없어졌다. 80년대 말부터 90년대에 이르기까지 중국 정부가 남부의 주강 삼각지를 위주로 들어오는 홍콩 등지의 해외 투자자들을 비롯해 대도시의 외국 공관원이나 기업 주재원들의 거주 공간을 위해 내국인용과는 별개로 건축 허가와 판매 허가를 내어 준 주택들이 외소방이었다. 이제는 이런 별도의 외국인용 주택을 구분하여 짓거나 판매하지 않지만, 40년 전부터 지어진 외소방이 아직도 시장에서 거래가 되고 있기 때문에 그 명칭도, 현물도 아직은 존재한다. 당시 하드웨어적으로 재래식 연립주택 수준의 내소방에 비해 월등하게 고급스러웠던 외소방은 소프트웨어적으로도 기존의 내국인용 주택에 비해 한 단계 차원이 높은 주택들이었는데, 소위 물업공사라는 전문 주택관리 회사가 물업부(物業部)라 불리는 관리 부문을 별도로 운영하며 산하에 보안팀, 유지보수팀, 고객대응팀 등을 두고 24시간 방문객과 거주자의 출입관리는 물론, 전기 수도 보일러 등 각종 유지보수와 입주민 불편사항을 처리하며 입주자의 생활 편의를 돌보던, 상당히 고급스런 주택들이었다. 물론 가격도 내소방과는 비교가 되지 않았다 지금은 이른바 상품방(商品房)이 부동산 시장에서 내외국인 구별 없이 매매가 되는데, 이 중 고급 주택들은 과거의 외소방을 능가하는 가격과 품질 그리고 입주민 서비스를 제공한다. 이때 상품방이라 함은 기관이나 기업이 직원들의 복리 차원에서 저가로 판매하는 복리방(福利房)과 구별되는 개념으로, 정상적인 시장가격으로 매매가 이루어지는 주택의 통칭이다. 한 가지 세월의 변화를 실감케 하는 것은, 과거 고급 주택의 대명사였던 외소방의 가격이 이제는 웬만한 상품방의 가격보다 낮다. 건축한 지가 오래되어 건물의 잔존가치가 떨어진 데다가, 부동산 구입에 따른 해당 도시 호구(호적)신청을 함에 있어 기존의 내소방이나 상품방에 비해 제약을 받기 때문에 국내 구매자들의 선호도가 떨어지기 때문이다.

중국에서 상품방을 구입할 때 내국인이건 외국인이건 주의해서 보아야 할 것은 가격과 위치 외에도 어떤 개발상(건설사)이 지었고 어느 물업공사(관리회사)가 주택 관리를 맡느냐 하는 것인데. 일반적으로 좋은 개발상이 건설을 맡은 주택들은 물업공사도 유명하고 좋은 곳을 쓴다. 한 가지 건의를 드린다면, 정말 중국에서 부동산 투자를 하고자 하는 경우, 중국어를 사용하는 데 큰 불편이 없다 할지라도, 현지에서 오래 사업을 하고 있는 한국인 부동산 회사를 이용하는 것이 안전하다. 중국 부동산 업체들을 믿을 수 없다는 의미가 아니라 여러가지 법률적, 세무적 문제가 얽혀 있는 부동산 문제를 우리 상식에 맞게 설명해 주고 이해시켜 줄 수 있는 노하우가 중국 부동산들에게는 없기 때문이다.

니들이 폭탄주를 알아?

　여러분은 소맥이니, 폭탄주니, 소폭이니, 잠수함이니 하는 이름 중 어느 이름이 가장 익숙하신가? 혹은 이 중에 들어 보지도 못한 이름도 있는가? 잠수함이란 이름을 들어 보지 못했다는 분들은 간혹 있을 듯하다.

　이 이름들이 의미하는 바가 맥주에 독주(소주나 양주 등)를 섞어 '파괴력'을 높인 사제 칵테일이란 것을 모르는 이는 없을 것이나, 우리나라 주당들의 술자리 단골 메뉴이자 최애 아이템인 이놈들이 우리나라에만 있는 건 아니란 사실을 모르는 분들은 혹 있을 듯하다. 혹은 그 정도까지는 아니더라도 이 한국제 사제 폭발물 외에 다른 나라의 유사 폭탄의 원료나 그 '학명'을 아는 이는 아마도 대단히 드물 것이다.

　90년대 중후반 북경에서 생활하던 한국인들에게 가장 흔하게, 혹은 쉽게 접하던 중국 백주의 이름을 들라면 아마도 얼궈터우, 콩푸쟈쥬, 징쥬 등을 댈 것이다.

이과두주 병 모양 중
가장 오래된 디자인

공부가주

경주

    우리나라에서는 각각 이과두주, 공부가주, 경주라 불리는 이 셋 가운데 어느 녀석이 요즘 가장 사랑을 받고 있는지 잘 모르겠으나, 중국에서는 아직까지 값싼 대중주로 여전히 타의 추종을 불허하는 이과두주를 제외하곤 나머지 둘은 당대의 명성이 많이 퇴색되고 말았다.

    패션도 아니고 음악도 아닌 것이 제법 유행이란 걸 타는데, 주정도(酒精度)가 30도에서 40도 사이인 이른바 저도주(알코올 도수가 낮은 술)들의 유행 주기는 그리 길지가 않다. 1994년 처음 북경에 갔을 때만 해도 저도주 시장은 공부가주가 거의 석권하고 있었다 해도 과언이 아니었다. 그러던 것이 97년 춘절을 기해 오량액 양조장에서 야심 차게 내놓은 경주가 나오면서부터 언제부턴가 주점에서 공부가주를 찾아보기 힘들 정도로 유행은 빠르게 바뀌었다. 이 글을 쓰면서 추억이란 단어를 여러 번 썼던 나 같은 사람이 세상엔 그리 흔하지 않은 모양이다.

    각설하고, 그렇게 공부가주를 꺾고 기세 좋게 북경 시장을 접수한 경주는 이름에 걸맞게(경주는 '북경의 술' 혹은 '수도의 술'이라는 뜻) 북경의 대표 술로 한동안 자리매김을 하게 된다.

때는 바야흐로 2000년 뉴 밀레니엄의 시작을 알리는 정월 초하루, 하루 전 버스 한 대를 대절해 당시 본부장이시던 부회장을 모시고 만리장성이 시작하는 첫 관문인 진황도의 산해관으로 해돋이를 보러 갔던 우리 주재원 가족 일행이 북경으로 다시 돌아온 것은 이미 새해 첫날의 해가 다 저문 저녁 무렵이었다.

밤길을 뚫고 달려가 해돋이를 보고 그 동네 해산물로 거하게 아침 식사를 마치고 다시 차를 돌려 북경으로 돌아오느라 피곤하긴 했지만, 3일까지는 연휴이니 출근 걱정도 없겠다, 술 한잔 없이 새해 첫날을 그냥 보낸다는 것이 왠지 자신의 정체성을 부정하는 일 같아 죄의식에 사로잡힌 우리 주당들 몇 명은 이미 모든 것을 예상하고 빙긋이 웃고 있는 부회장에게 아부성 미소와 멘트를 날리며 새해 축하주 한잔 사주시기를 이구동성으로 간하였다.

중국의 양조장 사장들은 이날 우리의 이 거사를 두고두고 기념해야 할 것이다.

이제부터 그 이유를 설명한다.

앞에서 설명한 경주가 이미 공부가주를 제치고 명실공히 수도 제일의 대중주로 자리매김한 지도 어언 4년째, 당시 우리는 한국 슈퍼 아니면 구하기도 어려운 한국 소주 대신 지천에 널린 경주로 맛있는 폭탄주를 제조하는 일을 우리의 일상으로 만들어 놓고 있었다.

그날도 어김없이 일행 중 누군가가 북경의 맥주 옌징피쥬(연경맥주)와 북경의 백주 징쥬(경주)로 솜씨껏 만든 '이름 없는 폭탄주'가 몇 순배 돌고 있었다.

이태백 저리 가라는 우리 회사 최고 주당이신 부회장이 일행을 향해 질문을 던졌다.

"자네들 나라마다 폭탄주에 나름의 이름이 있는 걸 아나?"

설사 안다 해도 20년이나 차이가 나는 부회장 앞에서 조심스러워 쉽게 아는 체를 하기도 힘들었겠지만, 실제로 그 자리에 있던 우리는 아무도 답을 알지 못했다.

지금부터 부회장님의 강의 내용.

"세계적으로 유명한 독주를 갖고 있는 나라들은 다들 그 나름의 폭탄주 이름을 갖고 있네. 어디 한번 자네들이 아는 유명한 독주를 말해 보게."

"위스키", "보드카" …… "테킬라" …….

거기서 말문이 막힌 우리에게 부회장의 일갈이 날아 왔다.

"아, 이 친구들 보게! 지금 지들이 마시는 중국 백주는 왜 빼놓는 거야?"

헐, 그때까지만 해도 우린 그냥 중국에 와서 사니까 중국 술인 백주를 마신 거지, 백주를 위스키나 보드카 혹은 테킬라처럼 세계적으로 유명한 술의 반열에 올려놓고 생각해 본 적도 없고, 그 자리에 있던 자칭 '준 주당'을 자부하던 우리 몇 명 중에도 중국에 발령이 나던 날 "와, 드디어 그 유명한 중국 백주를 원 없이 마시게 되었구나!"라고 쾌재를 부른 자는 맹세코 없었다.

지금이야 중국에 간다고 하면 "중국 가면 맛있는 백주 많이 마시겠네?" 하는 부러움 가득한 환송사를 들으며 출국장을 나서지만, 그땐 중국의 백주는 그저 냄새(향기가 아님) 독한 술일 뿐이었다.

'아는 만큼 즐기는 게 인생'이란 말은 살아 볼수록 참 의미 깊은 말인

듯하다.

아무튼 이렇게 일단 네 가지 세계의 독주를 놓고 시작된 부회장의 설명을 간략히 소개하면 이렇다.

미국 사람들이 좋아하는 버번위스키와 맥주의 조합은 '보일러 메이커(boiler maker)'라고 불리고(아마도 마시고 나면 보일러에 불 때는 것처럼 후끈하다고 해서?), 멕시코 테킬라와 맥주의 조합은 우리도 어디선가 들어 본 잠수함(submarine)이라 부른다(실제 찾아보니 멕시칸 서브머린은 테킬라와 맥주가 기본이지만, 그걸 기본으로 이것저것 다른 음료나 재료를 섞은 것도 많았다. 미국이나 우리만큼 술 자체에 집중하지 않는 듯했다). 아니, 폭탄주를 폭탄주 자체로 맛을 못 느껴서 이것저것 잡스러운 걸 넣을 거면 그냥 칵테일을 만들지 왜 폭탄주를 만드는 거지?

잠수함이란 말을 어디서 들었나 했더니 중국 사람들도 폭탄이란 뜻의 '파오딴' 혹은 '짜딴'을 써서 '파오딴쥬(砲彈酒: pào dàn jiǔ)', '짜딴쥬(炸彈酒: zhà dàn jiǔ)'라고도 하지만, 잠수정이란 뜻의 '치앤수이팅(潛水艇: qián shuǐ tǐng)'이란 이름으로 폭탄주를 부르기도 했었다. 당시에 멕시코와 중국이 특별히 사이가 좋았던 것 같지는 않은데? 작은 잔이 큰 잔 속에 퐁당 빠져 있는 모습이 잠수함을 연상시키는 대뇌 작용은 태평양을 건너서도 국적을 가리지 않고 일어났다 보다.

요즘은 중국에서 짜딴쥬나 파오딴쥬를 많이 듣는 대신 젊은 중국 친구들 사이에선 '쏘맥'이란 소리도 들린다. 치맥과 함께 한류를 타고 건너간 자랑스러운 우리의 문화유산이다!

이제 러시아와 중국만이 남았는데, 부회장님 말씀에 따르면 러시아

73

보드카와 맥주의 만남은 Dog nose, 개 코란다. 서양 영화에 간혹 등장하는 술꾼들의 산타 영감처럼 코끝 빨간 모습이 연상되는 이름인데, 러시아 폭탄주를 요르시(Yorsh)라고 한단 얘긴 들어 봤어도 Dog nose는 그 자리 외에 들어 본 적은 없다. 다음에 부회장님을 뵈면 다시 한 번 여쭤봐야겠다. 그러나 이게 요점은 아니고, 단지 본론으로 들어가기 위한 부회장님의 양념이었을 뿐, 그날 당신이 '발표'하시고자 했던 성명 내용은 지금부터이다.

간략히 부회장의 발표 내용을 정리하면 "러시아, 미국, 멕시코를 대표하는 독주의 폭탄주에는 다 이름이 있는데, 왜 세계 어디에 내놓아도 빠지지 않는 중국의 백주는 그 폭탄주에 이름이 없느냐는 것이었다(사실 지금도 그렇지만, 중국 사람치고 맥주에 백주를 타 먹는 사람은 내가 아는 한, 그 당시에도 지금도 거의 없다. 아마 우리가 그 시효가 아닐까 생각한다!).

"그러니 오늘 이 자리에서 그 명명식을 갖자!!!"

그날 우리는 늘 하던 대로 북경을 대표하는 대중주 경주와 또 하나의 북경 술, 중국 발음으로는 옌징피쥬(燕京啤酒: yàn jīng pí jiǔ)라고 부르는 연경맥주로 폭발물 제조를 하고 있었다.

연경맥주

드디어 부회장의 성명 발표!

"올해는 2000년 용의 해! 용의 해에 용띠인 내가(그해 부회장은 만 60세가 되셨다) 용의 나라인 중국의 북경에서 북경의 술인 경주와 연경맥주로 새 술을 만들어 그 이름을 반포하니, 이름하야 용경주(龍京酒)라고 하라. 그리고 그 양과 배합은 연경 맥주잔(재래식 잔으로, 일반 맥주잔보다 작다.

높이가 8~9센티 정도, 잔의 위쪽 넓은 쪽의 직경이 6센티 정도, 주윤발이 영화 「영웅본색」인가에서 이빨로 집어 들고 한 모금에 꿀꺽하던 그 잔이다)의 3분의 1은 경주로, 나머지 3분의 2는 연경맥주로 채우도록 하라. 그리고 음주 방식은 여타 혼합주가 다 그러하듯 원샷이어야 하느니라."

저도주라고는 하나 38도짜리 술이다. 작아 보여도 그 잔에 3분의 1이면 소주잔 한 잔이 족히 넘는 양인데, 결국 소주 두세 잔이 그 폭탄주 안에 들어가 있는 셈이다. 헐, 그때까지는 그렇게까지 세게 말지는 않았던 것 같은데…….

그날 이후 그 술이 우리의 공식 행사주가 된 것은 두말할 나위도 없다. 게다가 우리는 만나는 중국 인사나 친구들한테마다 용경주의 전도사가 되어 경주 판매 활성화에 크게 일조하는 수년을 보내게 된다.

이 얘기를 전해 들은 모 항공사 중국 본부장이던 내 절친 하나는 자기는 백주와 맥주를 섞어 먹진 않았지만, 중국 손님들에게 한국의 소맥을 소개할 때는 폭탄주라는 말이 주는 부정적 어감이 거슬려서, 당시 후진타오 주석이 주창하던 허시에(和諧: hé xié) 사회(조화로운 사회라는 뜻. 우리에게 새마을호가 생겼듯 당시에 열차도 허시에호라는 것이 생길 정도)에서 허시에를 따와서 '허시에쥬'라고 부르자고 했더니 (맥주와 소주가 조화롭게 어울렸다는 의미로) 중국 사람들이 엄청 좋아하더라는, 다분히 중국통다운 얘기를 해서 나의 기를 죽인 적이 있었다.

지난번 서울에 갔을 때 이미 중국 백주에 맛을 들인 고향 친구들이 내가 중국 백주 사가는 것을 깜박했더니, 전혀 상관없다며 연태 고량

주면 된다나? 경주는 없느냐고 했더니 지네들은 연태 고량주가 좋단
다. 기를 좀 죽여 줄 요량으로, 경주와 연경맥주는 없었지만 꿩 대신
닭, 연태 고량주와 청도 맥주로 '용경주'의 아류를 만들어 주었더니, 이
중에 한 친구는 그 후에도 그 용경주의 팬이 되었다. 문제라면 큰 문제
인 것은, 그날 내가 입에 침을 튀기며 용경주의 탄생 비밀에 대해 전
수하고 반드시 그리 부를 것을 신신당부했건만 이놈은 그냥 지 맘대로
그걸 '연태폭탄주'라고 부른다는 것이다.

글쎄, 다음에 어디서 경주와 연경맥주를 구해와서 정품 용경주를 만
들어 주면 그때는 제대로 된 이름으로 부르려나?

독자 여러분은 함부로 제조하시는 것을 삼가시기를 바란다. 이게 양
이 적어 보여도 원샷 한 방에 가는 수도 있다!

중국에서 맛보는
우리 민족의 물냉면

학창 시절, 동네 중국집 중에 '중국냉면'이라는 물냉면을 팔던 집이 간혹 있었다. 물론 우리가 아는 냉면은 아니었다. 그 원조가 어디인지 자못 궁금하긴 하지만, 개인적으로는 한국에서 자생한, 그 중국집 사장님이 개인적으로 개발한 것이리라에 한 표를 던지겠다. 대만에서 유학을 하고 직장생활을 하면서도 한국 식당에서 어렵사리 맛볼 수 있는 (당시 유학생의 입장에서 한식당은 비싼 곳이었다) 한국 냉면 외에 중국식 물냉면이란 건 구경할 수 없었다. 대만이나 중국에도 차가운 – 차갑다기보다는 '식은'이란 표현이 더 어울리는, 주로 땅콩 맛이나 참깨 맛이 나는 – 소스에 버무린 량몐(涼麵: 찬 국수)이란 것이 있지만, 우리의 냉면과는 사돈의 팔촌도 될 수 없는 다른 맛인 데다 일종의 비빔면이지 물냉면은 아니었다. 중국 생활을 하면서 처음으로 중국에도 물냉면이 있다는 것을 알게 되었는데, 바로 연길의 조선족 동포들의 식당에 가면 만날 수 있는 연길냉면이 그것이다. 중국 사람들(조선족

동포들의 국적이 중국임을 우리는 종종 잊는다)이 중국 땅에서 만들어 먹으니 중국 냉면이라 하여 틀렸다 할 수는 없을 것이나 중국 사람들조차도 이것을 중국 냉면이라고는 생각하지 않는다. 엄연히 우리 민족에 뿌리를 둔 우리의 냉면이다.

각설하고, 크게 두 종류로 나눌 수 있는 한국의 물냉면에 이 연길냉면이 더해지다 보니 중국에서는 우리의 물냉면이 크게 세 종류로 나뉜다.

한국의 두 종류란 우선 밍밍한 듯한 육수에 면발에도 메밀을 제대로 섞은 정통 평양식 냉면과, 전국의 갈빗집에서 메밀이 아닌 녹말가루로 반죽을 해서 뽑은 면발을 달짝지근하면서도 짭짤한 육수에 풀어 만든 갈빗집 물냉면, 바로 이 두 가지이다(가야밀면이나 춘천막국수 등등은 냉국수이지 냉면이 아니다. 냉면 전문가인 나의 주장). 방금 얘기한 중국의 세 가지 가운데 하나는 이 갈빗집 물냉면인데, 당연히 한국 식당에 가야 먹을 수 있는 것이고, 또 하나는 앞에서 얘기한 연길냉면, 그리고 나머지 하나는 평양냉면의 원조인 평양 사람들이 중국에 와서 차린 북한 식당에서 파는 '평양랭면'이다. 참고로 서울에 있는 소위 '정통' 평양냉면은 중국에는 없다.

자, 이제 세 가지 중 익숙한 한식당의 갈빗집 물냉면은 제쳐 두고, 나머지 둘에 대해 좀 더 알아보자.

첫째, 아무래도 우리에겐 좀 더 생소한 연길냉면부터 시작해 보자.

결론부터 얘기하면 대표적 차이점은 크게 네 가지 정도이다. 생각만 해도 볼 양쪽의 침샘이 아플 정도로 침이 고여 오는 시디신 육수의 맛, 다양하다 못해 잡다하다 해야 할 정도로 풍부한 고명, 메밀로 만들었

다는데 농마국수 못지않게 쫄깃한 면발, 그리고 웬만한 사람은 한 그
릇을 다 비우기도 힘든 엄청난 양.

우선 제일 중요한 육수의 맛부터 따져 보자.

신맛을 그리 즐기지 않아 냉면에 식초를 잘 치지 않는 나 같은 사람
에게 연길냉면 육수는 식초에 가깝다. 처음 연길냉면을 먹고 그 신맛
에 된통 혼이 난 이후 두 번째로 간 집에서는 처음부터 "식초는 알아서
넣어 먹을 테니 식초 넣지 말고 주세요"라고 부탁을 했지만, 돌아온 답
은 "육수는 이미 양념이 다 돼 있습니다"였다.

신맛 때문에 다시는 연길냉면은 먹지 않겠노라고 다짐을 했건만, 연
길냉면의 바로 그 맛을 좋아하는 친구들 때문에 본의 아니게 몇 번을
더 다니다 보니 참으로 묘한 것이, 슬슬 그 신맛이 당기기 시작하다가
언젠가부터 '신맛에도 중독성이 있나?'라는 의문이 생길 정도로 가끔
은 북한식도 아니요 서울식도 아닌, 딱 연길냉면이 먹고 싶어질 때가
있더라는 것이다.

자기네 말로는 쇠고기에 양파, 무 등을 넣고 푹 고은 육수를 몇 번을
걸러서 기름기를 완전히 걷어내고 만든 육수라고 하는데, 그 말이 거
짓일 리는 없지만 워낙 시고 달아서 고깃국물이라는 느낌은 거의 없고
오이냉채 국물을 마시는 느낌이라는 편이 더 사실에 가깝다.

다음은 고명.

사실, 육수의 맛도 보기 전에 시각적으로 우리를 압도하는 것은 다
채롭다 못해 잡스럽기까지 한 고명들이다.

쇠고기 편육, 무생채, 삶은 달걀 등의 기본 고명 외에 다대기, 김치
썬 것, 오이채, 완자 등이 추가로 들어가고 더더욱 놀라운 것은 수박,

사과, 배 등이 냉면 위에 올려져 나오는데, 수박은 아예 초록색 껍질 채 피자 조각처럼 삼각형으로 자른 큼지막한 한 조각이 통째로 올려져 나오는 경우도 있다는 것이다. 노란색, 흰색, 빨간색, 초록색이 다 모여 있는 총천연색 고명인데, 또 어떤 경우에는 한국 사람들이 가장 두려워하는 샹차이가 들어 있기도 하다. 이 미친 색감을 화려하다 해야 할지 촌스럽다 해야 할지……. 색깔도 색깔이지만 이 과일들과 야채들의 갖가지 맛들 때문에 우리가 알고 있거나 기대하는, 면발과 육수만의 단순하지만 깔끔한 조합을 상상하고 들어간 사람들은 '이것을 과연 냉면이라고 불러야 하나?'라는 음식학(?) 차원의 질문 내지는 아예 '이거 냉면 맞아?'라는 볼멘소리를 내뱉을 수도 있다.

그리고 면발, 우리의 평양냉면과는 색깔부터가 좀 다르다. 우리 평양냉면의 메밀면은 회색에 가깝고 식감 역시 툭툭 끊어진다는 표현이 어울리지만, 연길냉면은 갈색에 좀 더 가깝고 식감 또한 함흥냉면 면발 뺨치게 쫄깃쫄깃하다.

이제 마지막으로 네 번째 차이점을 보자. 바로 어마어마한 양이다. 한국의 웬만한 냉면집 곱빼기의 두 배는 되면서 서울의 냉면집 사발의 높이보다 최소 5센티미터 정도는 더 높아 보이는 특제 그릇에 담겨 나오는 연길냉면, 그것만으로도 이미 적잖이 부담스러운 양인데, 여기에다 곱빼기까지 있다.

성인 남자 손바닥 크기와 비교한 연길냉면의 양

평양이 원조라 할 수 있는 물냉면이 세월이 흐르면서, 남의 땅에 와서까지 고향의 맛을 잊지 못한 우리 부모 세대에 의해, 이렇게 새로운 모습으로까지 발전(?)한 것을 보며 갑자기 궁금한 것이 하나 생겼다. 도대체 어디의 냉면이 본래 평양냉면의 맛에 가장 가까울까 하는 것이다.

내가 내린 결론은 아마도 서울의 평양냉면집들이 본래의 맛을 그래도 가장 원형대로 잘 간직하고 있지 않겠나 하는 것이다. 무엇보다도 고향이 이북이신 내 부모님들이 북한 식당과 연길 식당의 냉면을 다 맛보신 후 내린 결론이 연길냉면은 달라도 너무 많이 달라졌고 북한 식당의 냉면 또한 단연코 본래의 것과는 차이가 많이 난다고 하셨기 때문이다. 오로지 서울의 평양냉면들만이 피란 시절, 이웃의 평안도 출신 실향민들이 만들어 팔던 맛과 모양을 원래대로 간직하고 있다는 말씀이었다. 심지어 갈빗집 냉면도 남한 입맛에 맞게 좀 변형된 것이기는 하나, 연길이나 북한 식당보다는 훨씬 원래 평양냉면에 가깝다고 하셨다.

물론 이 말씀을 그대로 믿을 수는 없다. 왜냐하면 70년의 세월 동안 남한의 평양냉면이 아무리 원래 맛을 고수하려 노력해 왔다 해도 이런저런 이유로 본래의 것과 조금씩 달라질 수밖에 없었을 것이기 때문이다.

이 얘기를 더 하기 전에 우선 또 다른 하나의 버전, 북한 식당의 평양랭면의 맛을 살펴보자. 북한 식당의 간판 메뉴인 평양랭면과 우리의 평양냉면 혹은 물냉면의 가장 두드러지는 차이는 면발과 육수에 있다. 한국에서 즐기는 냉면들의 공통적 특징은 메밀로 만들었건 감자가루로 만들었건 면발이 비교적 가늘고 색깔 또한 다소 갈색에 가까운 곳도 있지만, 그래도 여전히 잿빛에 가까운 아주 옅은 색이라는 것이다. 그리고 정통 평양냉면의 경우에는 메밀이 많이 들어가 면이 툭툭 끊어진다. 나머지 하나의 특징은, 춘천막국수나 가야밀면과는 달리 평양냉면(물냉면)은 냉면 위에 다대기나 양념장을 올리지 않는다. 그리고 육수의 색깔도 옅다.

이제 차이점은 명확해졌다. 북한 식당의 평양랭면은 첫째, 면발이 굵고 색깔이 진하다. 마치 연길냉면 같다. 식감조차 질기다. 둘째, 육수의 색깔이 진하고 육수에 다대기를 풀어 먹는다.

냉면을 좋아하고 자주 먹는 나로서는 처음 북한식 평양냉면을 접하고 실로 아연실색하지 않을 수 없었다. 면발이 굵고 시커먼 것까진 '메밀에 뭘 섞었나?' 하며 그저 갸우뚱하고 넘어갔다. 내가 모르는 뭔가가 있겠지 싶었다. 그러나 시뻘건 다대기가 냉면 사발의 한 가운데 떡하니 올라 앉아 있는 덴 뭐라 대신 변명(?)해 줄 핑곗거리를 찾을 수가 없었다. 연길냉면도 아니고, 이건 평양 사람들이 직접 와서 경영하는 정통 평양식 식당이 아닌가?

그러나 우선 결론부터 얘기하자면, 다대기를 풀지 않은 채 일단 마셔본 육수의 맛은 소위 정통파를 자랑하는 서울의 평양냉면집들의 맛과 유사한 점이 많았다. 육수의 온도가 얼음처럼 차지 않고 미적지근했던 것이 치명적으로 육수의 맛을 떨어뜨리긴 했지만, 맛 자체만으로는 슴슴하니 굳이 나무랄 데가 없었다. 얼음만 몇 개 띄웠더라도 서울의 평양냉면집 육수보다 낫다는 평을 들었을 수도 있는 맛이었는데, 단지 육수의 색깔이 서울보다 간장색에 더 가까워서 이 또한 큰 차이라면 차이라 할 만했다.

한 모금을 시원하게 들이킨 후 이번엔 다대기를 풀어 보았다. 육수의 색깔이 금방 빠알간 색으로 변했다. '평양냉면에 다대기라니?'라는 나의 부정적 선입견을 비웃기라도 하듯 상상 밖의 시원한 맛에 다소 놀랐을 정도로 다대기의 효과는 나쁘지 않았다. 평양냉면에 빨간색이 들어가는 데 대한 관념적 거부감을 제외한다면 사실 훌륭한 맛이었다. 색깔만 빨갰지 다대기로 인해 특별히 더 매워지거나 짜지지도 않았다.

자, 그럼 이제 다시 누가 가장 원래의 맛을 잘 보전해 왔는지에 대한 얘기를 해 보자.

어떤 화가 지망생이 이중섭의 '소'를 보고 똑같이 흉내 내서 베끼다시피 그렸다고 치자. 그리고 계속해서 베끼는 작업을 하는데, 원작을 놓고 베끼는 것이 아니라 베낀 것을 보고 베끼고, 또 그 복사본을 베끼고, 그렇게 베낀 것을 또 베끼는 작업을 50번, 100번 계속하다 보면 100번째 작품은 본래의 모습에서 많이 벗어나 있을 수밖에 없다.

그것이 내가 앞에서 서울냉면이 원조라고 하신 부모님의 말씀을 곧이곧대로 믿을 수만은 없다고 한 이유이다. 아마 부모님도 남한에서 조금씩 변해 가는 평양냉면의 변한 맛들에 계속 익숙해져 가면서 그것이 원래 맛이라고 착각을 하고 계셨을 수도 있다.

그러나 그럼에도 불구하고 그렇게라도 열심히 베끼려고 노력한 그림들은 원작과 달라지긴 했어도 큰 틀에서 원작의 모습과 아주 많이 닮아 있을 것이다. 마찬가지로 실향민들의 평양냉면을 본떠 원조를 표방하며 남한 사람들 혹은 실향민의 후손들이 열심히 따라 만든 평양냉면은 그처럼 원래의 것과 많이 닮았으리라는 것이 내 생각이다.

이번에는 다른 화가가 아닌 이중섭 작가 본인이 다시 '소'를 계속 그린다면 어떻게 될까? 감히 단언하건대 그릴 때마다 다를 것이고, 처음 것과 나중 것은 '소'라는 주제가 같고 작가가 이중섭이라는 사실만이 같을 뿐 아마도 전혀 다른 모습의 소가 될 것이다.

왜? 이중섭이니까! 어떻게 그리든 그것을 모조품이나 사이비라고 얘기할 사람이 없으니까. 바로 그러한 이유에서 나는 나이 어린 북한 식당의 여성 복무원들이 얘기하는 "이것이 원래 평양랭면의 맛입네다. 평양랭면에는 본래부터 양념장(다대기)이 들어갑네다"라고 하는 말을 믿지 않는다.

그들은 70년 전 평양랭면의 맛을 모른다. 아니, 본 적도 없다. 단지 지금 평양에서 그렇게 만들어 먹으니 그것이 본래 맛인 줄 알 뿐이다. 그러면 평양 사람들은 왜 평양냉면을 우리 부모님이 보시기에는 전혀 평양냉면이 아닌 음식으로 둔갑시킨 것일까?

여러 가지 이유가 있겠지만 한 가지 확실한 것은, 이중섭의 예에서 보듯 평양 사람들은 그들이 변화를 가하고자 할 때, 행여 누가 이것을 평양냉면이 아니라고 할까 봐 걱정하며 주저할 필요는 없었으리라는 것이다.

왜? 그들은 평양 사람들이고 평양에 사니까. 그들이 만들었다는 사실만으로도 그것은 충분히 평양냉면이라 불릴 자격이 생기니까! 바로 그 때문에 그들은 그 이유가 식재료 때문이든, 북한 사람들의 식습관의 변화 때문이든, 새로운 맛을 개발하고픈 요리사들의 탐구심 때문이건 간에 우리가 상상하는 이상으로 달라진 평양랭면을 만들어 왔을 것이다. 이것이 내가 서울의 평양냉면이 전통의 맛에 더 가까울 거라 생각하는 이유이다.

그럼 연길냉면의 경우는? 아마도 조선족보다는 훨씬 수적인 우위에 있는 한족 고객들의 입맛을 잡아야 했을 것이고, 우리 민족과는 미각에서 많은 차이가 나는 그들의 입맛에 맞추어 가는 과정에서 본래의 모습과는 많이 다른 지금의 냉면이 나타나지 않았을까 생각해 본다.

군이 그림에 비유하자면 대략 이런 경우가 아닐까? 어떤 돈 많은 구매자가 이중섭의 화풍이 맘에 드는데 소보다는 말 그림이 갖고 싶어서 이중섭의 제자에게 "당신 선생의 화풍으로 소 대신 말을 그려 주시오"라고 부탁을 한다면, 소는 아니지만 이중섭 풍의 멋진 말 그림이 탄생하는 순간이 될 것이다.

각설하고, 잊어버릴 뻔한 얘기가 하나 있는데, 북한 식당의 평양랭면이 우리와 다른 점은 비단 면발이나 육수뿐이 아니다. 바로 식당 복무원들에 의해 강권되다시피(?) 하는, 먹는 방식이다.

식초와 겨자는 필수, 가위는 No! 행여 분위기 파악 못하고 잘라 달라고 눈치 없는 한마디를 했다가는 백이면 백 "랭면을 잘라 먹으면 어캅네까?"라는 어김없는 핀잔과 함께 경우에 따라서는 살짝 눈흘김까지 당하게 된다.

평양 처녀의 눈흘기는 모습을 보고 싶다면 냉면을 잘라 달라고 하라. 절반의 성공률은 보장한다.

이번엔 식초와 겨자! 북한 식당에서는 냉면을 식탁 위에 올리고 나면 복무원들은 반드시 겨자와 식초가 담긴 쟁반을 들고 와 "평양랭면에는 식초와 겨자를 치셔야 합네다"라는 한마디와 함께 생글거리며 티스푼으로 겨자 한 숟갈을 푸는 동시에 식초를 들이부을 준비를 한다.

여기서 겨자를 싫어하거나 신 것을 못 먹는 사람에 대한 배려를 기대해서는 안 된다. "어어~" 하다간 그냥 당하기 십상이다. 겨자가 싫거나 식초가 싫으면 미인계에 넘어가지 말고 행동으로 적극 저지해야 한다.

아무튼 반강제적인 식초와 겨자 투여식이 끝나면 이번엔 젓가락 강탈이 이어진다. 허락도 없이 손님의 젓가락을 집어 들고 앞서 얘기한 다대기와 면발을 자장면 비비듯 뒤집어서 빨간 다대기가 육수에 고루 퍼질 때까지 이리저리 섞어 준다.

손님의 의사와 상관없이 겨자와 식초를 풀고 면발을 대신 섞어 주는 북한 식당 복무원들의 일방적 친절과 "랭면을 잘라 먹으면 어캅네까?" 식의 핀잔 아닌 핀잔을 통해 이들의 정형화된 사고의 한 단면을 볼 수 있었지만, 요즘처럼 "남자라고 눈물이 많으면 안 된다는 법이 있나?" 라든지, "막걸리에 피자면 어때?"라는 식의 고정 관념 탈피를 통해 탈정형과 사고의 유연성을 권장하고 찬양하는 시대에 사는 우리의 현실이 오버랩되면서, 융통성 없이 이건 이래야 하고 저건 저래야 한다고 말하고 행동하는 저들의 모습이 구시대적이거나 교조적이라고 생각되기보다는 오히려 인간미 넘치는 순박함으로 다가왔다면, 내가 너무 동포애적인 감상에 젖어 그런 것일까?

인류 문명의 발전사가 전통을 놓지 않으려는 수구적 안간힘과 새 가치를 찾아 뛰쳐나가려는 진취적 몸부림의 갈등과 대립, 그러나 궁극적으로는 타협과 화합의 기록일진대, 우리도 언젠가 통일의 날이 온다면 잘라서는 안 되는 북한식 랭면과 둘로 자르든 넷으로 자르든 싹둑싹둑 내 맘대로 잘라서 먹는 한국식 냉면이 한동네에 나란히 문을 열고 이웃하며 상생하는 날이 오기를 기대해 본다. 물론 거기에 수박과 토마토에 샹차이까지 둥둥 떠다니는 연길냉면집까지 나란히 한다면 더 바랄 나위가 없겠다.

아니, 그날이 온다면 어쩌면 북한식 랭면도 한국식 냉면도 아닌, 어찌 보면 이도 저도 아닌 연길냉면, 그러나 남의 땅에서조차 굴하지 않고 우리 냉면의 정체성을 면면히 이어 온, 자랑스러운 연길냉면에게 가운데 자리를 내어 주는 것이 더 좋을지도 모르겠다.

이도 저도 아니라면서 면면히 이어 온 정체성이라니?

맥주나 콜라도 냉장 보관을 하지 않을 정도로 찬 거라면 도리도리하는 중국 사람들 사이에서, 다른 건 다 양보하면서도 '냉'면의 핵심 가치인 차가움의 정체성만큼은 붙들고 놓지 않은 '냉'면 사랑! 중국 사람들이 꼽는 한국인의 대표적인 특징들 중에 매운 것을 좋아한다는 것 외에 찬 것을 잘 먹는다는 것도 있을진대, 그 공로는 오롯이 연길냉면의 몫이리라.

그리고 현지화에 성공한 연길냉면의 사례는 우리 것이 가장 세계적인 것이라는 ─ 물론 좋은 말이기는 하지만 ─ 자칫 편협해질 수 있는, 그래서 정체성의 함의를 협의의 개념 안에 가둘 수도 있는 요즘 세대의 주장에 대해 '묻어가는 것도 지혜요, 묻어가면서도 정체성은 얼마든 지킬 수 있음'을 가르쳐 주는 소중한 문화유산일지도 모른다.

PS: 재밌는 것은 전구도 '불알'이라 부를 정도로 우리말 사랑에 투철한 북한임에도, 랭면의 양을 구분할 때 큰 것, 작은 것 같은 우리말 대신 200그람짜리, 100그람짜리라는 외래어를 쓴다. ('그램'이 아니라 '그람'이다.)

2

틀린 것이 아니라
다를 뿐

나의 중국 관찰기

세 여인의 칼질
틀린 것이 아니라 다를 뿐(1)

어느 미국 회사에 대만계 이민 낸시와 한국계 이민 메리, 원조 미국인 로라가 함께 일하고 있었다. 어느 날 낸시와 메리가 누가 옳은지를 가려 달라며 로라를 찾아왔다. 분쟁의 시작은 쉬는 시간에 둘이 사과를 나눠 먹다 생긴 작은 말다툼 때문이었다. 메리에게 사과를 나누어 먹자며 사과와 칼을 집어든 낸시, 이어지는 낸시의 '칼질'에 메리가 기겁한다. "어머! 낸시, 사과를 그렇게 깎으면 어떻게 해? 앞에 앉은 나한테 칼질하는 것 같잖아? 그거 굉장히 무례해 보이는 거 알아?"

대만 사람들은 과일 깎을 때 칼날을 바깥쪽, 즉 자기 몸 쪽이 아닌 상대방 쪽을 향하게 하여 깎는다. 당연히 칼날을 몸 쪽으로 하여 깎는 것이 습관이 된 한국 사람 메리 입장에서는 놀랄 법한 이야기이다.

낸시가 바로 응수한다. "그게 무슨 소리야? 칼을 어떻게 자기 몸 쪽으로 향하게 해? 사과 깎으면서 죽자고 고사 지내는 것도 아니고!"

둘은 서로 미개한 행위라고 비판하다가 제삼자인 로라를 찾아가기로 했다. 문제를 꺼내 놓고 자기 편을 들어 주기를 기다리는 낸시와 메리. 어이없다는 듯이 둘을 번갈아 쳐다보던 로라. 마침 낸시와 메리가 가져온 아직 깎지 않은 사과를 냉큼 집어 들어 '와그작' 한입을 베어 물며 하는 말, "사과를 왜 깎아 먹어? 껍질 채 먹어야지!"

미국 근무 당시 주재원들을 상대로 한 이문화 강의 때 『Jean can do it, You can do it』의 저자 김진숙 선생님이 들려준 에피소드이다.

시집와서 시어머니 앞에서 사과를 깎다가 눈이 휘둥그레진 어머니 때문에 당황해하던 아내의(대만사람이다) 모습이 떠올라 격하게 공감했던 기억이 난다.

다름과 틀림의 차이를 제대로 이해하는 것이 함께 사는 세상을 향한 첫걸음임을 일깨워 준 강의였다.

청국장은 저리 가라, 취두부
틀린 것이 아니라 다를 뿐(2)

내 나라에 살 때나 남의 나라에 살 때나 주변을 보면 간혹 유독 불만이 많은 사람이 있다. "이 사람들은 이걸 음식이라고 먹나?" "참 매너하고는 쯧쯧…… 언제 후진국 소릴 면하겠나?"

이질적인 음식, 이질적인 문화를 대할 때 경험이나 선입견에 얽매여 객관성을 잃고 볼멘소리하는 이들을 굳이 나쁘다고만 말할 수는 없다. 경험해 보지 못한 사물이나 현상과 마주했을 때, 미지의 위험으로부터 자신을 보호하기 위한 본능적인 반응일 수 있기 때문이다.

외국인에게 이질적인 중국 음식 가운데 대표적인 것이 취두부이다. 청국장은 저리 가라다! 두부를 발효시켜 기름에 튀긴 음식인데, 취두부(臭豆腐)의 취(臭)는 냄새라는 뜻이지만, 실제 사용례를 보면 악취, 구취 또 중국에서는 겨드랑이 암내를 호취(狐臭)라고 하는 등, 결코 좋은 냄새를 형용할 때 사용되는 글자가 아니다. 따라서 이름만 들어도 구린내 나는 두부구나 하고 짐작할 수 있는데, 냄새가 하도 고약해 말

대만식 취두부. 고추장과 백김치 비슷한
양념이 따라 나온다.(사진: 바이두)

오줌에 삭혔다는 속설이 나돌 정도이다.

내가 처음 대만 땅에 발을 디디던 날 공항까지 나를 마중 나오셨던 내 은사의 부군께서는 손수 운전해서 내가 살 동네로 데려다 주셨다. 차창 밖으로 보이는 도로의 야자수들, 깔끔하게 정돈된 아파트 입구, 그리 낯설지만은 않은 한자(漢字)로 된 상점의 간판들. 앞으로 펼쳐질 즐거운 대만 생활을 예고하는 전주곡들이었다. 그런데 차가 아파트 골목 안쪽으로 진입하여 목적지에 다다른 후 차 문을 열고 나서는 순간, 후끈하고 습한 아열대 특유의 공기에 섞여 내 콧속으로 밀려드는 냄새, 그것은 똥 냄새였다! 아니? 이런 깔끔한 동네에 아직도 푸세식이? 오늘이 그 차가 오시는 날인가? 조금도 과장된 이야기가 아니다. 취두부 냄새를 맡아 본 사람은 누구나 공감하는 얘기일 것이다.

지금은 1년에 한 번 정도 대만에 놀러 갈 때면 반드시 먹고 오는 것이 이 노릇노릇, 파삭파삭한 취두부와 그에 곁들이는 채 썬 대만식 백김치와 고추장인데, 생각만 해도 입에 군침이 돈다. 특히 시원한 생맥주와 함께 할 때면 치맥이 부럽지 않다.

그렇다. 냄새도 맡을 수 없을 정도로 맛이 없었던(?) 취두부가 세월이 지나면서 맛있는 음식으로 변한 것이 아니라 나의 입맛이 변한 것이다. 입에 맞지 않던 음식이 입에 맞게 될 만큼 시간이 흘렀고, 내 경험이 늘어났고 판단의 기준이 달라지면서 삶의 즐거움이 하나 더 는 것이다.

그 음식은 맛이 없는, 즉 잘못된 음식이 아니라, 내 입에 맞지 않는,

내가 아는 음식들과는 다른 음식일 뿐이었다.

PS: 대만뿐 아니라 중국에도 지역마다 조금씩 만드는 법이나 맛이 다른 여러 종류의 취두부가 있다. 일반적으로 유명한 것은 창사(長沙)와 사오싱(紹興) 지방의 것인데, 나는 여전히 대만의 것을 최고로 친다. 첫사랑의 기억은 그런 것인가 보다(창사의 취두부는 색깔이 검은 반면 사오싱의 것은 대만 것과 비슷한 노란색이다).

옜다, 너도 한 대 피워라!
틀린 것이 아니라 다를 뿐(3)

중국에 처음 주재원으로 나가 각급 정부기관의 사람들이나 고객 기업의 간부들을 만나 식사를 할 때 뜻하지 않은 광경에 어안이 벙벙했던 기억이 있다. 원탁에서 함께 식사를 하는데 - 지금도 중국의 식당들은 실내 흡연이 가능한 곳들이 꽤 있지만, 20년 전에는 100퍼센트가 흡연 가능한, 아니 흡연을 위해 모이는 곳인 듯한 분위기였다 - 틀림없이 아랫사람으로 보이는 직원이, 복무원에게 시킨 담배가 오자 그 자리에서 담뱃갑을 까더니 우리 일행을 포함해 자기 앞에, 옆에 앉은 나이 지긋한 상사들에게 한 개비씩 던지는 것이 아닌가? 순간, 아니 어떻게?

지금은 이해도 가고 적응도 되었지만, 그리고 지금은 그런 풍경이 많이 줄어들었지만, 당시로서는 놀랍기도 했고, 중국 친구들을 뒤에서 무시할 좋은 구실 중의 하나이기도 했다.

그런데 생각을 좀 해 보자. 그게 무엇이 그리 잘못된 행동인가? 예를 갖추느라 일어서서 한 사람 한 사람 찾아가 두 손으로 한 개비씩 전해 드리는 것, 혹은 그보단 조금 더 편한 방법으로, 담배를 까서 원탁 위에 올려 놓고 러시안룰렛 돌리듯이 원탁을 천천히 돌려 각자 자기 앞에 담뱃갑이 오면 차례대로 담배를 꺼내 피게 하는 것, 이 방법들과 한 개비씩 던지는 것 중 어느 것이 더 효율적인가? 심지어 어느 것이 더 격의 없는가?

'계층 간 벽을 없애자!'

'자유로운 토론 분위기를 만들자!'

직장생활을 하면서 귀가 따갑게 들은 말들이다. 그런데 그게 되던가? 이제는 실내 흡연이 금지되어 실험할 방법이 없게 되었지만, 회의장에서나 식당에서 담배 던지기가 생활화되면 계층 간 벽 없애는 일은 저절로 되리라고 믿는다! 혹자는 궤변이라고 얘기하겠지만, 후발주자인 중국 기업들이 우리보다 혁신과 창업의 성공률이 높은 이유 중에 '담배 던지기' 뒤에 있는 평등하고 열린 문화가 일조했을 것이라고 얘기한다면 정말 궤변에 불과한 것일까?

물론 공산당식의 저질 문화라고 충분히 깎아내릴 수 있을 것이다. 그런다고 해 우리에게 돌아오는 것은 무엇인가? 동방예의지국으로서의 우리의 지위가 좀 더 올라가는가? 굳이 이해하고 따라 하지는 않아도 좋다. 그저 그들은 그들이 살아온 역사와 환경에 의해 익숙해지고 자연스러운 그들의 방식이 있고, 그것이 우리와는 다르다는 것만 이해해도 서로가 공존할 수 있는 공간은 넓어질 것이다!

하느님 은혜?
공산당 은혜!

중국에서 돌아다니다 보면 공산당의 위상을 적나라하게 느낄 수 있는 표어나 선전 문구들이 눈에 띈다. '기승전 공산당'이라고나 할까. 시 외곽을 지나다가 재밌는(?) 표어가 적힌 광고판이 눈에 띄어 갑자기 옛날 생각이 나서 혼자 웃으면서도 씁쓸했던 기억이 난다.

츠수이 뿌왕 와징런, 퉈핀 뿌왕 꽁찬당(吃水不忘挖井人, 脫貧不忘共産黨: 물을 마실 땐 우물을 판 사람을 잊지 말고, 가난에서 탈피하면 공산당을 잊지 말자).

그날 그 표어를 보고 시골이니 그럴 수 있겠다 싶었다. 그런데 웬걸, 그 후로도 여기저기서 유사한 문구들이 자주 눈에 띄는 것이었다. 거의 비슷한 내용의 표어들이었다.

脫貧不忘貧困戶, 飮水思源感黨恩
飮水思源念黨恩, 同心共築中國夢

飮水思源不忘黨恩,脫貧不忘幇相鄰

순서대로 간단히 의미를 살펴보면

1. 가난에서 벗어나더라도 가난한 이웃들을 잊지 말고, 물을 마시면 그 수원을 생각하듯 당의 은혜에 감사하자.

2. 물을 마시면 그 수원을 생각하듯 당의 은혜를 생각하고, 한마음으로 함께 중국몽을 이뤄내자.

3. 물을 마시면 그 수원을 생각하듯 당의 은혜를 잊지 말고, 가난에서 벗어나면 이웃돕기를 잊지 말자.

자세히 보면 빠지지 않는 성어 하나가 있다. 바로 음수사원(飮水思源)이다. 한자를 아는 사람은 굳이 유래를 찾지 않아도 의미를 알 수 있는 말이다. 해석은 여러 가지로 할 수 있겠다.

서두에서 얘기한 '우물물을 마실 땐 우물을 판 사람을 잊지 마라'는 문구에서처럼, 지금의 상황이 있게 해준 누군가에게 감사하라는 얘기로 해석될 수 있을 것이다.

앞에서 보듯이 구어에서는 '물을 마실 땐 우물 판 사람을 잊지 말라(吃(喝)水不忘挖井人)'는 말을 많이 쓴다. 음수사원을 조금 돌려 해석하면 '개구리 올챙이 적 생각을 하라!'는 뜻으로 해석할 수도 있을 것이다.

다시 한번 앞의 표어들로 돌아가서 음수사원 바로 뒤에 공통적으로 붙어 있는 글자들이 눈에 띄는가? 염당은(念黨恩), 감당은(感黨恩), 불망당은(不忘

물 마실 땐 우물 판 사람을 잊지 말고, 빈곤에서 벗어난 후엔 공산당을 잊지 말자(사진 바이두).

飲水思源不忘黨恩(사진: 바이두)

黨恩).

　기억하라(念), 감사하라(感), 잊지 마라(不忘) 등의 동사 바로 뒤에 붙어 있는 목적어 두 글자, 바로 '당은(党恩)' 말이다.

　80~90년대에 유행했을 듯한, 구시대의 향수(?)를 자극하는 다분히 시골스러운 글귀들을 21세기 G2의 한 축인 중국에서 아직도 보게 될 줄이야······.

　'당은'이 무슨 말인가? 바로 '당의 은혜'라는 말이다. 당이란? 다름 아닌 중국 공산당이다. 이제 음수사원 설명을 하면서 개구리 얘기가 나온 이유가 짐작될 것이다. '지금 네가 이만큼 먹고사는 것은 모두 공산당 덕분이다'라는 얘기를 음수사원으로 우아하게 돌려 말한 것이다. 그런데 바로 그 뒤에서 당의 은혜에 감사하자고 너무 직설적으로 들이대니 다소 앞뒤 가락이 맞지 않는 듯한 어색함은 나만 느끼는 것인가? 아무튼 기독교에서 '주님의 은혜'라고 하는 말은 들어 봤어도 당의 은혜라는 말은 독자 여러분에게도 다분히 생경한 표현일 것이다.

　앞에서 이 표어를 처음 보고 옛날 생각이 났다고 했었다. 그 옛날이 사실은 그리 멀지 않은 1995년 무렵 처음 북경으로 발령받은 지 얼마 되지 않던 시절, 그러니까 약 25년 전의 기억이다.

　북경에 있는 숭문문(崇文門) 교회라는 삼자(三自) 교회의 주일예배에 참석할 기회가 있었다.

　다른 부분은 한국이나 미국, 대만의 여타 교회와 별반 다른 것이 없었다. 한 가지 달랐던 것은 – 물론 지금은 그저 별일 아닌 듯 얘기할 만큼 세월도 흐르고 나도 나이를 먹었지만 당시엔 – 단순한 '다름'을 초월하는 일종의 문화충격으로 다가왔던 기억이다.

숭문문 교회(사진: 바이두)

그것은 바로 다름 아닌 '당의 은혜'라는 말이었다. 기도건 설교건 일반적인 교회에서 '주님의 은혜'라는 말이 들어가야 할 자리 바로 앞엔 반드시 당이 먼저 나온다는 것이었다. '주님의 은혜'가 아니라 '당과 주님의 은혜!'

중국이 공산당 일당 통치 체제라는 건 당연히 알고 있었지만, 공산당이 종교와 신 위에 존재하는 정도인 줄은 미처 몰랐었다.

그 후로 그 교회에 다시 가볼 기회는 없었지만, 아무튼 지금 돌이켜 생각해 보면 중국이라는 나라를 이해하는 데 그날의 그 짧은 경험이야말로 그 어떤 복잡한 설명이나 강의로도 대체될 수 없는 강력한 깨우침을 준, 살아 있는 가르침이었다.

그날 나는 처음으로 중국에서 공산당이란 단어가 갖는 의미를 진지하게 다시 생각하기 시작했다. 그날 이후로는 모택동 주석이 신처럼 추앙받는 사실도 그리 이상하게 생각되지 않았다. 아니, 좀 더 정확하게 얘기하면, 중국에서의 모 주석은 신의 반열에 올랐거나 신격화된 존재가 아니라 신보다 더 높은 존재라는 사실을 이해하게 된 것이다.

그렇지 않은가? 신의 반열, 신격화라는 표현은 신과 어깨를 나란히 하는, 등급이 '비스무리한' 존재란 얘기다. 그러나 모 주석은 신보다 높다!

공산당이 교회보다 높으니 당의 최고 대장인 모 주석이 교회의 최고 대장인 하느님보다 높은 건 당연한 것 아닌가?

사진: 바이두

20여 년 전에 내게 새로운 깨달음을 준 '당의 은혜'. 이젠 그리 새로울 것이 없음에도 불구하고 이 말이 다시 내 관심을 끈 이유는 무엇일까?

첫째는 '아직도 이런 표현이?'라는 '어리석은' 생각 때문이었다. 그렇다! 어리석은 생각이다.

20여 년 전 큰 깨달음을 얻었다고 해 놓고 깨달음은 개뿔! 여전히 나는 중국에 대해서 아무것도 몰랐던 것이다.

'아직도 이런 표현이?'란 얘기는 당시에도 '당의 은혜'라는 말이 갖는 의미와 의도를 이해하는 흉내만 냈을 뿐 실제로는 그저 '순박하고 시골스러운 구세대적 정치 구호' 정도로만 받아들였고, 인민들의 수준이 높아지고 세련된(?) 서구적 소구(訴求) 방식에 익숙해지기 시작하면 저런 식의 직접적이고 일차원적인 선전 문구는 없어질 것이란 생각이 밑바닥에 깔려 있었던 것이다.

25년이 지난 지금 이제 나는 다시 고백한다. 중국 공산당은 위대하다. 이 말은 진심이다. 그리고 '당의 은혜'라는 표현은 촌스러운 것이 아니라 성스러운 것이다. 가장 단순한 것이 가장 심오한 것이다. 적어도 오늘의 중국에 사는 다수의 중국인들에게 그것은 선전 구호가 아닌 삶의 감회이다. 그렇게 되도록 만든 중국 공산당은 위대하다.

'아직도 이런 표현이?'라는 생각 외에 이 표어가 나의 또 다른 관심을 끈 것은 얼마 전 어떤 뉴스를 접하고 나서였다.

중국 관련 온라인 뉴스 사이트인 Bitter Winter(www.bitterwinter.org)에서 중국의 삼자교회들이 폐쇄되고 있다는 내용이 소개되었다.

이 보도에 따르면 2019년 3월부터 6월까지 단 4개월 동안 헤이룽장성 허강(鶴崗)시에서는 40여 개에 달하는 삼자교회가 폐쇄되어 이제 3개만 남았다고 한다. 관련 있는 다른 보도들을 보면 교회들이 폐쇄되는 상황은 다른 지역들이라 해서 큰 차이는 없어 보인다.

보도 내용대로라면 기존에 합법이던 삼자교회들이 폐쇄되었다는 건데, 정말 그런 건지 아니면 삼자교회가 폐쇄된 것이 아니라 본래 불법이던 가정교회 혹은 지하교회들에 대해 최근 일제 단속이 이루어진 것을 마치 이제부터는 모든 교회 활동이 금지되는 것처럼 왜곡(?) 혹은 과장 보도한 것인지는 잘 알 수가 없다.

어느 쪽이든 다른 국가에서라면 당연히 다 합법적 모임으로 인정받을 종교 단체를 정부의 입맛에 따라 어떤 것은 허가하고 어떤 것은 허가하지 않는 상황, 혹은 심지어 이젠 그 어느 것도 인정하지 않을지도 모르는 경고성 조치들에 대해 종교탄압이란 얘기를 할 만하다.

여기서 잠시, 삼자교회가 뭔지 처음 듣는 분들을 위해 아주 간단히 얘기하면 삼자(三自)는 자립(自立), 자전(自傳), 자양(自養), 즉 외세의 도움이나 영향을 받지 않고 설립도, 전도도 재정도 자립적으로 운영하는 순수 국내파 교회들로, '중국 기독교협회 삼자 애국 운동 위원회'에 가입되어 있는 교회들을 말한다.

앞에서 내가 가 봤던 숭문문 교회를 삼자교회라고 표현했다. 바로 이 '삼자 애국운동 위원회'에 가입된 교회란 뜻이다. 당시엔 제대로 몰랐지만, 후에 이 삼자교회의 성격을 알고 나서 당의 은혜가 주님의 은혜보다 먼저 언급되는 이유도 더욱 명확해졌다.

즉, 중국 정부가 법으로 인정한, 법으로 통제 가능한 교회 내에서 일어나는 종교활동의 특성이었던 것이고, 바로 그래서 삼자교회 이외의 교회들은 허가가 나지 않는 것이었다.

아무튼 이들 삼자교회 외에 외국에서 선교사를 파견하여 교회를 세우거나 전도하는 것은 법으로 엄격하게 금지되어 있는데, 일반 가정이나 허가받지 않은 공간에서 숨어서 종교활동을 하는 교회를 가정교회 혹은 지하교회라 부른다.

이러한 가정교회나 지하교회에는 정부의 획일적 통제에 반발하여 내국인들끼리 모여 당국의 허가 없이 종교활동을 하는 곳들도 포함된다. 약간 오해의 소지가 있을 듯하여 덧붙이자면, 외국의 교회가 들어와서 외국인끼리 모여 종교활동을 하는 것은 상관이 없다. 중국 정부가 금지하는 것은 외국 교회 혹은 선교사가 들어와서 중국인들을 상대로 선교활동을 하는 것이다.

이쯤 되니 또 다른 궁금증이 머리를 든다. 기독교인과 공산당원은 각각 모두 얼마나 될까?

우선 기독교인의 수를 보면, 삼자교회의 자체 통계로는 1,600만 명 정도라고 한다. 물론 이 수치는 삼자교회 소속의 신도만 집계한 것이니 기독교도 전체를 대상으로 한 것보다는 훨씬 적을 것이다.

또 다른 통계, 즉 중국 내 선교와 관련이 있는 해외 기독교 기관들이 내놓은 수치에서는 1억~1억 3천만 명이라고 주장한다. 이 수치는 이른바 가정교회라 불리는 비인가 지하교회의 신도까지를 포함해서 얘기하는 수치인 데다 아무래도 긍정적인 면을 강조하고 싶은 해외 단체들의 조사 결과이다 보니 통계적 정확성을 담보하기는 어려워 보이지만, 좀 더 현실에 가깝겠다.

이 두 수치의 중간치에 해당하는 수치가 중국사회과학원의 위젠룽(于建嶸)교수가 발표한 '최소 6,300만'이다. 이들 수치가 내게 주는 의미는 별로 크지 않다. 그러나 중국 공산당, 즉 중국 정부에 주는 의미는 그렇지 않은 듯하다. 이유는 잠시 후에 생각해 보자.

이번에는 중국 공산당의 정규 당원이 몇 명인지를 보자. 2018년 12월 기준 9,060만 명이라고 한다. 중국 전체 인구의 7% 정도에 해당하는 수치이다. 당원이 전체 인구에서 차지하는 비율은 매년 대략 이 비율을 유지한다. 인구증가율과 비슷하게 당원도 충원해 나간다는 얘기이다. 이제 내가 왜 뜬금없이 기독교인의 숫자에 관심을 가지게 됐는지, 중국 공산당은 왜 교회들을 폐쇄하는지에 대한 내 나름의 답을 좀 정리해 보아야 하겠다.

전 세계적으로 보기 드문 독특한 일당 집단지도체제라는 정치적 리더십을 추구하는 중국의 정치제도는 그 특수성으로 인해, 그리고 그 특수성을 지속적으로 유지하기 위해 가능한 한 서방 국가들과 거리를 유지하기를 원하리라는 것이 나의 견해이다. 그렇다면 이러한 중국 정부의 희망 사항에 걸림돌이 되는 것에는 어떤 것들이 있을까? 서방의 문화 콘텐츠, 서방 언론이 전파하는 비 중국적이거나 심지어 반 중국적인 메시지, 그리고 종교 중에서는 가장 서방적인 요소가 많은 기독교 신앙 등일 것이다.

특히 수천 년을 두고 전 세계적으로 확산되며 생명력과 전파력을 자랑하는 기독교는 단순히 이 두 가지 요소(생명력, 전파력)만으로도 인류에 대한 지대한 영향력을 입증했다고 볼 수 있는데, 이토록 지대한 영향력을 지닌, 특히 인간의 이념을 관장하는 사유체계에 지대한 영향을 미치는 기독교가 중국 정치 지도자들의 입장에서 껄끄러울 것은 아마도 당연지사일 것이다.

자고로 위정자들은 그들의 통치이념에 따라 백성들을 이끌고자 할 때 그들의 목표와 추구하는 바, 즉 비전이나 가치관을 전파하고 그에 상응하는 조치들을 취해 나가기 위해 인재를 등용하고 조직을 활용한다. 과거의 왕조들이 과거제도를 통해 선발된 관리들을 통해 사서오경으로 백성들을 통치하였다면, 지금의 공산당은 공산당 조직과 공산당원들을 통해 공산주의 이론으로 국가를 통치하고 인민을 계도한다. 그런 중차대한 역할을 맡은 공산당의 조직이 서방 양코배기 집단의 신도들보다 세력에서 밀린대서야 체면이 서겠는가?

실은 체면의 문제가 아니라 공산당의 존립을 흔들 위협이 될 수도 있는 것이 종교조직이다. 파룬궁이 엄격하게 금지되는 것도 이런 맥락과 관련이 없다 하진 못할 것이다.

이제 기독교도의 수에 내가 관심을 보인 이유가 좀 설명이 되었는지 모르겠다. 1,600만 대 9,060만이라면 문제가 없지만, 6,300만 혹은 1억 3,000만 대 9,060만이라면 문제가 심각할 수도 있지 않겠는가.

감히 시진핑을 제거한다고?
중국의 금기 몇 가지

　동서양을 막론하고, 해서는 안 되는 언어나 행위가 있다. 일반적으로 우리말로는 금기, 영어로는 터부(taboo), 중국어로는 지후이(忌諱)라고 표현한다. 건강이나 안전과 관련하여 위험한 일을 예방하자는 뜻에서 생긴 것도 많지만, 터무니없는 미신도 없지 않다. 과학적 혹은 논리적 근거가 있고 없고를 차치하고, 우리나라의 금기만 해도 문지방을 밟고 서지 말라, 밤에 손톱을 깎지 말라, 베개를 세워두지 말라, 빨간 잉크로 이름을 쓰지 말라 등등 한두 가지가 아니다. 물론 서양에도 13일의 금요일은 피하라, 사다리 밑은 지나가지 말라 등등 우리가 다 모를 뿐이지 다양한 미신(?)이 있다. 그 밖에 인도나 태국에서는 아이들의 머리를 만지지 못하게 하고, 대만에서는 아이를 가진 여성의 어깨를 토닥이지 못하게 한다.

　중국에도 이런 유의 금기가 많다. 바닷가 사람들은 생선 먹을 때 생선을 뒤집지 않는다거나, 침실에는 거울을 두어서는 안 되고 두더라도 침대를 향해서는 안 된다, 밤길을 걸을 때는 뒤를 돌아보지 말라, 여섯 살 차이가 나는 혼인은 하지 말라 등등…….

이런 식으로 전통이나 관습, 건강, 안전, 풍수, 종교 등과 관련한 수많은 미신이 있는데, 중국에는 글자의 발음과 관련한 금기도 많다. 대표적인 것 중에 우리도 그 영향을 받아 그대로 따라 하는 것이 넉 사(四) 자와 죽을 사(死) 자의 발음이 같아서 불길하다 하여 4층이나 4호실 같은 것은 아예 없애거나 F로 대신하는 경우가 있다.

그 밖에, 중국을 좀 안다고 하는 사람들이 들어 본 것 중에는 선물과 관련된 이야기들이 있을 것이다. 사업 파트너에게 우산을 선물하지 말라는 것이 그중 하나다. 우산(雨傘)의 산(傘, sǎn) 자와 분산(分散)의 산(散, sàn) 자가 발음이 같아서 헤어짐을 암시하기 때문이다. 연인 사이에서는 우산을 함께 써서도 안 된다. 연인이 우산을 함께 쓰면 안 되는 이유는 '우산을 나누어 쓰다'를 간단히 '우산을 나누다'로 표현하면 우리 말로는 우산이라는 목적어가 앞에 오지만, 중국어의 어순은 동사가 앞에 오므로 나눌 분(分)에 우산 산(傘), 즉 분산(分傘)이 되어 '나뉘다'라는 뜻의 분산(分散)과 발음이 같아지기 때문이다. 시계를 선물하면 안 된다는 얘기도 들어 보셨을 것이다. 시계 종(鐘: zhōng)자와 마칠 종(終: zhōng)자의 발음이 같기 때문인데, 마칠 종은 임종(臨終)에서처럼 죽음을 뜻하기도 하는 글자이다. 여기에 '선물로 보내다, 선물하다'라는 뜻이 있는 보낼 송(送: sòng) 자를 앞에 붙이면 송종(送鐘: sòng zhōng)이라 하여 '시계를 선물하다'라는 뜻이 되지만, 그 발음은 '사자의 마지막 길을 배웅하다'라는 송종(送終: sòng zhōng)과 같아져서 "황천길로 보내 주마"라는 으스스한 말로 들리는 것이다. 절대로 고객이나 어른들께 시계를 선물해서는 안 되는 까닭이다. 누가 개업을 하면 괘종시계나 현관 입구에 세워 두는 대형 시계를 선물하는 우리 습관대로 남의 개업식에 그런 걸 보냈다가는 맞아 죽지 않으면 다행으로 여겨야 할 것이다. 그러나 손목시계는 상관없다. 중국어에서 손목시계는 錶(biǎo)라고 하여 글자나 발음이 괘종시계나 자명종 등을 일컫는 종(鐘)과는 다르기 때문이다.

신발도 선물하지 않는다. 우리는 연인에게 신발을 선물하면 신고 도망간다고 해서 안 하지만, 중국은 이유가 다르다. 신발이라는 뜻의 글자 혜(鞋: xié)의 발음이 사악하다는 의미의 간사할 사(邪: xié) 자와 같은데, 중국에서는 불길하고 악한 기운을 뜻하는 대표적인 글자이다. 당연히 좋아할 리가 없다.

선물 외에도 발음과 관련한 금기는 또 있다. 연인끼리는 배(梨: lí)를 나누어 먹어서는 안 된다. '배를 나누다'를 중국어로 표기하면 나눌 분(分: fēn), 배 리(梨: lí), 즉 분리(分梨: fēn lí)가 된다. '나뉘다'라는 분리(分離: fēnlí)와 발음이 똑같다. 헤어지는 것을 가장 두려워하는 연인들의 입장에서는 당연히 금기어가 된다. 그래서 연인 사이에는 배를 나눠 먹지 않는 것이다.

(발음과 관련한 금기의 경우 발음만 같으면 성조가 달라도 금기시한다.)

이렇게 외국인에게도 비교적 널리 알려진 것 외에 중국의 정치 지도자들과 관련된 얘기들이 있으니, 시진핑 주석과 제석(除夕: 섣달 그믐날 밤), 원세개와 원소(元宵: 새알심)에 얽힌 얘기가 그것이다.

먼저 제석, 중국어로 추씨(除夕: chúxi)에 관한 얘기.

까치설날이라는 섣달그믐, 즉 설날 하루 전날 밤을 일컫는 제석은 우리도 크게 다르지는 않지만, 중국에서는 온 가족이 모여 앉아 함께 만두를 빚으며 새해를 기다리는 날로, 서양의 크리스마스이브만큼이나 중요한 날이다. 제석은 우리나라에서는 설날보다는 사용 빈도가 훨씬 낮은 단어이지만, 중국에서는 춘절(春節, 설날)만큼이나 많이 쓰이고 익숙한 단어이다. 당연히(?) 설 연휴, 즉 춘절 연휴는 이때부터 시작하는 것이 국민 정서에 부합한다. 2008년 이전까지는 춘절의 법정 공휴일이 춘절부터 초사흘까지, 즉 음력 1월 1일부터 3일까지였으나, 2008년부터 제석에 대한 국민 정서에 발맞추어 음력 12월 31일, 즉 추씨부터 초이틀까지로 변경된다. 물론 그 전이건 그 후건 법정 공휴일 사흘 외에 앞뒤의 토요일 일요일을 대체 근무하게 하면서 연휴 기간을 늘려주므로 실제 쉬는 일수는 법정 공휴일 사흘보다 많은 일주일이다. 그러던 것이 2013년 3월 시진핑이 국가주석으로 취임한 다음 해인 2014년의 춘절 연휴를 보면 추씨부터가 아닌 춘절 당일부터 연휴가 시작되었음을 발견하게 된다. 그리고 이 해에만 실제로 추씨 당일에는 휴무하지 않았다. 대체 왜?

중국 최대 검색 엔진인 바이두(百度, baidu.com)를 찾아보면 이 무렵 추씨가 왜 국정 공휴일에서 제외되었는지에 관한 문의가 빗발쳤던 흔적을 지금도 찾아볼 수 있다. 답글들을 보면 '2008년 이전 본래의 규정으로 돌아가는 것'이라든가 '추씨를 공휴일로 굳이 지정하지 않아도 어차피 그날은 다들 쉬거나 일찍 퇴근하므로 연간 법정 공휴일의 수는 늘리지 않으면서 오히려 국민들의 휴일이 하루 늘어나는 효과를 누릴 수 있다.'라는 등 궁색한(?) 설명을 보게 된다.

이와 관련해 중국 친구들은 뭐라고 얘기할까? 내가 들은 얘기가 바이두에 나오는 대답보다 더 객관적이라거나 사실에 가깝다는 얘기를 하자는 것은 아니다. 단지 이런 것에서도 중국 사람만이 가질 수 있는 생각의 일면을 엿볼 수 있다는 것이 재미있어서 소개한다. 중국인 친구의 설명에 따르면 시 주석이 추씨(除夕)가 공식 휴일이 되는 것을 싫어해서 그랬다는 것이다. 무슨 말일까?

제(除: chú)는 제거(除去)한다는 뜻이고, 중국어로 석(夕: xì)은 시진핑(習近平: xí jìn píng) 주석의 성인 습(習: xí)과 발음이 같다. 따라서 除夕(chú xì)는 시 주석을 제거한다는 뜻의 除習(chú xí)와 발음이 똑같기 때문이란다.

사실 여부는 확인할 수 없다. 그러나 그해에 여론의 반발이 심해서 그랬는지, 그 이후부터는 춘절의 공식 휴일을 언제부터 언제라고 못 박아 발표하는 대신 대체 휴무일을 포함한 총 연휴 기간 일주일을 언제부터 언제까지라고만 퉁쳐서(?) 발표하고 있다. 추씨를 슬그머니 그 범위 안으로 다시 편입시킨 것이다. 내 친구들의 말이 나름 설득력이 있는 것 같지 않은가?

유사한 예로 원세개(袁世凱: yuán shì kǎi)의 일화가 있다. 역시 명절과 관련한 얘기인데, 정월 대보름을 중국에서는 원소절(元宵節: yuánxiāo jié)이라 부르고 우리보다 훨씬 큰 명절로 여긴다. 그래서 대기업이나 국가기관을 제외한 중소기업이나 개인사업자들은 춘절 연휴에 이어 원소절까지 쉬는 경우가 많다. 이날 모든 상점은 폭죽을 터뜨리며 새로운 한 해의 운수 대길을 기원한다. 우리는 이때 귀밝이술과 부름을 먹지만 저네들은 원소(元宵: yuán xiāo)라 불리는 동그란 떡을

삶아 먹는다. 우리 동지팥죽에 들어가는 새알심만한 떡인데, 안에 단팥이나 깨 등의 속이 있는 것이 우리 새알심과는 다른 점이다.

원소는 탕원(湯圓: tāngyuán)이라고도 부르는데, 이 두 명칭 사이의 구분은 중국 사람들도 각기 설명이 다르지만, 일반적으로는 지역에 따라 다르게 부른다는 설과 만드는 방법에 따라 다르게 부른다는 두 가지 설이 있다. 이 두 가지 주류의 설 외에 원소와 탕원의 이름이 다른 것은 원세개와 관계가 있다는 것이 일부 중국 친구들의 얘기이고, 바이두에서 검색해도 나오는 걸 보면 전혀 근거 없는 얘기는 아닐 수도 있겠다.

그러면 이것들이 원세개와 무슨 관계가 있고, 글자와 관련한 중국인의 미신과는 어떤 관계가 있는지 한번 살펴보자.

원소(元宵)의 원(元)은 원세개(袁世凱)의 원(袁)과 우리 한자 발음도 같지만, 중국어 발음도 같은 위안(yuán)이다. 소(宵)는 소멸(消滅: xiāo miè)한다는 소(消)와 역시 한자 발음, 중국어 발음이 똑같다. 중국어로는 샤오(xiāo)라고 읽힌다.

따라서 원소(元宵)는 원(袁)이 소멸(消滅)한다는, 즉 원세개(袁世凱)가 없어진다, 죽는다, 실권한다는 뜻으로도 들릴 수 있다는 것이다. 그래서 그것이 달가울 리 없었던 원세개가 원소 대신 탕원이라고 부르게 했다는 설이 있다.

바이두에서 원소와 탕원을 검색해 보면 바로 이러한 이유로 당시 황제가 되고 싶었던 원세개가 1913년에 원소를 탕원으로 개명하라는 명령을 내렸다는, 아예 연도까지 적시한 답글이 있어 내 친구의 말에 신빙성을 더해 주고 있다. 아예 한 술 더 뜨는 얘기는 탕원(湯圓)조차도

112

글자를 다시 들여다 보면 탕(湯)이라는 글자가 문제가 될 수 있다는 건데, 탕(湯)은 국물이라는 뜻 외에 끓이다는 뜻도 있기 때문이다. 다시 말해 이것도 듣기에 따라서는 원세개를 삶아 죽이라는 말로 해석될 수가 있다는 얘기이고, 그래서 원세개가 나중에 탕원조차 탕단(湯團: tāngtuán)으로 바꿔 부르게 했다는 얘기가 있다. 여기서 이런 얘기들의 역사적 진위를 가리는 노력까지는 할 필요가 없겠다. 단지 이런 얘기들이, 지어낸 얘기건 실제 발생했던 사실이건, 한국이나 미국이라면 생기지 않았을 일, 혹은 얘깃거리라는 것이다.

자상한(?) 중국 승객들

"니먼 자오!"(좋은 아침이요들~)

"쩐쓰더~ 이징쓰 자오쌍러~ 웨일러 니먼 워먼 껀번 메이슈시 여우 페이 후일라일러~"(아 뭐야~ 벌써 아침이잖아~ 당신들 땜에 쉬지도 못하고 다시 날아 왔다구요~)

1995년 여름의 남경 공항. 새벽이 다 된 시간.

출발 시각을 세 시간 이상 넘기고서야 겨우 제대로 된 설명을 듣고, 그러고 나서도 또 서너 시간을 더 기다린 끝에, 마침내 북경행 비행기에 오르던 내 귀에 들려 온, 내 바로 뒤의 승객과 그를 맞이하던 승무원들 사이의 대화였다.

남경에 출장을 갔다가 늦은 저녁 비행기로 북경으로 돌아가는 길이었다. 그날따라 내가 탈 항공편은 지연되고 있었고, 계속되는 출발 지연 안내방송 가운데 기다리는 시간이 두 시간이 다 되어갈 무렵, 참을성 많은 중국 사람들도 인내가 한계에 다다르기 시작했는지 게이트 쪽에서 고성이 들려오기 시작했다.

지금은 그것이 사실이건 아니건 연발 사유와 출발 가능 시간에 대해 항공사에서 설명하는 안내방송을 선제적으로 내보내기 때문에 1시간 정도의 연발로 속 터질 일까진 없지만, 당시엔 적시에 안내방송을 해야 한다는 개념 자체가 희박하던 때라 기다리는 사람의 입장, 특히 선진(?) 서비스 문화에 습관이 된 외국 여행객들의 입장에선 속이 터지는 일이었다.

내가 왜 굳이 선진 서비스 운운하는지 독자들은 다소 의아할 수도 있겠지만, 지금부터 들려 드리는 얘기는 그 의아함을 덜어 드리기에 충분하리라 생각한다.

항공사 측에서 나눠 준 허접한 도시락과 물 한 병, 사과 한 쪽으로 시장기를 막 달래고 이제 배도 채웠겠다 나도 한마디 해줄 요량으로 게이트 앞으로 다가갔다.

그런데, 상당한 소요사태를 기대(?)하고 게이트 앞에 간 내 눈에 들어온 풍경은 다분히 생경한 것이었다. 고함을 지르며 항의하는 사람은 옷차림이나 말씨로 미루어 홍콩이나 선전 혹은 광주 쪽 사람으로 보이는 남자 두 명뿐이었고, 그 옆에는 짜증이 나다 못해 한심하다는 표정으로 공항 직원을 내려다보며 "웨이썸머 웨이썸머(爲什麽, 爲什麽: 왜? 왜?)"라는 중국어 밖에는 외칠 줄 모르는 푸른 눈의 서양 사람 몇이 있을 뿐, 나머지 중국 사람들은 혹은 자리에 앉아서 혹은 근처에 서서 동물원 원숭이 보듯 그들을 바라보고 있는 것이었다.

그들과 합세해 항의하는 사람은 아무도 없었다. 1시간을 훌쩍 넘기고 이제 두 시간째를 향해 시간이 흘러가는 그때까지도 아무런 설명 없이 "저희도 원인을 모릅니다. 언제 뜰지도 모릅니다."만 반복하는 지상 근무 요원들의 태도에 대해서 말이다.

이런 상황이 2시간 이상 계속되어 한밤중이 다 되어서야 지상요원 들은 제대로 된 설명을 해주기 시작했다. 얘긴즉슨 우리가 탈 비행기 는 기체 결함으로 운항이 불가능해 북경으로 갔던 우리 앞의 항공편이 북경에서 승객들을 내려 주고 우리를 싣기 위해 남경으로 다시 오기로 했다는 것이었다. 자초지종을 알게 되어 답답한 심정은 다소 해소되었 다고 하나 실제론 더 열통 터지는 상황이 된 것이다.

자정 전에 남경을 벗어나는 것은 이미 불가능한 일이 되어 버렸다. 모든 것이 그들의 말대로 순조롭게 진행된다 해도 12시 반쯤 비행기가 도착하면 승객들이 탑승하고 이륙 준비를 하는 데 아무리 짧게 잡아도 30~40분, 이륙해서 도착까지 또 두 시간 남짓, 도착해서 집에까지 가 는 시간을 고려해 보면 집에 가서 샤워하고 옷 갈아입으면 바로 출근 할 시간이란 생각을 하니 짜증은 분노로 변하기 시작했다.

일행만 있었더라도, 이게 내 나라 땅이기만 했어도, 혹은 지금 정도 로만 중국 상황에 익숙하기만 했어도, 정말 "너희 사장 데리고 와!"라 고 소리라도 쳤을 텐데, 소심한 나는 속으로 분을 삼키며 한편으론 묵 묵히 기다리는 애꿎은 중국 사람들을 향해 속으로 '그래, 니들이 서비 스가 뭔지 알기나 해? 평생 대접이란 걸 받아 보질 못했으니 너희들한 텐 이 모든 게 다 당연한 거겠지?'라며 대상이 빗나간 화풀이를 하고 있었다.

닭의 모가지를 비틀어도 새벽은 온다더니, 정말 새벽은 오고 기다리

116

던 비행기도 도착했다. 이 이야기를 시작하며 소개했던 대화가 등장하는 순간이다.

오랜 시간 지친 심신을 추스르며 비행기에 오르는 승객들을 기다리는 승무원의 얼굴에는 미안해하는 모습은커녕 웃음기도 찾을 수 없었다. 정말 한마디 해 주고 싶어서 속에서 불이 나는데, 내 뒤를 따라 기내에 올라선 중늙은이 하나가 여승무원들에게 던진 한마디는 "니먼 자오!"(좋은 아침이요들~)였다. 심지어 그의 입가에는 미소까지 흐르고 있었다. 짐작건대 이미 새벽 한 시를 훌쩍 넘긴 시간이니 이미 새 아침이란, 그 나름의 아재 개그를 날리고 있음이 분명했다.

순간 '아니, 어떻게? 이거 미친 X아냐?'라는 생각이 들었다. 지금 돌이켜 보면 부끄러운 표현이지만, 정말 당시 내 눈에 그 인간은 미친 X 이상도 이하도 아니었다. 그런데 정작 더욱 할 말을 잃게 만든 것은 그 뒤에 이어진 여승무원들의 반응이었다.

정리하자면 "아, 뭐야~ 벌써 아침이잖아~ 당신들 땜에 쉬지도 못하고 다시 날아 왔다구요~ 앞 손님들 내리자마자 비행기 돌려서 또 온 거야, 피곤해 죽겠어!"라는 얘기였다.

헐, 이들과 나는 다른 세계의 사람들임에 틀림이 없다! 더욱 놀라운 것은 아무도 그 여승무원들을 나무라거나 심지어 작은 이의 제기조차 하지 않더라는 것이다. 그제서야 나는 아까 공항에서 항의하며 일종의 갑질을 해대던 사람들의 말씨가 왜 광동 쪽 어투였는지 이해가 되기 시작했다. 그들은 십중팔구 홍콩에서 온 사람들이었을 것이다. 즉, 그들도 나나 서양사람들처럼, 응당 제공되어야 할 서비스가 제공되지 않는 데 대해, 그에 대해 제대로 된 사과조차 없는 데 대해 일종의 분노

117

를 느꼈던 것이었기 때문에.

그럼 나머지 중국 승객들은? 특별히 인내심 강하고 착한 민족이어서 그런 상황에서도 아재 개그가 나왔을까? 아니다! 그저 그들은 평생 대접받고 살아 본 적이라곤 없는, 갑질이라곤 한 번도 해본 적이 없는 만인 평등의 공산주의 사상에 익숙하고 또 잘 길들여진 순박한 인민들일 뿐이었다.

어느 쪽을 의도적으로 폄하하고 다른 한 쪽은 찬양하자는 의도는 아니다. 물론 20여 년 전의 나는 그 상황에서 무기력하게 당하고만(?) 있는 중국 승객들의 참을성에 경의를 표하거나 연민의 정을 느끼기보다는 멸시와 분노의 감정만을 느꼈던, 편협한 갑질 문화의 일원이었다.

'저 무지렁이들이 같이 들고 일어나야 조금이라도 보상을 받든 사과를 받든 할 텐데……. 서비스란 걸 받아 봤어야 뭐가 문제인지를 알지……. 멍청한 촌것들! 평생 그러고 살아라!'

참으로 부끄럽고 그들에겐 미안한 얘기지만, 당시의 나의 기분은 딱 그랬다. 대여섯 시간을 허송한 데다 이제 제대로 쉬지도 못하고 출근할 일을 생각하며 돌아오는 비행기 안에서도 나의 분은 좀처럼 풀리지를 않았고 북경으로 돌아온 후에도 기회만 있으면 주위 사람들에게 그때 얘기를 하며 순박했던 그들을 어떻게든 최대한 헐뜯으려 애썼다.

그런데 그 후에도 수년 동안 계속 비슷한 상황을 겪으며 문득 깨달은(?) 것이 있다. 소위 선진 서비스를 누려 본 자들은 중국 공항의 당시 그런 상황에서 불편과 불만을 토로하며 몇 시간, 아니 향후 며칠, 몇 주를 입에 욕을 달고 불쾌한 나날을 보내며 스스로의 정신건강을 깎아 먹는 데 비해, 내가 무지렁이 취급을 한, 선진 서비스를 누려 보지 못한 현지 승객들은 여행 당시에나 후에나 그런 일이 있었는지도 잘 인지하지 못한 채 즐겁고 행복하게 지낸다는 것이다.

모르는 게 약이라는 말이 이 상황에 어울리는 것인지는 모르겠으나 인생이란 것이 아는 만큼 더 즐길 수 있는 것도 틀림이 없지만, 아는 만큼 불행한 것 또한 부인할 수 없는 진리인 것 같다.

휴전선 이북의 우리 동포들을 보라. 궤변일지 모르지만, 바깥세상을 모르던 때 그들은 적어도 지금보다는 더 행복했을지 모른다. 인간은 지금 처한 상황에 대한 만족이나 불만족의 정도를 그와 비교할 만한 다른 상황을 접하기 전까지 객관적으로 판단할 능력이 그리 뛰어나진 않기 때문이다.

늘 하는 생각이지만, 세상엔 특별히 착한 인간도 없고, 특별히 악한 인간도 없다. 상황이 그런 인간을 만들 뿐이다.

한 가지 서글픈 것은, 20년 전에 그 상황에서 갑질을 해 대던 – 적어도 마음속에서라도 – 나를 비롯한 몇 명의 갑질 인구가 이젠 중국 전역으로 세력을 확장해 그때 그렇게 순박했던 중국 승객들마저 이젠 글로벌 수준의 '갑질 대장들'로 물들어 버렸다는 것이다.

공안과 경찰의 차이

어린 시절 우리의 경찰은 무단 횡단을 하는 사람들을 잡아다가 새끼 줄로 임시로 대로 위에 만든 격리 공간에 행인들을 가두기도 했고, 30 센티짜리 대나무 자를 들고 젊은 여성들의 미니스커트를 단속하거나 가위를 들고 다니며 장발의 청년들을 위해 '무료로' 헤어 커트도 해주 던, 심지어 '바리깡'을 들고 아예 머리 한가운데에 경부고속도로를 깔 아 주던 그런 존재였었다 (굳이 왜색 농후한 바리깡이란 단어를 쓴 이 유는 이걸 요즘 젊은이들이 쓰는 클리퍼나 트리머라는 버터 향의 단어 로 불러서는 도저히 그 시절의 상황이 실감 나게 그려지지 않기 때문 이다).

게다가 야간 통행금지도 있던 시절이라 술꾼들에게 야간의 경찰차 는 또 다른 차원의 공포였다. 시도 때도 없이 길거리에서 행해지던 불 심 검문까지 더하면, 경찰이란 존재는 눈에 띄는 순간 가던 길도 돌아 가며 가능한 한 피해야 하는 대상이었다. 그런 시절에 나는 중고등학교와 대학교에 다녔다.

당시 대한민국의 대다수 국민에게 경찰은 잘못한 게 없어도 그냥 무서운 존재였고, 가능하면 마주치고 싶지 않은 껄끄러운 존재였다. '순경 아저씨'라는 친근하기 그지없이 들려야 할 이름이 껄끄럽고 심지어 무서운 이미지로 사람들의 뇌리에 각인되어 있었던 것이다.

그러던 경찰이 이제는 취객한테 맞고 다닌다는 뉴스가 심심찮게 일간지 사회면을 장식한다. 세월이 흐른 증거, 세상이 바뀐 증거다. 그러나 좋은 현상이라 할 수는 결코 없다. 좀 중간쯤 하면 안 될까?

다시 그 무렵으로 돌아가서, 이웃 나라 대만의 경찰은 어땠을까?

30여 년 전의 나는 10년 가까운 세월을 대만에서 살았고 지금도 1년에 한 번 정도 그곳에 간다. 그런데 대만에서 경찰을 본 기억이 별로 없다. 별 존재감이 없다는 이야기이다. 나쁜 의미에서가 아니라, 오히려 긍정적 의미에 가깝다. 보이지 않는 곳에서 시민을 지키는 '어둠 속의 수호천사'라고나 할까. 그래서인지 당시 타이베이의 조직 폭력배, 즉 깡패들의 기세는 상당했다. 중국어로 깡패를 '류망(流氓)'이라고 하는데, 타이베이시 외곽의 싼충(三重)이라는 지역에 주 근거지를 두고 활약(?)하던 이른바 싼충류망(三重流氓)들의 명성은 당시는 물론 아직도, 친구나 남자 형제들이 불량기 있는 언행을 하면 싼충류망 같다고 놀릴 정도다. 깡패의 대명사로 널리 쓰일 만큼 대만 사람들 사이에서는 유명하다. 재밌는 건, 하루가 멀다고 저녁 뉴스에 등장하는 싼충류망의 활약상(?)이 시민들에게는 위협이 되지 않았다는 것이다. 자기네들끼리의 싸움이고 경찰 조직과의 싸움일 뿐이니까. 그래서 싼충류망이 유명함에도 불구하고 대만의 치안은 훌륭하다. 얘기가 옆길로 흘렀는데, 당시 시민들이 늘 우스개로 국산 경찰차로는 류망의 벤츠나 BMW는 절대 못 잡는다고 경찰의 무능(?)을 비웃었지만, 아마도 경찰과 류망 사이에 암묵적 협의가 있었을지도 모른다. '시민들만 건드리지 마라, 너희들끼리 노는 건 대충 넘어가 주마!'

어쨌든 이렇게 대만의 경찰은 순하다. 한번은 친구들과 오토바이를 타고 아리산(阿里山)에 놀러 가다 길을 잘못 들어 고속도로에 진입하고 말았다(대만에서도 오토바이는 고속도로 주행 금지이다). 중간에 고속도로 순찰차라도 만날까 노심초사하며 다음 출구를 향해 열심히 오른 손목을 당기고 있는데(오토바이를 타본 사람은 무슨 말인지 안다) 저만치 뒤에서 들려오는 앵~ 앵~ 하는 사이렌 소리! 머릿속에 순찰차 생각만 가득했더니 정말 순찰차가 나타난 것이다(양자물리학의 이론은 정말 맞는 것 같다).

결과는 다행히 해피엔딩이었다. 우리 일행을 앞에서 에스코트하며 다음 출구까지 안전하게 데려다 주었다.

이제 본론으로 들어가 보자. 중국은 어떨까?

한때 중국에서는 경찰을 경찰이라 부르지 않고 다른 이름으로 부르던 시절이 있었다. 이름하여 공안(公安: gōngān), 중국 발음으로는 '꽁

아직도 경찰서 건물은 공안이나 공안국이란 명칭을 쓴다.(사진: 바이두)

안'이라고 부른다. 물론 아직도 꽁안이라는 말은 경찰이라는 말과 혼용하며 여전히 많이들 사용한다.

공안과 경찰의 차이는 무엇일까? 사실 중국 사람들도 잘 모른다. 어쩌면 외국 사람인 내가 더 정확하게 그

차이를 알고 있는지도 모른다.

　공안과 경찰은 한자를 보면 일견 의미
의 구분이 가능한 것처럼 보이기도 한다.
공안(公安)은 글자 그대로 공공의 안전을
위한다는 의미이고, 경찰(警察)은 경계하
고 감찰한다는 의미이니 공공에 위해가

경찰차 한 대에 공안과 경찰이 둘 다 표기되어 있다.(사진: 바이두)

될 만한 상황을 예방하고 살핀다는 뜻이다. 그렇다고 해서 이 두 단어
로 공안과 경찰의 기능의 차이를 설명할 수가 있는가? 없다.

　왜? 같은 조직을 다르게 부르는 것뿐이니까.

　중국에서 공안이란 명칭은 국민당과 공산당의 대립 관계에서 발생
했다. 중국 역사상 처음으로 공안이란 명칭이 등장한 것은 1939년 2
월, 중국 공산당 중앙서기처가 '국민당 정부 경찰기관과의 구분을 위
해' 반포한 〈사회부 성립과 관련한 결정, 關於成立社會部的決定〉에서
각 지역에 공안국(公安局)과 보안처(保安處)를 두도록 요청했고, 중화
인민공화국 건국 첫해인 1949년 10월 15일 제1차 전국 공안회의(第一
次全國公安會義)에서 공식적으로 공안이란 명칭을 확정했다.

　쉽게 말해 국민당 정부가 쓰는 이름과 구분을 짓기 위해 공안이라는
새 이름을 만들어 냈다는 말이다.

　그러던 것이 왜 경찰이란 이름과 혼용하거나 점차 경찰이란 명칭으
로 바뀌어 가고 있을까?

　어떤 문건을 보면 개혁개방 이후 공안의 기능과 기구 조정, 국제 교
류에 따른 명칭 국제화 등을 이유로 들고 있다. 실제로 1995년에 반포
된 〈인민경찰법〉 제 2조에서 '인민경찰은 공안기관을 포함한다'라고

경찰 휘장에서도 경찰(警察)이 위에 큰 글씨로, 공안(公安)이 아래 작은 글씨로 표기되어 있음을 볼 수 있다.(사진: 바이두)

아예 경찰을 공안의 상위개념으로 명시하고 있다. 그동안 없던 이름이 갑자기 상위개념이 된 것이다.

왜?

답은 간단하다. 개혁개방 이후 30년이 흐르면서 경찰이란 단어가 공안이란 단어에 비해 더 사랑받게 되었기 때문이다. 지난 세월, 공안 조직이 시민들 위에 군림하며 마치 60~70년대 대한민국의 경찰들이 그랬던 것처럼 위압적이고 불친절한 이미지만 누적시켜 온 탓에 경찰이란 명칭에 자리를 내주게 된 것이다.

그런데 왜 새로운 단어가 아니고 하필 70년 전에 버렸던 경찰이라는 이름이었을까?

중국을 제외하고 한자를 사용하는 지역인 한국, 일본, 홍콩 그리고 대만 등에서 이미 오랫동안 사용해 오고 있고, 사실 중국도 70년 전에는 썼던 명칭, 그리고 개혁개방에 따른 국제적 교류로 다른 문물들과 더불어 다시금 자연스럽게 국내로 유입된 명칭이니 굳이 새로운 단어를 만들어 혼란을 가중시킬 필요가 없었음은 자명한 사실이다.

이제 경찰이란 명칭은 없고 공안이란 명칭만 존재하던 공안의 시절로 돌아가 보자.

앞의 어느 글에서 중국에선 길거리에서 교통경찰이 택시를 세워 놓고 택시 기사의 귀싸대기를 후려갈기는 것이 뉴스가 되지 않던 시절이 있었다고 했다.

우리의 60~70년대의 모습보다 더 살벌한 광경.

그러나 이 정도는 약과다. 이보다 더한 일들도 있었는데, 그 가운데 내 회사 후배가 북경시 왕푸징(王府井) 거리에서 목격한 거리 풍경은 20년 전 중국 경찰의 위상(?)을 단적으로 보여주는 사례라 할 만했다. 그 친구는 지금도 경찰과 관련된 얘기만 나오면 당시의 기억을 마치 어제 본 얘기처럼 생생하게 증언을 하곤 하는데 얘긴즉슨, 대낮의 주말 왕푸징 거리, 인도와 차도를 구분하는 철제 가드레일 곁에 한 남성이 그야말로 널브러져 있고, 그의 한쪽 손목은 수갑으로 가드레일에 묶여 있었다. 일견 범죄 용의자였는데, 길거리에 그렇게 잡아 둔 것이 신기해 지나가는 사람들마다 힐끗거리며 지나가거나 개중에는 한참 동안 그 자리에서 그 남자를 관찰하는 사람들도 있었다. 호기심 많은 내 후배도 그중 하나였는데, 정말 여기부터가 클라이맥스였다. 정신을 잃은 듯 축 처져 있던 그 사내가 정신을 차리고 자세를 가다듬는가 싶자, 어디 있었는지 불쑥 나타난 경찰이 전기 충격기로 지지직! (아니 찌리릿인가?) 그 사내는 다시 널브러졌다고 한다.

후배의 얘기를 정리해 보면, 소매치기하던 이 사내를 현장에서 체포한 경찰은 일단 가드레일에 묶어 두고 피해자 조사 등 다른 볼일을 보고 있었는데, 가드레일에 묶인 이 자가 난동을 부리며 반항하자 다짜고짜 전기 충격기로 기절시켜 버렸고, 깰 만하면 다시 건너와 '찌리릿'을 하곤 했는데, 그 모습이 마치 쥐새끼를 갖고 노는 고양이 같았다고 했다.

내가 직접 목격한 상황은 아니지만, 당시의 중국 공안이면 충분히 그러고도 남았으리란 것이 얘기를 듣던 동료들의 일관된 반응이었다.

그러던 중국 '공안'이 어느 날부터인가 '경찰'이 되더니 이젠 웬만한 동네 아줌마한테도 설설 긴다. 물론 아직도 기세등등한 경찰들도 꽤 있지만, 과거 공안의 위세에 비할 바가 아니다.

중국의 공안도 민주 경찰로 거듭나고 있는 과정에 있는 것으로 보여 고무적인 현상이라 생각은 하면서도, 우리나라건 중국이건 공권력이 땅에 떨어지는 것이 민주사회로 가는 전제 조건은 아닐진대, 민주사회는 무질서한 사회라는 등식이 성립되기 전에 정부와 시민단체가 대책을 마련해야 할 것이다.

중국에 사는 한국 남성들끼리 사용하는 속어 중에 '공안'이 있다.

점심시간에 식사하러 인근 식당, 특히 한식당에 갔다가 한국 부인들이 와 있는 것을 보면 다들 목소리를 낮춘다. 그중에 아는 부인이 있을 수도 있고, 나는 그를 모르는데 그는 나를 기억하는 경우가 있을 수 있어서, 식사 중에 한 농담 등이 잘못 내 아내의 귀에도 들어갈 수 있기 때문이다.

우리가 그들을 특별히 지칭해 부르는 별명이 있다.

바로 '공안'이다.

부인들에겐 미안한 얘기이지만 그들은 공안보다 높고 무서운 분들이다!

3

한국 장관들, 공부 좀 하세요

중국에서 만난 사람들

중국과 비교되는
한국 장관들

   해외에서 주재원 생활을 하다 보면 회사 고위층을 위한 통역업무를 하게 되는 경우가 종종 생긴다. 내 경우엔 중국어를 좀 한다 해서 파견된 경우이다 보니 거의 매일 통·번역을 할 일들이 생기고, 초기엔 그런 일이 주업무가 되다시피 할 정도로 비중이 컸었다. 통역의 대상은 사내 현지 직원들과의 회의나 면담 같은 쉬운(?) 상황부터 그룹 회장님과 중국 국가 주석과의 면담 내용 같은, 일반인(?)은 평생 가야 구경도 못해 볼 상황까지 실로 다양하기 그지 없었다.

   회장님 통역을 하며 내가 만나 보았던 중국의 유명 인사들을 일부 열거하자면 정부 인사로는 후진타오(胡錦濤) 국가 주석, 리펑(李鵬) 총리, 주룽지(朱鎔基) 총리, 리란칭(李岚清) 부총리, 쩡페이옌(曾培炎) 국가기획위 주임, 톈지윈(田繼云) 인민대회 부주석, 진런칭(金人慶) 국가세무총국장, 우이(吳儀) 대외경제무역합작부 부장, 후치리(胡启立) 전자공업부 부장, 우지촨(吳基傳) 신식산업부(한국의 과기 정통부) 부장,

류젠펑(劉建峰) 민항총국장 등이 있었고 그 밖에도 우리 회사가 투자한 지역의 성정부나 시정부의 당위 서기, 성장, 부성장, 시장, 부시장 등이 있었다. 기업 쪽으로 유명 인사들을 보자면 류촨즈(柳傳誌) 롄샹(聯想) 총재, 장루이민(張瑞敏) 하이얼(海爾) 총재, 리둥성(李東生) tcl 사장, 니룬펑(你潤豐) 창훙(長虹) 회장 등등. 이 양반들과 찍은 사진만 몇 장 들고 다녀도 어디 가서 사기 몇 건은 크게 칠 수 있을 법한 인사들이었는데, 이렇게 회사 일로 수없이 많은 통역업무를 하다 보니 주요 정부 인사와의 면담 시 배석하는 대사관이나 영사관 사람들 눈에 띄게 마련이었고, 회사 일과 관련 있는 정부 부처에까지 이름이 알려지게 되었다.

이를 계기로 주재원으로 근무하는 동안 지원했던 정부 인사 중에 좋은 기억으로 남은 사람들로는 강봉균 경제기획원 장관, 임채주 국세청장, 안정남 국세청장, 안병엽 정보통신부 장관, 윤증현 재정부 장관 등 내로라하는 인사들이 꽤나 있었다.

이런 회의에서 통역을 하다 보면 최고위층 회담의 경우에는 시쳇말로 뜬구름 잡는 외교적 수사들로 언어의 성찬만 벌이는 경우도 간혹 있지만, 실무급 국장·과장들이 배석한 회의 통역의 경우엔 사전에 회의 관련 자료를 받아 관련 용어나 이슈들에 대한 지식도 갖추어야 해서 미리 공부해야 할 내용도 많고, 회의 시 오가는 대화를 통해 전에는 몰랐던 새로운 지식을 습득하게 되는 경우도 많았다. 한창 젊은 나이였던 내겐 그보다 더 좋은 살아 있는 공부가 또 없었다. 예를 들어 양국 국세청 간 회의 같은 경우 회의의 주제가 서로의 세제에 대해 이해하고 상대의 장점을 취해 자국의 세제 개선에 활용하려는, 일종의 실무 정보 교류회 형식으로 매년 열렸으므로 몇 년 연속 통역을 하다 보니 당시 우리나라에선 부가가치세라 부르고 중국에선 증치세라 부르던 VAT의 양국 간 차이와 유사점에 대해 세무 전문가를 제외하고 나만큼 아는 사람이 없을 정도로 증치세에 대한 전문가가 되다시피 했다. 정부 부처의 입장에선 내게 고마워해야 할 일이었겠지만, 내 입장에선 그런 기회를 준 회사와 정부 부처에 감사할 일이었다.

본론으로 돌아와서, 수많은 정부 기관의 고위층들을 접하고 그들의 귀와 입이 되어 통역을 하면서 한 가지 놀랍고 아쉬웠던 것은 당시 중국보다 훨씬 선진국이라 자부하던 우리에게 중국에 비해 치명적으로 뒤떨어지는 영역이 있더라는 것이다.

다 그런 건 아니었지만, 중국 장관들에 비해 약하거나 다른 점은 부처의 수장인 장관들이 주무 부처의 일에 정통하지 못하거나 업무 관련 최신 정보에 약하다는 것과, 중국 장관들에 비해 권위적이라는 사실이었다.

일부 인사들 중에는 기조 연설 외에는 거의 말을 하지 않고 꿰다 놓은 보릿자루마냥 회의 시간 내내 얼굴마담 역할만 하는 사람들도 있었다. 개중에는 본래 그 부처에서 잔뼈가 굵은 장관이 아니어서 현 상황은 잘 알아도 과거 역사는 잘 모르는 이들이 있는가 하면, 쭉 그쪽 밥을 먹고 성장해 온 사람이라 업무에는 정통하고 과거사도 훤히 꿰고 있지만 가장 최근의 상황에 대해서는 상대국과 벌어지는 협상의 주요 쟁점이나 관련 수치에 대해서조차 과장이나 국장의 도움 없이는 대답을 못 하는 장관들도 있었다.

그러나 중국 측은 달랐다. 장관이 회의의 기조연설부터 실무 협상까지 거의 모든 과정에 참여하고 이슈나 수치도 가장 심도 있게 이해하며 시종 회의의 중심에 있었다.

나름 그 이유에 대해 생각해 보았다. 무엇이 이런 차이, 한국의 장관이 중국 측에 비해 약해 보이는 차이를 만들었을까? 이 장관은 자기 부처의 업무를 잘 모르는가? 도대체 왜? 이 부처 출신이 아니라서? 이 부처 출신이지만 장관이 된 후 실무에서 손을 놓아서? 장관이 된 이후로 게을러져서? 모르지도 게으르지도 않지만 장관이라 거드름을 피우느라 세세한 일에는 나서지 않으려는 권위주의적 발상에서? 만일 그런 것들이 이유라면, 중국 공무원에게서는 왜 그런 문제가 느껴지지 않았던 것일까?

게으른 것은 100% 개인적인 것이니 그것이 한국과 중국의 차이점을 만들 수는 없을 것이고, 차이가 있다면 대학교수나 기업인 생활을 하다가 장관이 되기도 하는 한국 장관에 비해 외길로 행정관료로만 성장해 온 중국의 장관들이 행정관료로서 더 경쟁력이 있을 것이라는 객관적 유추가 가능할 것이다. 그러나 내가 주의 깊게 본 부분은 이러한 개인적 차이보다는 두 나라의 체제의 상이함에서 오는 차이이다.

무슨 얘기를 하려는지 한번 들어 보시기 바란다.

장관이 업무에 정통하지 못한 이유.

그중 하나는 그 부처 출신이 아닌 데서 오는 무지일 것이다. 그것이 과거로부터 이어져 오는 업무의 흐름이나, 현재 업무일지라도 실무적 기초가 바탕이 되지 않으면 이해하기 힘든 일들에 정통하지 못한 이유의 하나일 것이요, 나머지 하나는 '내가 장관인데, 이런 사소한 일까지 일일이 파악하고 있거나 답해야 하나?' 하는 권위주의적인 생각 때문일 것이다.

후자의 경우에 대해, 즉 권위주의에 대해 먼저 얘기해 보자. 서로 다른 체제하의 두 나라 공무원 사이에는 어떤 차이가 존재할까? 뭔가 경직된 듯한 분위기의 공산당 일당 체제하의 중국 공무원 사이에 권위주의가 더 팽배할까, 자유민주주의를 표방하는 한국의 공무원이 더 권위적일까? 질문을 이렇게 하면, 일견 중국 공무원들이 더 권위적일 거라는 선입견을 갖게 되기 쉽겠다. 나도 처음에는 그렇게 생각했다.

그러나 질문을 조금 바꾸어서 '만민평등을 부르짖는 공산주의 사회와, 차별과 차등이 자연스러운 자본주의 사회 중 어느 쪽이 더 권위적일까?'라고 물으면 아마도 다른 답을 예상하게 될 것이다. 내가 목도한 당시의 중국 간부들은 적어도 그 무렵에는 만민평등을 몸소 실천하고 있었다(지금은 좀 달라졌다는 얘기이다. 사람이란 나쁜 것부터 배우기 쉬운 법이니까! 그러나 그럼에도 불구하고 여전히 우리보다는 덜 권위주의적이다).

권위주의적이거나 혹은 그렇지 않은 모습을 발견 내지는 확인하기에 가장 적합한 자리는 식사 자리이다. 공식적인 회의나 회담에서도 좌석이 어떻게 배치되고, 누가 대화의 주도권을 쥐고 있으며, 하급자가 쉽게 대화의 중간에 끼어들 수 있는지 여부 등으로 어느 정도 파악이 가능하기는 하지만, 식사 자리에 비해 보다 공식적인 그런 장소에서는 그런 것들이 대부분 서로 합의된 의전적 규칙에 따라 어느 정도 정해진 대로 흘러간다. 그러나 식사, 특히 만찬의 경우에는 좌석 배치나 만찬사, 건배사 등의 극히 의전적인 요소를 제외하면 분위기는 한결 부드러워지기 마련이고, 상대적으로 참석자들의 비교적 자연스러운 행동을 관찰할 수 있다.

앞서 "옜다, 너도 한 대" 하는 식으로 담배를 던지는 모습에 대해 얘기한 적이 있는데, 바로 이런 모습이 관찰된다는 얘기이다. 제일 처음 중국 지방정부의 고위급 관료들과 공식적인 식사를 한 것은 1995년의 상해 출장에서였다. 정보통신기기 사업본부장이던 모 상무님을 모시고 간 출장에서 우리 일행을 맞이한 것은 상해시 공업담당 부시장과 주요 간부들이었다.

여기서 중국을 조금 아는 분들 중에 궁금해하는 분이 있을 것이다. 아무리 대기업이지만 상무급이 다른 시도 아니고 상해시의 부시장을 만난다고? 그랬다. 그 당시엔 웬만한 시의 시장이나 부시장 정도는 우리 같은 대기업이 방문요청서 한 장 정도 보내는 것만으로도 쉽게 면담을 예약할 수 있었다. 한국 측 인사의 직위가 사장이나 그 이상인 경우엔 구체적인 투자계획서 없이도 상해시, 북경시 정도가 아니라 중앙정부의 장관 혹은 그 이상의 인물도 면담이 가능하던 시절이었다(이미 한국으로부터 단물을 다 빨아 먹은 지금은 소규모 지방 도시 시장도 쉽게 우리를 만나주지 않지만……).

아무튼 그들은 그날 회의를 마치고 인근 식당으로 우리를 안내했다. 오래전의 일이지만 아직도 기억에 생생하게 놀라웠던 사실은 '옜다, 너도 한 대' 외에도 또 한 가지가 있었다.

저녁 식사에는 그날 회의에 참석하지 않은 인원들도 여럿이 나왔다. 호칭을 중시하는 우리는 자리에 앉자마자 방금 받아든 처음 만난 상대의 명함을 들여다보며 얼굴과 직함을 대조하느라 연신 고개를 들었다 숙였다를 반복하고 있었다. 옆에 앉았던 본부장의 갑작스러운 "저분은 누구지?" 하는 소리에 본부장의 고갯짓을 따라 시선을 옮기고 보니 어라, 나에게도 그분의 명함은 없었다. 조심스럽게 옆 사람에게 "저분은 ……?" 하며 묻자 돌아온 대답에, 들은 대로 본부장에게 통역을 하면서도 나는 잠시 의아하지 않을 수가 없었다. 내 대답을 들은 본부장도 크게 다르지 않은 듯했다. 그 사람은 부시장의 운전 기사였다. 직업에 귀천이 있는 것도 아니고, 그 자리가 딱히 그 양반이 있어서는 안 될 자리도 아니었지만, 그런 상황이 익숙하지 않은 우리에게는 실로 의외가 아닐 수 없었다. 운전을 해야 하는 임무 때문에 술만 마시지 않았을 뿐, 저녁 식사 시간 동안 그나 그의 주변 사람들이 보여준 모습은 자연스러움 그 자체였다. '오호라, 이것이 공산주의고, 이것이 중국이구나!' 처음 중국에 도착했을 때 거리를 오가는 사람들의 무표정과 무채색의 인민복에서 느꼈던 것과는 또 다른 사회주의의 냄새가 오향 가득한 중국 음식의 향기보다도 더 진하게 다가오는 순간이었다.

그랬다. 정말 직위와 관계없이 다들 서로를 편안하게 대하고, 상·하의 구분을 크게 두지 않는 모습, 그것이 당시 중국 공무원 사회의 모습이었다(지금은 업무 성격의 식사 장소에 기사가 합석하는 경우는 없다. 적어도 대도시에서는. 그리고 당시에도 정부건 기업이건 최고위층의 공식 만찬에 기사가 합석하는 경우는 없었다).

그러나 이런 격의 없는 공무원 사회에도 예외는 있었다. 그 당시에 만났던 수많은 중국 공무원 중에 딱 한 사람. 중국 투자 초기에 우리 회사가 초기 투자 규모만 수천만 달러 이상을 계획하며 정성을 들이고 있던 모 직할시의 시장이자 공산당위원회 부서기였던 장모 시장이다. 후에 그보다 서열이 높은 그 시의 서기를 초청할 때도 아랫사람들이 장 시장 눈치를 보는 바람에 우리로 하여금 애를 먹게 했는데, 그를 수행하는 일행들의 움직임만으로도 그가 얼마나 권위적인 리더인지를 알 수 있게 하는 그런 타입이었다. 자본주의사회에서야 그때나 지금이나 정부 조직이거나 회사 조직이거나 높은 사람이 어디를 행차하면 차문 열어 주고, 가방 들어 주고, 옷 대신 걸어 주고, 허리 굽혀 인사하는 사람들이 줄을 서기 마련이고 나도 그런 사람의 하나였으니 이상할 것도 별로 없는 모습이지만, 상해 부시장 이후로 그를 만나기 전까지 꽤나 많은 중국 공무원들과 기업인들을 만나면서 수행원들로부터 그와 같은 대접을 받는 경우를 본 적이 없던 나는 어느새 익숙해져 가던 중국식 평등에도 예외는 있다는 것을 그를 통해 알게 되었다. 사실 별로 심각하달 것도 없는 그의 그런 모습이 눈에 띌 정도로 당시 중국의 공무원들은 소탈했고, 서로 간에 평등했다.

다시 말해, 한국 고위 관료들이 회의에서 조용한 이유의 하나는 적어도 당시 상황에서는 권위주의적 사고가 한몫을 했을 것이라는 게 나의 생각이다.

나머지 한 가지 이유는, 내 관찰에 따르면, 부처의 이동으로 인한 업무의 연속성과 전문성의 결여였다. 그런데 그게 왜 한국 공무원들에게서만 나타났을까?

사실 이 문제가 처음부터 두드러졌던 것도 아니고, 처음부터 그 이유를 궁금해했던 것도 아니다. 오랜 기간 정부 관련 지원업무를 계속하면서 굳이 연구를 하지 않고도 자연스럽게 발견하게 된 사실이었다.

지금도 그렇겠지만 당시에는 부처에 따라서는 해마다 정기적으로 진행하는 정례회의가 있었는데, 공통적인 현상이 있었다.

중국 측의 장관은 계속 같은 인물이 나오는데, 우리 측은 사람이 바뀌더라는 것이다. 사람이 바뀌는 이유까지 여기서 분석할 필요는 없겠지만, 내가 경험한 현실은 중국의 장관은 계속 한 사람, 그리고 그는 하급 공무원 시절부터 그 부처에서 계속 근무하고 성장해 온 사람인데 비해 한국 측은 좀 과장을 하면 올 때마다 사람이 바뀌는 데다 바뀐 장관은 본래 그 부처 출신이 아니더라는 것이다.

철밥통, 일당독재 같은 부정적 단어와 연관지어지던 중국의 체제가 오히려 전문성, 일관성 같은 긍정적 단어로 귀결될 수도 있다는 현실의 한 단면을 보는 것 같았다. 실제로 그것은 자유민주 체제하에서 여론의 변화, 정권의 교체 등에 지대한 영향을 받는 우리의 정부 조직과 비교해 회담 상대국과의 협상에 있어 우월적 지위를 점하는 데 크게 기여하는 점임을 부인할 수 없었다.

이러한 현상은 임기가 정해진 주재원 신분의 철새 사장으로 중국 기업의 붙박이 사장들을 상대해야 하는 우리 기업의 상황에서도 크게 다르지는 않다. 물론 예전에 있었던 합의 내용을 뒤집거나 새로운 전략을 구사하기 위한 전환점이 필요할 때는 우리의 약점인 연속성의 부재가 되레 장점이 될 수도 있긴 하겠지만, 그런 꼼수 전략이 장기적으로 바람직한 방식이 아님은 굳이 강조할 필요가 없을 것이다.

최근처럼 중국이 급부상하고, 또 이변이 없는 한 앞으로도 향후 수십 년은 이러한 추세에 큰 변화가 없을 것으로 보이는 상황에서 중국의 이러한 체제적 특이점은 정부나 기업을 운영하는 이들이 인력 운영이나 협상 전략 수립 시 참작해야 할 부분일 것이다.

G2, G2 하지만 그래도 아직은 최대 강국인 미국의 대통령이 중국의

시진핑 주석에게 부러운 점이 있다면 아마도 그건 그에겐 야당이 없다는 점일 것이다.

중국에서 만난
북한 관료들

"이 부장 선생은 나랑 한잔해야디!"

2001년 초겨울의 어느 북한 식당 별실. 더 취하기 전에 인사 말씀부터 드려야겠다고 생각하고 자리에서 일어났다. 북한 방문단의 좌석 쪽으로 다가가 말을 채 꺼내기도 전에 북한 정보산업기술대표단 최○○ 단장이 나를 향해 던진 한마디였다.

나이, 직급, 의전적 상황, 그 무엇으로 따져도 그 자리에서 가장 어른이던 그 양반의 호쾌한 부름에 본래 하려던 말도 제쳐 두고 "아, 네!" 하는 짧은 대답과 함께 나는 어느새 그의 옆에 가서 서 있었다.

지난 며칠 동안을 같은 비행기, 같은 버스를 타고 이동하며 같이 식사하고 참관하는 동안 주로 업무와 관련된 공식적인 대화만 하던 그들과 나 사이에 처음으로 개인적인 대화가 시작되는 순간이었다.

김일성 사망 이후, 2000년 5월에 이어 1년도 되지 않아 2001년 1월에 두 번째로 중국을 방문한 김정일 위원장은 북경과 상해를 방문하고 중국의 변화를 '천지개벽'이란 한마디로 압축해 표현했다. 평양으로 돌아가자마자 내린 지시 중 하나가 평양에서도 핸드폰 사용이 가능하도록 이동통신 기지국을 만들라는 것이었다. 북한의 관련 부처가 급히 움직이기 시작한 건 물론이고, 우리 회사를 비롯한 한국 기업들도 당연히 발 빠르게 움직이기 시작했다.

이런 일에 있어서 무엇보다도 중요한 것은 상대에게 우리의 실력을 어필하는 것인데, 그들을 한국에 초청할 수도 없고 우리들이 평양으로 갈 수도 없다 보니 우리의 기술이나 전반적 경영 수준을 가장 쉽게 그리고 효율적으로 확인할 수 있는 곳인 중국에서 만나서 대화를 나누고 중국 각지에 있는 우리의 공장들도 시찰하기로 합의를 보았다.

그런 협의가 비교적 짧은 시간 내에 가능했던 것은 우리가 1996년부터 평양에 소재한 '대동강 애국 천연색 텔레비전 수상기 공장'과 합작 형식으로 21인치 브라운관 TV를 생산해 국내로 들여오는 사업을 해 오면서 이미 대화 통로를 터놓은 덕이었다.

평양에서는 당시 차관급에 해당하던 조선컴퓨터센터 최○○ 기사장이 체신성 및 조선컴퓨터센터, 민경련(민족경제 연합회) 등 소속 인원 총 10명으로 구성된 정보기술산업 대표단을 이끌고 북경을 방문하기로 결정이 되었고, 그때까지만 해도 전자 분야와 정보통신 분야가 나뉘어 있던 우리 그룹에서는 정보통신 쪽에서 이동통신과 관련하여 그룹의 실력을 홍보할 모든 자료를 만들어 북경으로 날아와 북측대표단 일행에게 설명을 하고 베이징, 톈진, 창사, 난징, 광저우, 상하이, 옌타이의 공장들을 견학시키기로 했다.

내게 떨어진 임무는 총 일주일의 방문 기간 동안 산둥성 옌타이를 제외한 기타 도시 방문의 전 일정에 동행하는 것이었다. 간단히 말해, 가이드의 역할을 맡는 것이었다.

드디어 D-Day, 2001년 11월 20일 화요일 오후 2시, 대표단은 고려항공편으로 베이징 서우두 공항에 도착했다.

당시의 업무 일지에 기록되어 있지 않았다면 이들을 만난 것이 2001년이었는지 2002년이었는지 가물가물했을 것이다. 그리고 그들에게 했던 선물 중에 순모 겨울 내복이 있었다는 사실을 기록해 두지 않았더라면 때가 겨울인지 여름인지조차 혼동했을지도 모를 일이다. 이 글을 쓰면서 기록의 중요성을 다시 한번 실감하는 이유이기도 하다.

정보통신 측 인원들이 공항에서 북측 대표단 일행을 영접하여 호텔에 짐을 내려놓고 사무실로 오는 동안, 나는 지역 본부장을 모시고 프레젠테이션과 회의 관련 마지막 점검을 하고 있었다.

드디어 사무실에 도착한 대표단과의 첫 만남, 영원히 기억 속에 간직되어야 할 장면이라고 생각할 수도 있겠지만, 사실은 그들의 첫 인사말이 무엇이었는지, 우리는 뭐라고 첫인사를 건넸는지, 마치 과음 후 필름이 끊어지듯 내 기억 속에는 남아 있지를 않다. 그만큼 긴장했었던 모양이다.

긴장된 첫 만남의 순간이 지나고 여유를 되찾은 쌍방은 일정에 따라 회의를 시작했다. 간략한 양측 인원 소개에 이어 시작된 회의는 첫 만남치곤 상당히 활기 띤 분위기 속에서 꽤 많은 질의응답이 이루어지며 나름의 성과를 거두고 마무리되었다.

우리는 그룹의 중국지역 대표이던 본부장의 모두 발언을 통해 '기본적으로 민족 간 사업이라는 특수성을 감안하여 일정 부분 우리가 좀 더 기여할 각오는 되어 있으나, 수익성이 보장되지 않는 무리한 사업은 추진하지 않을 것'임을 명백히 함으로써 상대의 공짜 심리에 대비해 미리 선을 긋고 시작을 하면서도 이로 인해 처음부터 실망한 방문단이 후속 회의에 성의를 보이지 않을까 봐 본부장도 발언의 수위를 조절하느라 고심하시는 흔적이 보였고, 옆에 앉은 우리도 내심 조마조마했다.

다행히 북측은 실망감이나 거부감보다는 오히려 우리의 솔직한 입장 표명에 신뢰감을 표하며 예상 밖의 활발한 질문을 통해 작은 정보 하나라도 더 알고 가려는 적극적이고 긍정적인 모습을 보여주었다.

어쩌면 양쪽 모두 이 한 번의 회의에서 어떤 사업적 합의를 끌어내기보다는 이 회의를 서로에 대해 조금씩 알아가는 계기로 삼는 동시에 미래 협력을 위한 교두보로 삼자는 장기적 차원의 접근을 생각했기 때문에 이런 긍정적 시작이 가능했을지도 모른다. 적어도 우리는 그런 입장이었다.

이미 경색되기 시작하던 남북 관계 때문에 협력 사업이 단시일 내에 순조롭게 추진되지 못할 가능성이 높은 상황이었으나 향후에라도 여건이 호전될 때를 대비해 북한 고위층 내에 우리에게 우호적인 여론을 조성하는 동시에 일정 수준의 기득권을 확보하자는 것이 이 회담을 대하는 우리 그룹의 기본 입장이었다.

두 시간 여의 공식 회의가 끝나고 본부장의 환영 만찬이 이어졌다. 서로들 조심하느라 음식 품평이나 고향을 물어보는 정도 외에는 변변한 대화도 없이 진행되는 만찬에서 유일하게 최 단장만이 김책공대 수석 졸업에 파리 유학파라는 이력답게 시원시원하고 거침없는 언변으로 분위기를 주도했다. 평소엔 그 못지않은 카리스마를 자랑하는 우리 본부장도 그날은 적당히 추임새만 넣는 것으로 상대를 배려하며 첫 만찬은 원만하게 마무리되었다.

이제 남은 것은 나의 몫이었다. 일행이 열 명에 이르는 데다가 이들을 인솔하고 우리나라도 아닌 중국의 여러 도시들을 여행하는 것은 간단한 일은 아니었다. 더욱이 공장 견학 외에 지역마다 일부 관광 일정까지 소화해야 하는 터였다. 각 지역마다 공장의 총무팀이 공항 영접이나 공장 견학뿐 아니라 식당이나 호텔 예약 등도 책임을 지기로 했지만, 일관성 있는 매끄러운 일정 관리, 이동 과정이나 야간에 호텔에서 발생할 수 있는 안전사고나 환자 발생 등과 같은 긴급 상황 발생 시의 대응을 내 나라도 아닌 중국에서, 그것도 내 관할(?) 지역인 북경을 벗어난 지방 도시에서 혼자 감당하기엔 결코 쉬운 일이 아니었다. 다행히 회사에서 두 명의 현지인 직원을 붙여 주었다.

이들과 나의 주요 역할은 각각 3~4명씩의 인원을 맡아 여행 기간 내내 불편함이 없도록 보살피며 안전을 지키는 일이었다. 여행사 가이드가 하는 일에 보안과 의전적 요소가 추가된 일이었다. 하는 일은 관광 가이드의 일이지만 마음가짐은 마치 국정원 직원 같은 느낌이랄까.

내가 밀착 관리해야 할 인원은 최 단장과 그 외 몇 명 고위 간부였으나 그렇다고 전체 일정을 책임지는 내가 그 양반들만 챙길 수는 없는 일. 게다가 대표단 일행들도 우리 세 명 중에서는 내가 책임자라는 것을 아는 터라 회사에 대해 궁금한 것은 모두 나에게 물었다(남한의 생활에 대한 질문은 고향이나 음식 같은 주제를 제외하고는 일절 하지 않았다. 나중에 알게 된 것이지만 일행 중에는 정○○이라는 민경련 참사가 있었는데, 보위부에서 민경련에 파견 나온 사람으로 일행의 언행을 감시하는 것이 그의 임무였다).

그들과 함께하는 시간이 하루 이틀 늘어 가면서 나 역시 가벼운 대화를 통해 그들과의 거리를 좁혀 갈 수 있었다. 하나같이 북한 사회에서는 최고 지식층에 속하는 엘리트들이었다. 최 단장 외에도 체신성 통신연구소 부소장이던 윤○○ 부단장, 평양통신기계공장 노○○ 지배인 등은 김책공대 출신이었고, 조선컴퓨터센터 배○○ 개발센터장은 김일성대학 출신이었다.

지금이야 북한에 대해 많은 것이 알려져서 놀라울 것도 없지만 북한에 대한 정보가 거의 없던 시절, 워낙 폐쇄된 사회라 그들만의 사회에 갇혀 있을 것이라는 나의 선입견과는 다르게 최 단장은 프랑스 유학 외에 미국 방문 경험도 있는가 하면, 조선컴퓨터센터의 김○○ 국장의 경우에는 말레이시아의 삼성 공장도 견학한 적이 있다고 했다.

이들 각자에게 주어진 개인별 임무가 있다는 것도 어느 정도 알게 되었다. 그중 두드러지는 것들로, 앞서 얘기한 민경련의 정 참사처럼 일행을 관찰하고 평양에 보고하는 역할을 맡은 이가 있는가 하면, 일정 변경이나 평양의 새로운 지침이 필요한 경우에 평양과의 교신을 전담하는 해외동포영접국의 강○○ 책임지도원 같은 통신 전담 요원도 있었다.

삼성 말레이시아 법인을 방문했다는 김○○ 국장의 경우엔 합작사업에서 상대측과 협상을 해 나가는 책임자 역할을 하는 것 같았다. 그래서인지 합작사업을 하게 될 경우의 실무적인 절차에 대해 많은 질문을 했다.

　이렇게 그들에 대해 하루하루 조금씩 알아 가면서 어느새 나는 그들과 친해져 가고 있었고, 일행 중 성격이 가장 걸걸하던 평양통신기계 공장 노○○ 지배인 같은 경우엔 어느 정도 친해진 후엔 민경련 정 참사가 보는 자리에서 아예 대놓고 내게 "정 참사 저 냥반한테 잘못 보이믄, 돌아가서 국물도 업서, 기리니끼니 우리가 잘 해 주는 기야" 하며 '이런 농담을 해도 되나?' 싶은 얘기도 스스럼없이 하곤 했다. 그의 그런 농을 쳐다보는 정 참사의 눈빛에서도 다소의 불편함은 있었을지언정 노여움은 느껴지지 않았다. 나이가 비슷한 그 둘이 개인적으로 친해 보이기도 했지만, 그들은 정 참사의 그런 역할을 우리네 기업으로 따지자면 감사를 나온 감사팀원의 역할 정도로 여기는 듯했다.

　그도 그럴 것이, 회의 과정에서 알게 된 내용이지만 모든 국제전화는 평양 교환대를 경유해서만 연결할 수 있고, 기타 모든 통신장비에도 도청 장치 부착이 의무화되어 있는 사회에서 정 참사의 역할은 조금도 이상할 것이 없는, 그저 그의 직책에 불과한 일일 수도 있겠다 싶었다.

　그들이 이렇게 조금씩 경계를 늦추고 나를 조금은 더 자기네 편에 놓기 시작한 데에는 그들에게 있어서 내가 도깨비방망이 같은 사람이었던 점도 한몫했을 것이다. 비록 이것이 주된 이유가 아님은 나도 그들도 알지만 나는 우리 회사와의 대화, 특히 필요한 자료나 물품을 요청할 때 거쳐야 하는 공식 통로, 바로 '금 나와라 뚝딱! 은 나와라 뚝딱!' 하는 도깨비방망이였다.

　일곱 군데의 공장을 방문하면서 그들은 나를 통해 통신 설비나 공장 운영 등에 대한 사업적 자료 외에 꽤 짭짤하게 선물도 챙길 수 있었다. 그 선물들이 최종적으로 그들의 것이 될 수 있을지, 돌아가서 기술 연구용으로 내놓아야 하는지는 모를 일이었지만, 그들은 각 생산법인이 생산하는 제품 중에서 들고 갈 수 없을 만큼 크거나 선물로서의 가치가 없는 TV 부품, 브라운관, 전화 교환기, 냉장고, 세탁기 등을 제외하고는 전자레인지, DVD 플레이어는 물론 갖고 가도 쓰지도 못할 연태 CDMA 단말기(핸드폰) 등을 선물로 받아 갔다. 아마 핸드폰은 정말 연구용 목적이었으리라.

그 선물들은 처음부터 계획한 것은 아니었다. 계획한 것이 아니었다는 표현보다는 선물 목록이 확정된 것은 아니었다는 말이 더 정확하겠다. 이들의 환심(!)을 사야 하는 우리로서는 예산이 너무 과하게 드는 것이 아니고 생색을 낼 수 있는 것이라면 무어라도 하나 더 들려 보내고 싶은 마음이었으므로 우리 제품 중에 무엇이 가장 좋을지를 고민했고 갖고 가 봐야 쓰지도 못할 DVD 플레이어나(북한에 DVD용 CD는 없을 거라고 생각했다) 핸드폰보다는 전자레인지나 진공청소기 같은 것이 어떨까를 논의하며, 일주일 동안 분위기를 파악한 후 떠나는 날 적당한 것으로 선정해 줄 계획을 세우고 있었다.

그런데 고맙다고 해야 할지 황당하다고 해야 할지, 둘째 날의 천진 공장 방문에 앞서 그들은 아예 생산품 중에 전자레인지를 줄 수 있냐고 먼저 물어 왔다. 고민할 시간을 덜어준 건 고마운데, 손님이 자기가 받을 선물을 지정해 주니 다소 의외이기는 했다.

새로운 공장으로 갈 때마다 새로운 선물 하나씩을 들려 주며 그들과의 거리를 조금씩 좁혀 가던 어느 날이었다. 처음으로 우리끼리(?) 저녁을 먹을 기회가 찾아왔다. 그동안은 북경에서건 방문하는 법인이 있는 동네에서건 항상 그 지역 주재원들이 함께 만찬에 참석했기 때문에 매번 새로운 법인의 주재원들이 참석했고, 그들의 입장에서는 북한 대표단과 처음 하는 공식 만찬인지라 아무리 내가 중간에서 양념 역할을 하려 애를 쓴다 해도 다분히 공식적인 분위기가 될 수밖에 없었고 대표단도 체면을 차릴 수밖에 없었다. 그러나 이날만은 상황이 달랐다.

이제까지는 오후에 공장에 도착해 시설 참관을 마친 후 저녁 식사를 법인 임원들과 함께 하는 식으로 일정이 진행되어 왔으나, 방문 닷새째이던 이날은 당일 일정을 마치고 오후 늦게 바로 다음 목적지로 이동하는 것으로 일정이 짜여져 있었고, 그곳의 법인과는 다음 날 아침부터 공식 일정을 시작하기로 되어 있었다.

북한 대표단도 아마 이날을 기다리고 있었던 듯했다. 계속되는 일정에 이제 좀 쉬고 싶다는 생각도 들었을 텐데 분위기상 그러지는 못하고 계속 점잖은 척하기도 쉽지는 않았을 것이다.

일정 계획표대로라면 우리 일행은 그날 저녁 현지의 한국 식당으로 가게 되어 있었으나, 목적지에 도착한 대표단은 내게 예상 밖의 제안을 했다. 이제까지 계속 우리가 제공하는 식사를 얻어만 먹은 데다, 이 부장(필자)이 그동안 수고를 많이 했으니 그날 저녁은 자기들이 아는 식당에 가서 자기들이 내겠다는 것이었다. 그들이 가자고 한 식당은 북한 식당이었다.

쉽게 결정할 일은 아니지만 그렇다고 그리 어려울 것도 없는 일이었다. 쉽지 않단 의미는, 혹시 그 길로 북한 식당에서 납치될 가능성 같은 걸 두고 본부에서 반대할 수도 있으리란 생각을 말한 것이다. 쉽지 않을 것도 없다는 건, 정부의 지시를 받고 국가적인 프로젝트를 수행하는 사람들이 나 같은 일개 부장을 납치해다 어디 쓸 데가 없을 것이기 때문에 굳이 거부할 이유가 없단 의미이다. 어쨌든 공식 일정표에 변화가 생기는 일인데, 이런 일을 나만 아는 사실로 덮어 두고 진행할수는 없어서 본부의 동의를 구한 후 그들의 초청에 응했다.

일행 중에는 중국 무역 전문가로 중국어에도 능통한 제2연합무역회사의 이○○ 씨가 있었는데, 이 양반이 식당도 예약하고 중국인 버스기사에게 길 안내도 한 덕분에 저녁 7시가 넘어 공항에 도착했음에도불구하고 우리 일행은 그리 늦지 않은 시간에 식당에 도착할 수 있었다. 식당 이름은 기억이 나지 않지만, 한 가지 분명한 것은 그동안 익히 보아 오던 대외홍보용 식당은 아니었다는 것이다. 아마도 그 일대에서 무역을 하는 북한인들이 고향 음식이 생각나면 찾는, 그들만의식당인 듯했다. 일단 높은 사람들 위주로 큰 테이블에 앉게 하고 나와나보다 좀 젊은 책임지도원 등 대표단원 세 명 그리고 우리 직원 두 명등 6명은 옆 테이블에 앉았다. 메인 테이블에 7명, 보조 테이블에 6명, 다들 거의 8시가 되도록 밥 구경을 못한 터라 일단 먹고 시작하자는단장의 말이 떨어지기 무섭게 수저를 놀리기 시작하는데, 갑자기 저쪽테이블에서 '인원 수가 짝이 맞지 않는다'며 노 지배인이 내 옆자리로건너왔다. 한 손에는 술병까지 들고 말이다.

지금은 '멍쯸란(夢之藍)', '톈쯸란(天之藍)', '하이쯸란(海之藍)' 등등으로 등급도 세 등급으로 나뉘어 고급 백주로 자리매김하며 가격도500위안대에서 3,000위안대까지 오를 대로 오른 술이지만, 당시만 해도 한 병에 몇십 위안밖에 하지 않던, 그럼에도 불구하고 중국 10대 명주에 들어가던 '양허따취(洋河大曲)'라는 백주, 즉 고량주였다(물론 이 회사에선 아직도 기존의 이름인 '양허따취'도 원래 이름으로 보급형 가격에 내놓고 있으나 가격은 많이 올랐다).

몇 젓가락을 채 들기도 전에, 자리를 옮긴 저의가 분명한 노 지배인의 공격을 받아 금세 취기가 오르기 시작했다. 그래도 '옆 테이블에서 젊은 사람끼리 노닥거릴 때가 아니다'라는 윤리의식 내지는 책임의식이 발동한 나는 노 지배인 일행에게 양해를 구하고 단장이 있는 자리로 옮겨 갔다. '오늘까지 잘 협조해 주신 대표단에게 감사'의 말씀도 전하고 '오늘 저녁 이런 자리를 마련해 주신 단장께 감사'도 드리려는 것이 일어선 본래의 목적이었는데…….

그때 바로 테이블 한가운데서 단장의 목소리가 들려온 것이다.

"이 부장 선생은 나랑 한잔해야디!"

북한 사람들이 호칭을 쓰는 기본에 대해서는 뒤에서 자세히 소개하겠지만, 동지와 동무를 가장 보편적으로 쓴다. 지난 며칠 사이 나름 가까워졌고 나이 차이도 15년 이상 나는 나를 최 단장이 '이 부장 동무' 혹은 심지어 '이 동무'라 부른다 해도 안 될 것은 없는 상황이었다. 그러나 그는 나를 이 선생도 아닌 '이 부장 선생'이라고 직급까지 앞에 붙여 불러 주었다. 감지덕지할 것까진 없었지만, 기분이 나쁘지는 않았다.

술을 따라 드릴 요량으로 한 손에 술병을 든 채 서너 걸음을 옮겨 그의 옆으로 다가간 나를 그는 자리에서 일어나 맞이했다. 중요한 것은 서 있는 그의 한 손에 500밀리리터, 그러니까 0.5리터짜리 양허따취가 반 병도 더 남은 채로 들려 있었다는 것이다. '먼저 한 잔을 따라 주려

149

나 보다' 하고 생각했는데 그게 아니었다.

"우린 병나발을 불어야디!"

'허걱!'

먹고 죽자는 얘기인가? 대뇌에서는 '꽁지를 내리고 한 발 물러서라'
는 너무나도 당연한 지령을 내리고 있었지만, 앞서 노 지배인 등과 함
께 옆자리에서 빈속에 털어 넣었던 전작이 이미 간(肝) 비대증을 유발
한 후였다. 흘낏 내 손에 들려 있는 병을 곁눈질로 내려다봤다. 반병이
채 남지 않은 상태였다. 그나마 다행이다 싶었다. 그런데 단장의 한마
디가 내 승부욕을 자극했다.

"이 부장 선생은 그것만 마시라우!"

'그것만? 이건 봐준다는 얘기잖아?'

"아닙니다. 그래도 젊은 놈이 좀 더 해야지요!"

빼앗다시피 그의 손에 들린 반 병도 더 남은 양허따춰 병을 가로챘
다.

그날 옆방으로 자리를 옮긴 우리는 휑뎅그렁하니 눈높이보다도 높
이 걸려 있는 모니터 화면에 나오는 가사를 올려다보며 '반갑습네다'를
비롯해 북한 식당에서 주워들었던 알 만한 노래는 아마 다 불렀던 것
같다. '나의 살던 고향'을 함께 부르면서는 어깨동무까지 하고 눈물 한
두 방울도 흘렸던 것 같다.

우리 회사 공장 방문을 모두 마치고 정보통신 측 인원의 인솔을 받
으며 산둥성 옌타이에 위치한 핸드폰 생산공장으로 떠나던 날, 그들이
내게 한 말은 돌아가는 대로 가능한 한 빨리 초청장을 만들어 보낼 테
니 내년 봄에는 평양에서 보자는 인사였다.

실제로 그들은 연말이 가기 전 초청장을 보내왔다. 아쉽게도 남북 관계가 계속 경색 국면으로 치닫게 되면서 기대했던 평양 방문도, 그 프로젝트도 결말을 보지는 못했다. 그러나 다시 만나자는 그들의 말이, 그것이 진심이었음을 나는 확신한다.

이 일은 내가 중국에 근무하면서 진행했던 일 중 가장 기억에 남는 일이다. 그 후에도 중국본부 내에 북한 업무 담당 부서를 만들고 서두에 얘기한 TV 합작사업을 이어왔지만, 금강산 관광객 피격 사건과 천안함 사태 등으로 남북 관계가 악화하면서 우리 회사는 2009년에 북한에서 공식적으로 철수하게 되었다.

생명의 은인 정금용과
간병인 당사부

2010년, 북경이 교통 혼잡을 해결하기 위해 차량 5부제를 시작한 때였다. 지금은 5부제를 한다면 미세먼지 때문이겠지만, 당시엔 단순히 교통체증 때문이었다. 미세먼지는 그때도 심각한 수준이었지만 그땐 그냥 황사현상이라고 불렀고, 그저 북경에 살면 당연한 것으로 여겼다. 지금처럼 웰빙에 대한 의식이 없던 터라 미세먼지라는 단어도 없던 시절이었다(중국어로 미세먼지에 해당하는 단어는 '우마이(霧霾)'인데, 우리도 그 시절엔 매연이니 스모그니 하는 단어는 있었어도 미세먼지라는 단어가 일상어가 된 건 최근 수년에 불과한 것과 마찬가지로 북경도 그 당시엔 그런 단어조차 없었다).

그해 5월의 어느 날, 5부제 때문에 내 차를 운행할 수 없는 날이었다. 손님이 있어 저녁을 먹고 늦은 퇴근을 했다. 시간상으로는 5부제 시행 마감 시간인 오후 8시를 지나가고 있었으므로 기사 양반을 부를 수도 있는 상황이었지만, 쉬는 날, 그것도 저녁 먹고 쉬고 있을 시간에 불러내는 것이 옳은 일은 아닌 듯하여 택시를 타기로 했다. 당시 북경의 택시 가운데는 강도 예방을 위해 철조망 같은 것으로 앞좌석과 뒷좌석을 분리한 것들이 있었다. 90년대 초반에 등장한 이 철조망 가리개는 90년대 후반에 들어서면서 운전석만 분리시킨 투명 플라스틱 가리개로 점차 대치되었다. 미관과 승객 편의를 생각하는 일부 기사들은 아예 이 플라스틱 가리개조차 설치하지 않는 경우도 있었으나 여전히 많은 택시들이 철조망 같은 칸막이를 하고 운행하던 시절이었다.

그 당시 북경에선 북경현대자동차가 만든 엘란트라가 택시로 많이 사용이 되고 있었지만, 90년대 초부터 북경 시내를 누볐던 소위 '톈진 쌰리(天津 夏利)'라고 불리던 초소형 승용차도 여전히 굴러다니고 있었다. 일본 다이하쯔가 생산한 890cc 엔진에 껍데기와 기타 부품만 천진 공장에서 만들어 얹은 해치백 스타일의 땅콩만한 차였다. 70년대 중반 현대가 국산차로 처음 내놓은 포니와 크기와 모양이 많이 닮아 있었다. 작은 차에 철조망 칸막이를 설치해야 하는데, 운전 기사 본인이 편히 앉으려다 보니 뒷좌석 공간들은 조수석 뒷자리마저도 줄어들 수밖에 없었다. 운전석과 조수석만 자리가 넉넉하고 뒷좌석들은 다리 접을 공간도 부족해서 이런 택시를 탈 때면 내키진 않지만 늘 앞자리에 앉는 것이 습관이 되다시피 했었다.

그날도 습관처럼 앞자리 문을 열고 차에 오르려는 나를 저지한 것은 정금용이란 후배였다. "이 실장님, 앞자린 아무래도 위험합니다. 고속도로를 지나서 가셔야 되는데, 뒷좌석에 앉으시죠." 좀 불편하더라도 나의 안전을 위해 신경 써 주는 후배의 말을 듣기로 했다.

금용이의 그 한마디가 아니었다면 나는 지금, 아니 이미 10년 전에

이 세상 사람임을 포기했어야 했을 것이다.

하루 일과로 지친 몸에 술도 한잔했겠다, 차에 오른 지 얼마 되지 않아 바로 잠이 들었던 것 같다. 무언가 육중한 충격에 눈을 떴을 땐 내 몸은 이미 철조망 칸막이를 들이받고 튕겨진 듯 택시 뒷자리에 꼬꾸라져 옆으로 널브러진 상태였다. 잠깐 동안은 통증도 느낄 수가 없다. 잠시 후 극심한 통증과 함께 의식이 돌아오자 안경이 달아난 맨눈에 창가에 사람들이 모여드는 모습이 어렴풋이 들어왔다. "괜찮아요?" "보이세요?" 뭐 그런 말들이 들린 것 같았다. 얼마 지나지 않아 구급차와 구조대원들이 도착했고, 지금도 기억이 선명한 주황색 들것에 실려 구급차에 태워진 나는 다시 정신을 잃은 채 응급실로 이송되었고, 거기서 모든 검사를 마치고 입원실로 옮겨졌다(라고 들었다). 다시 정신을 차렸을 땐 이미 입원실에 누워 있는 상태였다. 병원에서는 내 마지막 통화 기록을 확인해 금용이에게 연락을 했고, 연락을 받은 금용이가 달려와 내 곁을 지키고 있었다.

갈빗대 아홉 개가 부러지고 코뼈가 내려앉은 상태였다. 뼈가 부러진 것 자체는 별일이 아니지만, 부러진 갈비뼈가 폐를 찔러서 출혈이 있기 때문에 지속적으로 관찰해야 하는 상황이라고 의사에게 주워들은 얘기를 금용이가 전해 주었다.

몇 가지 검사를 더 하고 다음 날 오후엔 미국에 있던 아내가 부랴부랴 날아오고, 회사 식구들이 다녀갔다. 담당의의 두 번째 아침 회진이 끝났을 무렵, 심각한 문제가 생겼다. 허파를 찌른 갈비뼈가 다행히 허파에 구멍을 낸 상태는 아니어서, 깨진 뼈가 스치면서 생긴 출혈은 이미 멎어 가고 있었다. 부러진 갈비뼈들이 붙고 내려앉은 코뼈는 퇴원

무렵 간단한 정형시술로 교정만 하면 되는 상황이었다. 이젠 가만히 드러누워 안정을 취하며 기다리는 과정만이 남아 있었는데, 그때까지도 전혀 인지하지 못하고 있었던 배변과 관련한 문제가 떠오른 것이다.

사람이 긴장을 하면 며칠 동안은 큰일을 보지 않고도 그냥 넘어간다. 대학교 1학년 때 문무대라는 곳에 입소해서 열흘 동안 군사 훈련을 받을 때도 그랬다. 급작스레 환경이 바뀐 데다 쉴 틈 없는 훈련에 군기가 빡세게 들어 있던 나를 포함한 우리 친구들은 첫 이삼일은 똥을 누지 못했고, 누고 싶다는 생각조차도 잊고 지냈다. 이번에도 똑같았다. 첫 이틀은 긴장, 통증, 각종 검사 등으로 똥이 마렵다는 생각도 못 하고 넘어갔는데, 한 고비를 넘기자 가장 기본적인 욕구에 대한 해결책이 시급하게 되었다.

소리 내 웃기만 해도, 잔기침만 해도, 깨진 흉곽에 진동이 전달돼 통증이 유발되는 상황. 팔도 팔꿈치 아래밖엔 움직일 수 없고, 등이 가려워도 어깨를 들썩여 가려움을 덜어 보려는 노력조차 해볼 수 없는, 상반신 전체가 미라처럼 붕대로 칭칭 감겨 있는 상황. 이 상태로 두 달 반 이상을 누워 있어야 한다는데……. 오줌은 요도에 관을 연결해 플라스틱 오줌주머니를 침대 밑에 매달아 놓아, 내가 오줌을 누는지도 모르는 사이에 자동으로 그리로 흘러 들어가니 전혀 문제 될 것이 없었지만, 큰 것이 문제였다. 그러나 고민도 잠시, 묻기도 전에 병원에서 해결책을 제시해 주었다. 거동할 수 없는 장기 입원환자들을 위한 24시간 간병인 제도가 그것이었다. 아무리 가족이라 해도 24시간 자지 않고 환자 옆에 앉아 지키며 가려울 때 긁어 주고, 물 달라면 물 주고,

155

얼굴과 손발, 심지어 엉덩이 거기까지 닦아 주고, 똥까지 받아내는 일을 두 달 반을 한다는 것은 결코 쉬운 일이 아닐진대, 그것을 돈 받고 해 주는 24시간 전문 간병인이 있다는 것이었다. 더욱 놀라운 것은 그 사람의 일당이 고작 25위안, 우리 돈 5,000원도 안 되는 액수라는 것이었다.

그렇게 병원을 통해 소개받은 간병인은 30대 중반의 안휘성(安徽省) 출신 시골 청년 당(黨) 씨였다. 앞으로 내 온갖 적나라한 모습을 다 보여주어야 하는 이 시골 청년을 무어라고 불러야 할까? 먼저 본인의 의사를 물어보았다. 성이 당이니 '샤오당(小黨)'이라고 부르란다.

중국에서는 성 앞에 작을 소(小) 자를 붙여서 '샤오리(小李), 샤오왕(小王), 샤오당(小黨)'이라 부르는 것은 자기보다 나이 어린 사람을 부를 때, 남녀 구별 없이 편하게 그리고 친근하게 많이 쓰는 호칭이다. 사실 그때 이미 50을 바라보던 나와 30 중반이던 당(黨)의 경우 이 호칭이 전혀 문제될 것은 없었으나, 샤오당이라고 부르기엔 다소 하대하는 것 같기도 하고 아직은 친한 관계도 아니라, 좀 더 공식적이고 이왕이면 존중해 주는 느낌이 드는 명칭을 사용하려고 하다 보니 나름 고민 아닌 고민이 생겼다.

얘기가 나온 김에 중국에서 사람을 부를 때 쓰는 호칭을 잠깐 살펴보자.

개혁개방 이전에는 남자건 여자건 무조건 '동지(同志: tóng zhi)'를 성이나 이름 뒤에 갖다 붙이면 되었다. 모르는 사람을 부를 때도 '동지' 한마디면 되었다. 마치 북한 사람들이 '김동무' '이동무' 혹은 그냥 '동무' 하고 부르는 것처럼 말이다. 나이나 지위 고하, 성별에 구애받지 않는 만인에게 평등한 공산주의식 호칭이랄까.

93년에 처음 중국 출장을 갔을 때, 길에서 모르는 사람에게 말을 걸어야 할 때 어떻게 불러야 할지 몰라 대만식으로 남성에게는 씨앤성(先生: xiān shēng), 여성에게는 샤오제(小姐: xiǎo jiě)를 사용했었다. 우리식으로는 '아저씨' '아가씨'라는 의미로 말이다. 이것이 쓸데없는 짓이었음을 깨닫는 데 그리 오랜 시간이 걸리지는 않았다. 북경은 그 당시나 지금이나 명실상부한 대도시이고 현지인 못지않게 많은 타지인이 생활하고 드나드는 곳이다. 그러다 보니 외국인인 나에게도 길을 묻는 사람들이 종종 있었는데 그 당시 그들이 길거리에서 나를 불러 세울 때 썼던 말, 그것이 바로 '퉁쯔(동지)'였다. 지금은 동지라는 표현을 쓰는 사람은 단언컨대 적어도 도시에서는 한 사람도 찾아볼 수가 없지만, 적어도 90년대 중반까지는 여기저기서 이 호칭을 들을 수 있었다.

그 동지가 어느 순간 대만식으로 성(性)의 구분이 있는 씨앤성(先生), 샤오제(小姐)로 바뀌었고, 아직도 이 호칭이 여전히 광범위하게 사용되고 있다. 그런데 최근 10년 사이에는 쓰푸(師傅: shī fù)라는 새로운 호칭이 유행(?)하고 있다. 본래 쓰푸(師傅)는 어떤 한 분야에 일정한 수준의 기술을 가진 장인(匠人)을 일컫는 말인데, 어느 순간부터 운전 기사들을 존중하는 차원에서 쓰는 호칭으로 변모되기 시작하더니, 근래엔 기술이 있건 없건 아무한테나 갖다 붙이는 호칭이 되어 버렸다. 즉, 길거리를 가다 길을 묻고 싶어 누군가를 불러 세울 때 "쓰푸!" 하면 된다는 얘기다. 단지 한 가지 알아둘 것은 본래 쓰푸(師傅)는 성의 구분이 없는 명사이지만, 과거 여성 장인이 있을 리 없었으니 남성들에게만 사용되는 호칭으로 여겨졌다. 그래서 주로 남성에게만 사용하지만 사실 요즘은 여성들에게도(꼭 장인급 전문직 여성이 아니더라도 개인 식당의 주방 아줌마라든지 개인택시 기사 같은 경우) 이 호칭을 사용하는 경우를 볼 수 있다. 그렇다고 본래 의미인 장인의 뜻이 없어진 것도 아니어서 장인들을 부를 때도 여전히 쓰푸(師傅)라고 부른다. 호칭의 평준화라고나 할까, 대만식 씨앤성(先生), 샤오제(小姐)에 밀려났던 '동지'라는 사회주의적 호칭이 쓰푸(師傅)라는 형태를 빌어 부활하고 있다고나 할까…….

다시 우리의 주인공 시골 청년 당 씨 얘기로 돌아가자. 방금 장황하게 설명을 했으니 내가 이 청년을 뭐라고 부르기로 했는지 이미 짐작하셨을 거다. 당사부(黨師傅: dǎng shī fù)! 그렇다. 소림사 영화에 나올 법한 이름 당쓰푸로 부르기로 했다. 사실 뭐 위에 얘기한 저런 여러 상황을 분석, 고민해서 정한 것은 아니다. 병원서 며칠 지내면서 간호사들이 당쓰푸 같은 간병인들을 쓰푸라고 통일해서 부른다는 것을 알았기 때문이다.

나와 당쓰푸의 민망한 일상은 우선은 상쾌한 이 닦기부터 시작된다. 정상인의 칫솔질과는 다를 수밖에 없는 이 아침 행사를 위해 나는 당쓰푸에게 아래층 식당에 가서 주스 마실 때 나오는 꺾을 수 있는 빨대를 갖고 오게 하고 집에서 갖고 온 물잔 두 개를 동원했다. 드러누워 고개도 들 수 없는 상황에서 양치질하는 방법은 컵 하나에는 물을 가득 담고, 나머지 하나는 빈 상태로 둔 채 칫솔질한 후 먼저 물이 든 잔에서 빨대로 물을 한 모금 빨아 입속을 헹군 다음, 빈 잔에 입안의 양치한 물을 빨대로 다시 뱉어 넣는 방식이었다. 세수도 당쓰푸가 뜨끈

뜨끈한 물에 갓 빨아 갖고 온 타올로 눈곱부터 떼어 내 정성스레 온 얼굴을 닦아 주면 웬만큼 세수한 것 같은 효과가 났다.

그런데 정작 문제는, 당쓰푸를 모셔 온 본연의 목적인 큰일 보기가 예상만큼 수월치 않았다는 것이다. 당쓰푸의 문제가 아니라 나의 문제였는데, 마치 사고 후 첫 이틀처럼 나와야 할 것이 나오지 않는 상황이 다시 발생했던 것이다. 한 가지 분명한 것은 원인이 생리적인 것에 있지 않고 심리적인 것에 있다는 것이었다. 같은 남자끼리니 아랫도리를 까고 엉덩이 세수를 그에게 맡기는 것까지는 그런대로 참을 만했다. 그러나 나의 얼굴과 아랫도리를 번갈아 쳐다보며 연신 "힘주세요! 힘주세요!"를 외치는 그의 면전에 초콜릿케이크 한 덩이를 옜다 하고 선사하기에는 나의 자존심이 아직 시퍼렇게 살아 있는 상황이라……. 차라리 설사라도 나면 내 의지와 관계없이 초콜릿 스무디 한 사발을 분사해 버리고 만사 포기할 수 있으련만…….

결국 이틀을 버티다 항복하고 말았다. 그 이틀 간 내 머릿속을 떠돌던 수많은 생각들을 어떻게 다 한마디로 정리할 수 있겠는가만은 대략 이런 것이었으리라. '이 병동에 있는 환자들 다들 이러고 지낼 텐데, 뭐가 대수란 말인가?' '당쓰푸를 언제 다시 볼 거라고. 퇴원하면 전혀 다른 세상에서 살 사람인데' '나만 나에 대해 관심이 있지, 남들은 내가 누군지도 모르고 알려고 하지도 않는다. 더구나 여기는 화장실에 칸막이도 없이 엉덩이를 깐 채 서로 이웃하고 앉아 배설의 희열을 남과 공유하는 나라가 아닌가?' '당쓰푸에게 이것은 그냥 일일 뿐이다. 그가 어디 가서 "모 회사의 어떤 한국놈이 내 환자인데 똥 냄새 진짜 장난 아니야! 김치 먹고 사는 민족이라 그런가?" 이런 얘기를 하고 돌아다닐 까닭도 없을 것이다…….' 등등.

결국 마음의 준비도 되지 않고 자존심도 포기하지 못한 상태에서 생리적 압박은 정신적 고뇌를 이기기에 충분한 상태에 이르렀다. 결국 잘 숙성된 초콜릿케이크는 나의 잘난 자존심과는 상관없이 세상에, 아니 당쓰푸 얼굴 앞에 그 자태를 드러내게 되었다. 그 순간 참담한 나의 기분과는 전혀 별개로 진심으로 기뻐하는 당쓰푸, 그는 진심으로 기뻐하고 있었다.

생각해 보면 너무도 당연한 것이, 그것이 그의 주 임무인데, 며칠째 임무를 완수하지 못하고 있었으니 나만큼은 아니지만 그도 꽤나 답답했으리라.

신혼부부가 결혼을 하면 처음 넘어야 하는 관문이 서로 '방귀 트기'라고 했던가. 당쓰푸와 나는 똥을 트는 사이가 되었다. 아니 엄밀히 말하자면 나만 그에게 똥을 트는 신분이 되었다. 한번 트고 나니 그다음부턴 거리낄 것이 없었다. 원래 사는 게 이런 건가 싶었다. 지나고 나면 다 별것 아닌 것을…….

똥 트기를 성공적으로 마무리하고 한시름 놓고 있는데, 엉뚱한 데서 도사리고 있던 복병이 나타났다. 다름 아닌 간호사들이었다. 아침이건 저녁이건 그 일을 치르기 전에 나는 항상 당쓰푸에게 병실의 창문을 모두 열고 병실 문을 잠그도록 한다. 임무 수행 중에 의사나 간호사가 들이닥친다는 것은 당연히 상상하기도 싫은 일이었지만, 임무 수행 후에 병실에 남아 있는 화생방 실험의 증거 또한 적군이 눈치채서는 안 되는 1급 기밀이었기 때문이다.

이 얘기를 마저 하기 전에 한 가지 이참에 택시회사에 감사하고 넘어가야 할 일이 있다. 사고를 낸 택시가 대형 택시 회사 소속이어서 치료비와 입원비 전액을 책임져 준 것은 물론, 피해자인 내가 외국 대기업 관리자라는 것까지 감안하여 한국이었다면 내가 받았을 대우에 버금가는 대우를 해 주느라 나를 1인실에 배치해 주었던 것이다. 사고가 나지 않았던 것만은 못하지만, 그래도 입원 기간 동안 큰 불편 없이 지낼 수 있게 배려해 주었던 것은 감사할 일이었다.

아무튼 퇴원하면 어차피 모르는 남으로 살아 갈 사람들이기는 간호사나 당쓰푸나 마찬가지이긴 했지만, 그래도 아리따운(?) 아가씨들에게 똥과 관련된 이미지로 기억되고 싶지는 않았다. 이성적으로는 그들이 나를 기억할 리 없다는 걸 알지만, 마음은 그랬다. 나를 그렇게 기억하는 사람은 당쓰푸 한 사람만으로도 이미 족했다.

똥 트기에 성공한 지 며칠째 되는 날인지는 기억나지 않지만, 그날도 우리는 성공적으로 일을 마치고 화생방의 흔적이 사라지기를 기다리고 있었다. 쾅쾅쾅, 난데없는 문 두드리는 소리. '간호사가 올 시간은 아닌데?' 우리는 가능한 한 약 먹을 시간, 열 재는 시간, 주사 맞는 시간 등 간호사들이 올 만한 시간은 피해서 화생방 실습을 하고 있었으므로 도적질하다 들킨 사람마냥 긴장해서 서로를 쳐다보았다. 당쓰푸도 이젠 내 스타일을 어느 정도 이해하고 있어서 별것도 아닌 똥 싸는 일로 꽤나 까다롭게 구는 내게 동화되어 있었던 것이다.

별것도 아닌 일? 사실 이런 꼴을 당해 보지 않은 독자들도 이게 '별것도 아닌 일'은 아니라는 데 많이들 공감해 주리라 믿는다. 남 앞에서 엉덩이 내놓고 큰일을 보거나 내 똥 냄새를 다른 사람에게 맡게 한다는 것이 결코 아무렇지 않은 일은 아니지 않은가.

나처럼 팔자 좋은 사람을 제외하고, 나와 같은 사고를 당한 많은 환자들 중 1인실에서 호강할 사람이 몇이나 되겠는가? 그들은 옆 환자가 방귀 뀌는 소리, 똥 누는 소리 그리고 그 후에 필연적으로 전해 오는 향기까지 고스란히 공유하며 한 병실 안에서 동병상련의 참 의미를 온 감각기관을 통해 깨달아 가는 사람들인 것이다.

그런 사람들을 늘 상대해 왔던 당쓰푸나 간호사들 입장에서 보면 나의 짓거리는 배부른 놈의 한가한 투정 그 이상도 이하도 아니었을 것이다. 어쨌든 그날 나는 또 한 가지를 포기해야 했다. 투약할 약이 바뀌어 새 약을 투여하러 온 간호사 앞에서 나는 맥없이 문을 열어 줄 수밖에 없었고 "입원실 문을 잠그는 것은 규정 위반이니 앞으로는 절대로 그러지 마세요"라는 간호사의 엄한(?) 꾸지람 앞에서 새로운 결심을 할 수밖에 없었다.

'그래, 포기하자! 나는 그냥 환자일 뿐이다. 내려놓자. 멋있어 보이려는 생각, 자존심을 지키려는 생각, 그런 쓸데없는 머릿속의 벌레들을 없애고, 그냥 말 잘 듣는 착한 환자가 되자.'

자아를 에고(ego)라고 했던가? 내가 나라고 잘못 알고 있는 지금의 나, 껍데기인 나, 사실은 가짜인 나, 그 '에고'를 내려놓는 것이 참된 나를 발견하는 길이라고 철학자들이 말하는가?

나를 내려놓는다는 것과 남의 눈을 의식하지 않는다는 것, 즉 남에게 잘 보이려고 애쓰지 않는 것 사이에 일맥상통하는 부분이 있을진대 나는 당쓰푸 덕분에 그 철학적 도리에 한 발 접근하게 되었다. 바로 남 앞에서 똥을 싸는 것, 어쩌면 나를 내려놓는 연습법 가운데 가장 효과적인 방법이 아닐까 싶다.

그렇다고 환자도 아닌 사람이 다른 사람 앞에서 그럴 수는 없을 것이고, 그래서 친한 친구들끼리 웃고 떠들 때, 나는 가끔 그런 얘기를 한다. "남 앞에서 방귀를 자연스럽게 뀔 수 있을 때 너는 '참 너'를 찾아가는 첫걸음을 뗀 것이라고."

그랬더니 돌아온 답은 "그건 정신줄 놓은 거지, 이 미친놈아!"

아내와 둘이 같은 병원에서 간병인으로 일하며 살림 밑천을 마련하느라 애썼던 당쓰푸는 내가 퇴원할 무렵 자신도 한 달만 더하고 그동안 모은 돈으로 고향에 돌아가 송아지 한 마리를 사서 소를 키울 계획이라고 했다. 지금쯤 그의 살림이 작은 목장 하나 정도는 운영하는 규모로 커져 있으면 좋으련만…….

잊어버릴 뻔한 얘기가 하나 있다.

퇴원하고 사무실에 돌아가니, 입원 중에도 일주일에 한두 번은 병실로 찾아와 회사에서 벌어진 이런저런 일들을 전해 주던 금용이가 해 준 덕담이다.

큰 재난을 당하고도 죽지 아니하면 반드시 후일 큰 복이 있으리라(大難不死必有後福)!

내가 지금 이렇게 여유 있게 앉아서 글을 쓰고 있는 것도 아마 그때 죽지 않아서가 아닌가 싶다!

이 책이 대박을 치려나?

고마워요, 닥터 민

중국에 조금이라도 관심이 있는 한국 사람치고 북경의 동인당(同仁堂)을 모르는 사람은 그리 흔치 않을 것이다. 수교 초기에 북경에서 사업을 하는 사람이나 여행객 혹은 주재원 중에서 가족이나 친지로부터 동인당에서 우황청심환이나 간에 좋다는 편자황(片子癀)을 사다 달라는 부탁을 한두 번 받아 보지 않았다면 그 사람은 아마도 친지들 사이에서 인정머리가 없는 사람으로 정평이 나 있는 사람일지도 모른다.

그런데 북경에는 동인당 이름을 건 한의원인 동인당 중의의원(同仁堂中醫醫院)도 있다. 이 둘은 한 계열이다. 그런데 북경에는 이 동인당(약국)과 동인당 중의의원(한의원) 외에도 동인(同仁)이란 이름을 쓰는 병원도 있다. 동인의원(同仁醫院)이다. 자칫하면 이 동인당의 유명세를 등에 업은 아류로 오해받을 수도 있겠으나, 사실 동인의원은 앞의 두 기관과는 아무런

동인의원(同仁醫院) 전경

164

관계도 없을뿐더러 그 자체로 북경에서 제일 유명한 안과 전문병원이다. 물론 이비인후과 등 일부 다른 과도 있지만 단연 안과로 정평이 난 병원이다. 이 병원의 안구 정형 전문의 닥터 민(閔)은 내겐 잊을 수 없는 사람 중의 하나이다.

북경 동인당(同仁堂)

어려서 다친 오른쪽 눈이 세월이 지나며 녹내장으로 발전해 몇 번의 수술을 거치고도 안압이 100까지 치솟는 상황을 겪고 나서 결국은 안구를 적출할 수밖에 없는 상황이 되었다. 안압은 글자 그대로 '눈(내부)의 압력'이다. 마흔이 넘은 사람들은 회사의 정기 검진 때나 기타 안과적 검사 때 안압 측정을 하게 된다. 혹시 마흔이 넘고도 안압이 무엇인지도 모르고 안압 측정을 해본 적이 없는 사람이 있다면 여기까지만 읽고 얼른 안과에 가서 검진을 받으시라. 녹내장을 조기에 발견하는 가장 기본적인 검사이다.

아무튼 시력을 잃은 지는 오래된 데다 통증만 주는 눈이라 일찌감치 제거해 버리고 싶었지만, 이런저런 이유로 계속 달고 산 지 20년을 훌쩍 넘기고 있었다.

안압이 22~23만 넘어도 편두통이 일상생활을 방해할 수준이 된다. 30을 넘기 시작하면 웬만한 사람은 통증 때문에 정상적으로 활동하기 힘들다. 그런 안압이 북경 주재원 생활 3년째이던 97년에 무려 100을 넘었다.

안압이 100을 넘어 본 사람은 거의 없겠지만, 의사들은 잘 알 것이다. 그 고통이 어떤 것인지. '통증' 하면 좀 안다는 사람들이 얘기하는 것이 요로결석(신장결석)에서 오는 통증이다. 요로결석의 통증을 의사들은 남자가 경험할 수 있는, 여자의 산통에 버금가는 통증이라 설명한다(물론 여자도 요로결석에 걸리지만). 그 말이 맞다. 애를 낳아 보진 않았지만 미국에서 근무할 때 신장결석에 걸려 봤는데, 정말 많이 아팠다. 의사들은 신장결석 환자가 병원에 들어서면 첫눈에 알아본다. 사지 멀쩡한 성인 남자가 떼굴떼굴 구르고, 소리 지르고, 병원 문을 걷어차고, 의사 멱살을 잡기도 한다. 그래서 산통에 맞먹는다고 하는 거다.

그런데 이 고통보다 더 심한 고통을 안겨 주는 것이 안압이 100을 넘어갔을 때의 통증이다. 눈알이 터질 것 같아 숫제 머리통을 몸에서 떼어 내고 싶을 정도로 고통스럽다.

안압이 100을 넘던 날 북경의 중일병원 응급실로 실려 갔다. 안압이 올라가는 근본 원인은 수정체와 각막에 영양을 공급하는 방수라는 액체가 안구 내부에서 순환하는 과정에서 문제가 생겨 제대로 배출이 안 되기 때문이다. 마치 고무풍선에 계속 바람을 불어 넣는 것처럼 안구에 압력이 증가하게 되며 이런 상태를 안압이 높아졌다고 한다.

병원에 실려 가면서도 '이게 진통제 같은 걸로 해결될 일이 아닐 것 같은데……. 방수가 나갈 구멍은 막혀 있는 상태에서 계속 안에서 방수를 만들어 내면 결국은 터지는 거 아닌가?' 하는 불안감이 엄습했다.

사실 내 눈에는 방수를 안구 밖으로 배출되도록 하는 아메드 밸브(Ahmed valve)라고 하는 아주 미세한 관이 이미 삽입된 상태였는데, 그게 고장이 난 것 같았다. 터질 것 같은 머리통을 부여잡고 병원에 도착한 내게 뜻밖의 처방이 내려졌다. 너무도 간단한 처방이었다.

이뇨제!

생각지도 못한 처방이었다. 이뇨제가 뭔가? 소변이 쉽게 많이 배출되게 하는 약 아닌가? 500cc 정도 되는 이뇨제를 링거 맞듯이 정맥을 통해 체내로 흘려 보낸 지 10분도 채 지나지 않아 놀랍게도 통증은 서서히 줄어들기 시작했다. 대신 참기 힘든 요의가 밀려들기 시작했다.

방금 전까지만 해도 위쪽이 터질 것 같더니, 이젠 아래쪽이 터질 것 같았다. 부랴부랴 화장실을 찾았다. 겨우 100cc나 들어갔을까? 그러나 실제로 나오는 소변의 양은 체내로 들어간 이뇨제 양의 두 배는 될 듯하였다. 500cc 한 병을 다 맞는 데 불과 30~40분밖엔 걸리지 않았다. 그 짧은 시간 동안 화장실을 서너 번 다녀왔고, 내 몸속에 수분은 더 이상 남아 있는 것 같지 않았다. 입술과 입안도 바짝 말라서 말도 하기 어려울 정도였다. 놀라운 것은, 터질 듯이 아프던 눈과 머리가 언제 그랬냐는 듯 씻은 듯이 나았다는 것이다.

인체의 신비!

눈 안에서 생성되고 순환하는 방수가 기껏 해 봐야 얼마나 되겠는가. 고작 몇 cc일 것이다. 안압이 올라가서 견디지 못할 정도가 되는데 얼마만큼의 방수가 더 들어갔을까? 고작 1cc? 그걸 빼내기 위해 몸에 있는 수분이란 수분은 다 빼낸 셈인데, 진통제 한 알 없이 통증의 원인을 제거함으로써 통증을 근본적으로 없앤 것이다. 그렇게 응급 조치가 끝날 무렵 응급실 의사가 호출한 안과 전문의가 도착했다. 젊은 응급실 담당 의사로부터 간단한 설명을 듣고 내 눈을 진찰한 안과 전문의의 결론은 간단했다. "이 눈은 더 이상 가망이 없습니다. 안구 적출만이 앞으로 더 고통받지 않는 방법입니다." 그 말이 서운하기보단 고마웠고, 오히려 시원했다.

사실 이 일이 있기 1년 전 서울의 모 종합병원에서 아메드 밸브를 시술할 당시에도 이번만큼 심하진 않았지만, 안압이 40~50을 넘어가는 바람에 급거 귀국하여 수술을 받게 되었다. 당시 나의 계획은 이미 실명한 지 오래된, 통증만 달고 다니는 이 눈을 빼 버리려는 것이었다. 그러나 서울의 의사들은 한사코 안구 적출을 만류했다.

당시 한 의사가 들려준 이야기다.

"환자분과 똑같은 상태의 눈을 가졌던 70대 환자분이, 그분도 본인이 안구 적출을 희망하셔서 수술을 해 드렸는데, 수술도 잘되고 의안도 잘 만들어져서 의료진들도 흡족해했습니다. 그런데 얼마 지나지 않아 그분이 안과 대신 저희 병원 정신과를 다니시게 됐습니다. 신체의 일부를 상실한다는 것이, 아무리 제 기능을 못하는 것이라 해도, 그리 쉽게 결정하실 일은 아닙니다. 이미 사회 활동을 하지 않는 70대 노인도 그러신데, 30대이신 환자분은 아직은 본인 안구를 살릴 수 있는 데까지 살려서 쓰시는 게 낫습니다."

그들의 만류로 안구 적출을 포기하고 아메드 밸브 삽입 수술을 했다. 1년을 채 못 버티고 결국 이 상황이 되자 오히려 편안한 기분이 들었다. '차라리 잘됐다. 이참에 여기서 빼 버리자. 한국에 가면 의사들 방해로 또 마음이 약해질지 모른다.'

그 자리에서 의사 선생에게 언제 수술할 수 있는지를 물었다. 자기네 병원은 그 방면의 전문이 아니라며 그가 소개해 준 곳이 바로 북경 최고의 안과 전문병원 동인의원이었다. 중국 대도시의 큰 병원에 있는 외국인 전용 병실은 주로 해당 병원의 국제부 소속인데, 지금은 돈만 내면 누구나 사용할 수 있지만, 당시엔 가격도 가격이려니와 규정상 외국인만 입원 가능했다. 비싼 입원실이니 당연히 빈방이 있었고, 비싼 환자라 수술도 바로 이틀 뒤로 잡혔다. 서울에서도 이만한 병실이 있을까 싶을 정도로 넓고 쾌적한 데다 간호사들도 하나같이 친절했다. 1997년의 중국은 이미 그렇게 자본주의화되어 가고 있었다.

안압이 올라갈까 봐 수분 섭취를 극도로 제한받은 데다 안압이 다시 올라갈 때마다 이뇨제를 맞는 바람에 갈증이 심각해지는 불편을 제외하곤 모든 것이 너무나 좋았다. 이제 내일모레면 진짜 장애인이 될 놈이 할 소린 아닌 것 같지만, '살았다!'라는 표현이 꼭 들어맞는, 머리가 터질 것 같던 하루 전의 고통에서 해방된 안도감, 그리고 무엇보다도 지난 20여 년, 특히 최근 2년, 나를 무척이나 괴롭혔던 이 문제 덩어리를 이제 덜어낸다는 일종의 해방감이, 마치 자기 눈이 없어지는 것처럼 발을 동동 구르는 아내의 걱정에도 불구하고 나를 편안하게 '결전'의 시간으로 인도하고 있었다. 내일이면 이제 나는 명실상부한 '애꾸눈 잭'이 된다.

드디어 수술 당일 아침!

회사 상사로부터 수술 잘 받으라는 전화가 왔다. 집사람이 바꿔 준 전화에 대고 감사하단 인사를 하며 "어차피 쓸모도 없는 눈인데, 잘됐죠 뭐……."라고 얘기를 맺으려던 나는 순간 왈칵 솟구치는 눈물을 참을 수가 없었다. 조금도 서운하지 않았는데? 정말 시원하단 생각뿐이었는데? 왜?

이러다 옆에 있던 아내가 수술하지 말자고 할까 봐 가까스로 감정을 추스르고 전화를 끊었다. 그제서야 서울에서 그때 의사가 했던 말이 결코 근거 없는 말은 아니었구나 하는 생각이 들었지만, 그렇다고 수술을 결행하기로 결심한 내 마음에 변화가 생기지는 않았다.

시간이 되자 간호사들이 침대를 가지고 들어왔다. 특실용 내 침대는 너무 커서 수술실 문을 통과할 수 없단다. 이 말의 의미를 정확히 이해하는 데 그리 긴 시간이 걸리진 않았다. 병실을 빠져나간 침대는 국제 병동을 벗어나 울퉁불퉁한 건물 밖 도로를 지나 별도의 건물로 들어서고 있었다.

어? 이거 혹시 다른 병원으로 가나? 어디로 가는지 간호사에게 물었다. 대기실, 입원실, 접수창구 등은 국제 병동과 내국인 병동이 구분되어 있지만 수술동은 기존의 내국인용을 같이 쓴단다. 덜컹거리며 건물 문턱을 넘어선 침대 위의 내 눈에 들어온 것은 나의 국민학교(초등학교) 시절 향수를 자극하기에 충분한 것이었다. 표현을 다분히 긍정적으로 했지만, 실제로는 다소 충격적인 정경이었다. 60~70년대 우리의 공립 국민학교 복도를 떠올리면 딱 맞아떨어지는 그림!

시멘트 바닥에, 바닥부터 허리 높이까지의 벽은 짙은 회색 페인트, 그 위부터 천정까지는 흰 페인트, 그리고 군데군데 칠이 벗겨져 회색빛 시멘트가 드러난 모습까지……

이게 위생을 제일로 여겨야 할 병원 복도가 맞나? 물론 낡은 것이 곧 불결한 것은 아니지만, 인간의 시각은 때로 기억이나 선입견의 영향으로 왜곡된 정보를 뇌에 전달한다. 아니, 시각이 잘못 전달하는 것이 아니라 뇌가 받아들인 객관적 시각 정보를 경험이나 선입견 때문에 왜곡해서 해석한다는 표현이 더 정확할 것이다.

어쨌든, 그렇지 않아도 애써 불안한 마음을 누르고 짐짓 태연함을 가장하고 있던 내게, 그 우중충한 회색 복도는 내 안의 불안과 우려를 충동질하기에 충분한 것이었다.

'아, 이거 잘못했구나!'

수술을 하기로 한 결정이 잘못되었다는 것이 아니라, 수술할 장소로 중국을 선택한 것이 잘못되었다는 말이었다. 바로 몇 달 전 중국의 병원에서 라식 수술을 했다던 친구가 들려준 얘기가 불현듯 떠올랐다. 수술 중에 집도의와 간호사가 수술과는 전혀 무관한 잡담을 하는 것은 물론이고, 전화가 왔다니까 집도의가 수술 도중에 전화를 받으러 나가더라는 것이었다(하긴 우리 의사들도 그러지만, 그땐 의사들은 그러면 안 되는 줄 알았었다).

'그게 왜 이제서야 생각이 나지? 이제 와서 수술 안 하겠다고 할 수도 없고…….'

당연히 의사 입장에선 어려운 수술도 아니었을 것이고, 마취 시간이나 전화에 필요한 시간 등을 계산하지 않았을 리는 없으니 의료사고가 날 상황은 아니었을 것이다. 그러나 남의 손에 들린 칼에 자기 눈을 맡긴 환자의 불안한 마음을 조금이라도 이해한다면, 전신마취 상태도 아닌 말짱한 정신으로 의사만 믿고 있는 환자 앞에서 그럴 수는 없는 것이다.

우려는 현실로 나타났다. 수술실에 들어가자 아까와는 다른 간호사가 들어오더니 다짜고짜 머리에 붕대를 감기 시작했다. 수술할 오른쪽 눈만 남기고 남은 성한 눈과 머리 전체를 미라처럼 동여매는 것 같았다. 붕대를 뚫고 전해 오는 희미한 빛 외엔 아무것도 보이지 않는 신세가 되었다.

수술할 오른쪽 눈꺼풀이 간호사의 손가락에 의해 벌려지는가 싶더니 섬뜩하게 차가운 것이 눈 위에 부어졌다. 익숙한 과산화수소수의 냄새였다. 이 사람에게서 국제병동 간호사들과 같은 서비스 정신을 기대하긴 힘들어 보였다.

한국이었다면 이 단계까지 오는 데 최소한 너덧 마디는 들었을 것이다.

"수술할 눈만 남기고 가릴게요. 좀 답답하시더라도 참으세요."

"오른쪽 눈 뜨세요."

"수술할 눈 소독해 드립니다. 좀 차가울 거예요."

"이제 눈 감으세요. 닦아 드릴게요."

"잠시 누워 계세요. 잠시 후에 의사 선생님 오시면 바로 수술 시작하실 거예요." 등등

이런 설명이 전혀 없이 갑자기 눈에 남의 손이 확 와서 닿고, 차가운 것이 사전 예고도 없이 들이 부어지니 '다음은 뭐지? 혹시, 갑자기 주삿바늘이나 매스가?' 하는 불안한 마음과 함께 심지어 불길한 생각마저 드는 것이었다. 그런 생각도 잠시, 다행히 그 간호사의 역할은 거기까지였고 곧 집도의가 들어왔다.

우려했던 것과 달리 내 수술을 맡아 줄 담당 의사는 세심하고 배려심 있는 친절한 의사였다. 수술 후에도 한두 번 회진 차 병실로 찾아오긴 했지만 그땐 안경을 끼지 않은 상태에서 본 탓에 얼굴을 제대로 보진 못했다. 나중에 수술 경과를 보기 위해 다시 병원을 찾았을 때 비로소 제대로 보았는데, 사십 대 중반쯤의, 부드러우면서도 지적인 모습이었다.

닥터 민!

수술실로 들어온 그녀는 먼저 부드럽게 인사부터 건네고 난 후 조곤조곤 이어지는 몇 마디 설명으로 나를 안심시켰다. 마취는 국소마취로 이루어질 것이며, 눈가의 어느 부위와 어느 부위에 주사를 놓게 될 텐데 좀 아프겠지만 잘 참으실 수 있으리라고 믿는다, 수술은 모두 1시간 정도 걸릴 것이다 등등.

안과 수술을 받아 본 사람은 알겠지만 다른 외과 수술이나 치과 수술과 달리 국소마취를 한다고 하여 통증을 전혀 느끼지 못하는 것이 아니다. 아마도 눈이라는 부위가 그만큼 예민한 부위라서 그런지는 몰라도 그때까지 오른쪽 눈에만 네 번의 수술을 받았던 나는 안과 수술할 때 안구를 뽑아내는 것 같은 불쾌한 통증에 상당히 익숙해 있는 상태였다. 당연히 마음의 준비를 단단히 하고 수술에 임했다.

그런데 웬걸, 수술 내내 그만큼 몸에 힘이 들어가지 않는 편안한(?) 수술은 처음이었다. 물론 그날의 수술이 과거 어느 때의 수술보다도 신경을 덜 건드리는 수술이었을 수도 있겠다. 그러나 후에 간호사에게 들은 얘기지만, 닥터 민은 일주일에도 서너 번씩 그 수술을 한다고 했다. 그도 그럴 것이, 그 큰 중국 땅에 나와 같은 문제를 가진 사람이 얼마나 많겠는가. 그 많은 사람들이 마음의 창이라는 눈을 포기하느냐 마느냐 하는 중차대한 문제를 놓고, 또 포기한다면 어느 병원의 누구에게 맡길 것인가 하는 문제를 놓고 어떤 결정을 할지는 충분히 예측 가능한 일이었다. 중국의 어느 도시에나 훌륭한 병원이 있는 것은 아니다. 그러나 눈은 누구에게나 소중한 것이고, 논밭을 팔아서라도 지키고 싶을 것이다. 당연히 가장 큰 도시의 가장 유명한 병원, 가장 유명한 의사에게 맡기려 하지 않겠는가? 중국에서 안과로 가장 유명한 동인의원의 의사들이 임상경험이 많을 수밖에 없는 이유이다. 비단 안과뿐 아니라 대도시인 북경이나 상해의 유명 병원들은 이러한 이유로 임상경험 면에서는 세계 제일의 수준을 자랑하고 있다. 굳이 통계치를 보지 않아도 유추해 낼 수 있는 사실이다. 인구는 많고 나라는 큰데 지역별 평준화는 이루어지지 않은 나라. 그것이 중국이다. 따라서 어떤 분야에서건 최고를 찾아야만 하는 사람들은 북경이나 상해 같은 대도시를 찾을 수밖에 없고, 이 도시의 전문가들은 각자 그들의 분야에서 세계 최다 수준의 고난도 경험을 가지게 되는 것이다.

글을 쓰면서 궁금해서 검색해 보았더니 닥터 민은 아직도 현직에서 활약 중이었다. 마음 같아서는 한번 찾아뵙고 인사라도 드리고 싶지만, 내가 누군지 기억도 못 할 테니 대신 이 글로 감사의 마음을 전한다.

씨에씨에, 민 따이푸(謝謝, 閔大夫!)

내 눈을 만들어 준
허리창 선생

초등학교 시절엔 주위에 초등학생만 보이더니 중학생이 되고는 또래 중학생만 보이고, 고등학교 땐 고등학생만, 대학생이 되어선 마치 세상엔 대학생들만이 살아 돌아다니는 것처럼 느껴지던 시절이 있었다. 나만이 아니라 사람들은 처한 상황이 같은 사람들에게 더 관심이 가고, 더 공감하게 되고, 또 쉽게 서로를 알아보기도 하는 듯하다.

이번엔 또 무슨 소리를 하려고 뚱딴지같은 얘기로 시작을 하나 하시겠지만, 청소년 시절의 나의 기억은 정말 그랬다. 그리고 한동안은 그 법칙이 또래 사이에만 적용되는 법칙인 줄 알았다.

그러던 것이 녹내장 후유증으로 안구 적출 수술을 받고 나서부터는 어찌 된 일인지 내 주위에 눈이 한쪽밖에 없는 사람들이 부쩍 늘어나기 시작한다는 느낌이 들면서 동류의식의 시작은 나의 관심사에서부터 출발한다는 것을 깨닫게 되었다. 군에 간 아들이 있는 부모의 눈에는 '군인 아저씨'들만 보이고, 임산부의 눈에는 같은 임산부만 보인다고 하지 않던가.

독자 여러분 주위에 눈 한쪽이 보이지 않거나 의안을 하고 있는 사람이 있는가?

아마 찾기 힘들 것이다. 그럼 정말 어느 순간부터 갑자기 내 주위에 의안을 한 사람들이 늘어나기 시작했을까? 그렇지 않다. 내가 그런 상황이 되다 보니 다른 사람들의 눈에 더 관심이 가게 되고, 더 유심히 보게 되고, 예전에는 무심코 지나치던 다른 사람들의 의안이 눈에 띄기 시작한 것이다.

북경의 의안 연구소 허리창(何立强) 선생.

아마, 한쪽 눈이 없는 사람들을 이 분보다 많이 만나는 이는 없을 것이다.

97년, 오랜 세월 나를 괴롭히던 오른쪽 눈을 북경 동인의원 닥터 민의 의술 덕분에 육체적 고통이나 후유증 없이 제거한 후 또 하나의 관문이 나를 기다리고 있었다.

굳이 '육체적'이란 표현을 쓴 이유는, 신체 일부를 상실하는 데서 오는 '정신적', '심리적' 후유증을 최소화해 준 또 한 명의 은인에 대한 얘기를 하기 위해서다.

내 중국 생활에서 빼놓을 수 없는 또 한 사람의 은인, 바로 의안 제작 전문가 허 선생이다.

안구 적출이라고 하면 사람들은 그냥 안구를 빼내기만 하면 되는 것으로 쉽게 생각한다. 물론 의안을 맞출 경제력이 없거나 쿨하게 피터팬의 애꾸눈 선장처럼 지내려면 그렇게 하면 될 것이다. 그러나 의안을 제작해서 최소한 정상인의 눈에 가깝게 보이고 싶은 경우에 안구 적출이란 그리 간단한 수술이 아니다. 바로 안구 정형이라는 특수 영역, 즉 동인의원 닥터 민 같은 이의 전공 분야가 여기에 개입되어야 한다. 의안이란 것이 일반인들이 생각하는 것처럼 상한 안구를 들어내고 그 자리에 유리알 같은 것을 대신 박아 넣는 단순 작업으로 이루어지는 것이 아니기 때문이다. 의안이 어떻게 만들어지는지 대부분 알지 못할 테니 상식을 하나 늘리는 차원에서 재미 삼아 들어 보시기 바란다.

일단 안구를 적출한다. 그리고 그 빈자리에 안구 크기와 거의 유사한, 산호초의 표면처럼 거칠거칠한 구슬을 대신 넣고, 본래 안구 주위에 있던 근육들, 즉 살을 끌어와 그것을 감싼다. 마치 찐빵 만들 때 얇게 편 밀가루 반죽 위에 단팥소를 동그랗게 올려놓고 그 주위의 밀가루 반죽을 끌어와 단팥소를 동그랗게 감싸는 것처럼 말이다. 그러면 그 구슬은 살에 가려 보이지 않고, 눈동자가 있어야 할 자리에 연붉은 살만 보이게 된다.

이제 남은 일은 그 살 속에 가린 산호 같은 구슬과 그것을 둘러싼 근육들이 완전히 서로 밀착되고 심지어 구슬의 내면 작은 구멍들 속에 모세혈관까지 자라서, 산호 구슬이 신체의 일부가 되기를 한 달 이상 기다리는 것이다.

그 과정이 지나면 눈꺼풀 안쪽에서 산호 구슬을 싸고 있는 그 분홍빛 살갗 위에 곡면체의 동그란 콘택트렌즈 같은 것을 덧끼운다. 딱히 마땅한 표현이 없어서 렌즈라는 표현을 썼지만, 렌즈처럼 갖다 끼운다는 의미일 뿐 그것을 통해 사물을 본다는 얘기는 당연히 아니고, 투명하지도 않다. 플라스틱 같기도 하고 사기 조각 같기도 한 매끌매끌한

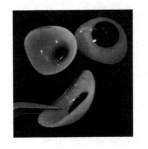

곡면체 표면 위에 눈동자를 정교하게 그려 넣은 것이다.

왼쪽 사진이 외부에서 보았을 때 드러나는 의안인데, 좀 더 정확하게 말하면 앞서 얘기한 인공 구슬과 이 렌즈가 합해져서 의안 구실을 하는 것이다. 아무튼 이 의안의 신체 내부 부분은 동인의원에서 닥터 민이 수술을 통해 완성해 주었고, 외부에서 보이는 눈동자 부분은 허리창이란 분이 만들어 주었다.

의안 제작 분야에서 이 양반만 한 전문가는 없을 것이라고 자신 있게 얘기할 수 있다. 바로 앞서 얘기한 닥터 민의 경우처럼 엄청난 경험 때문이다. 처음 수술을 하고 첫 의안을 맞출 때는 아무 지식도, 경험도 없는 데다 북경에 살고 있을 때였으므로 한국이란 선택지는 생각도 하지 않고 닥터 민이 소개해 준 허리창 선생의 의안 제작소를 찾아갔다.

20여 년이 지난 지금은 '허리창 의안 제작 연구소'라는 공식 이름을 쓰는 것 같은데, 당시엔 간판도 없는 허름한 무허가 사무실 같은 곳이었다. 물어물어 찾아간 북경시 왕츠마후퉁(汪芝麻胡同) 52호의 제작소는, 직원이라고는 소장이라 불러야 할지, 아저씨라 불러야 할지 헷갈리는 허 선생 본인과 완성 단계의 의안에 유약을 바르고 광을 내는 조수 일을 하는 그의 부인밖엔 없었다.

사무실 내부엔 의안을 제작하는 그의 작업용 책상 – 책상이라고 불리는 것이 테이블이라고 불리는 것보단 훨씬 어울리는 초등학교 시절 담임 선생님의 책상 같은 분위기의 – 이 하나 있었는데, 그 위에는 온갖 안료와 반쯤 완성된 혹은 이미 완성된 의안들이 여기저기 널려 있었고, 그 책상에서 서너 걸음 떨어진 곳에는 순서를 기다리는 환자들의 모습이 보였다. 10평도 채 되지 않는 공간의 한쪽 구석은 허 선생의 작업 공간이고 출입문을 제외한 나머지 두 벽면은 환자들의 대기 공간인 셈이었다.

사용한 지 족히 10년은 넘어 보이는 허름한 소파 하나와 간이식 접이의자 몇 개가 두 벽면을 차지하고 있었고, 내가 의안을 맞추기 위해 너댓 번이나 그 사무실을 방문하는 동안 그 자리들이 비어 있은 적은 한 번도 없었다. 개중에는 북경 사람들도 있었지만, 절반 이상은 멀리 타지에서 열차를 타고 20시간 이상을 달려와 인근 여관에 숙소를 정하고 의안 작업이 끝나기까지 근 열흘을 북경에서 머무는 외지 사람들이었다. 인터넷도 그리 활발하지 않던 90년대 중후반의 중국에서 허리창 선생의 실력은 입소문을 타고 그렇게 중국 전역으로 퍼져 나갔던 모양이다.

의안을 맞추어 보지 않은 사람은, 그리고 다른 곳에서도 맞추어 보고 비교해 보지 않은 사람은, 무엇이 이 사람을 그리 유명하게 만들었고, 왜 사람들이 수천 리 길을 마다하지 않고 이 양반을 찾아오는지 이해할 수 없을 것이다. 특히 한국의 의안 제작소들의 경우 반나절, 짧게는 몇 시간이면 만드는 의안을, 대여섯 번의 공정으로 나누어서 총 열흘에 가까운 시간을 환자들을 기다리게 하는 이 불친절한 시스템에 대해 불평 한마디 없이 말이다. 내가 짐작하는 바로는 이유는 결국 실력, 즉 의안의 품질과 인지도 때문이 아닐까 한다.

이곳에 가면 제일 먼저 눈에 들어오는 것이 몇 평 되지도 않는 좁은 벽면을 빼곡히 장식하고 있는 '비로도 걸개'들이다. 무슨 말인지 얼른 감이 오지 않겠지만, 이 표현을 쓰는 나조차도 이게 말이 되나 싶긴 하다. 주 재질이 비로도 천으로 된 '벽걸이'이니, 비로도 걸개란 표현이 그리 틀린 표현은 아닐 것 같은데, 벨벳이니 우단이니 하는 조금은 더 세련된(?) 단어를 쓰지 않은 것은 그 걸개가 주는 느낌이 딱 비로도라는 표현에 맞는 느낌이었기 때문이다. 허 선생이나 선물한 분들에겐 미안한 얘기지만, 촌스럽단 얘기다.

폭은 대략 50~70센티미터, 길이는 150~170센티미터 정도의 직사각형 붉은색 비로도 천 주위를 금술로 장식하고, 천 위에는 금색 혹은 노란색 실로 각종 감사와 칭송의 문구를 수로 새겨 넣은 일종의 벽걸이형 감사패인데, 그 좁은 공간에 족히 열 개는 걸려 있었다. 공간이 부족해 그 정도만 걸었지, 실제로 그 집 창고에는 오래된 감사용 걸개들이 지천으로 쌓여 있을 거라 믿어 의심치 않는다.

그렇게 믿는 이유는 나같이 도시물에 씻길 대로 씻긴 사람조차도 촌스러울지언정 감사패 하나 정도 만들어 드리고 싶다는 생각이 들 정도로 그의 솜씨가 뛰어났기 때문이다. 안구를 적출하기로 결심하고 앞으로 평생 의안을 하고 살아야 한다는 사실을 받아들였을 때 외모에 대해서는 어느 정도 체념했었다. 심지어 검은색 안대를 하고 시크하게 남은 삶을 살아 볼까 하는 생각도 했다. 그러나 허 선생으로부터 완성된 의안을 받아 끼우고 거울을 처음 본 순간, 나는 진심으로 탄복하지 않을 수 없었다.

그러한 탄복은 세월이 지나면서 더해졌다. 한국의 의안 제작소들에 대해서도 어느 정도 정보가 생기면서 어쩌면 한국의 것이 더 나을 수도 있지 않겠나 하는 호기심과 여분의 것도 만들어 두고 싶다는 생각에 미국으로 발령받기 전 몇 개월 서울 본사에 근무하는 동안 서울의 의안 제작소 몇 곳을 찾은 결과였다. 찾아갔던 곳들 중 두 곳에서는 실제로 맞추어 보기도 했지만, 그럴듯하긴 하나 정교함과 착용감에서 허선생의 것을 따라가기에는 상당히 무리가 있었다.

제작 시간, 제작소의 제반 환경이나 서비스 면에서는 한국의 제작소들에게 훨씬 후한 점수를 주겠지만, 평생을 달고 살아야 하는 내 몸의 일부라는 점을 감안할 때 허 선생의 제작소에서 보내야 하는 일견 불필요해 보이기도 하는 긴 제작 시간과 불편함은 충분히 감내할 만한 것이었다.

허 선생 이외의 선택지가 있는 나의 입장에서도 그러할진대 중국 외에 다른 나라의 제품은 엄두도 낼 수 없는 절대다수의 중국 환자들 입장에서는 허 선생은 평생의 은인일 수도 있겠다 싶었다. 지금은 입에서 입으로 전해지며 자연스레 실력이 알려지고 그에 상응하는 인지도도 형성되었지만, 광고 매체도 그리 발달하지 않았던 초창기에는 어떻게 대중에게 본인이 제작하는 의안의 우수함을 알릴 수 있었을까?

이 질문에 대한 대답은, 우리 입장에서는 가슴 아픈 얘기지만, 6.25 전쟁과 직접 연관이 있었다. 그 많은 감사용 벽걸이들 중에 유독 눈에 띄는 것 하나가 모택동 주석으로부터 허 선생의 아버지에게 내려진 감사 휘장이었는데, 그 문구가 다 기억나지는 않지만 대략적인 내용은 '위대한 항미원조전쟁(抗美援朝戰爭: 중국에서는 6.25전쟁을 조선, 즉 북한을 도와 미국에 대항해 싸운 전쟁이란 뜻에서 항미원조전쟁이라 부른다)에서 조국을 위해 자신을 희생한, 안구를 잃은 상이용사들에게 새로운 삶의 희망을 준 허 ○○ 선생의 공로를 치하한다는 내용이었다.

중국인들에게는 신과 같은 모 주석이 인정하고 치하한 장인, 그리고 대를 이어 내려오는 기술, 이것이 허 선생 부자를 일약 전국적 스타(?)로 만들어 준 인지도의 시발점이었다. 지금이야 중국에도 이곳저곳에 의안 제작소들이 많아졌지만, 당시에는 유일하고 독보적이었던 그와 그의 아버지의 제작소가 중국 방방곡곡에서 온 환자들로 문전성시를 이룬 것은 너무도 당연한 현상이었을 것이다. 덕분에 자연스레 임상 경험이 축적되어 부자의 기술은 일취월장했을 것이다.

이렇게 나의 삶에서 중요한 한 시점에 잊을 수 없는 도움을 준 닥터 민과 허 선생 두 은인은 본인들의 타고난 재능과 노력 위에 10억이 넘는 인구, 즉 무제한에 가까운 임상경험의 기회라는 프리미엄이 더해져 탄생한 성공 케이스라 하겠다. 아무튼 나를 비롯해 많은 사람들에게 새 삶을 선사해 준 두 분에게 감사할 따름이다. 내가 좀 유명한 인물이 되었더라면 두 분에게 '비로도 걸개'라도 하나씩 선물할 수 있었을 텐데…….

코로나가 잠잠해지면 허 선생을 다시 찾아가 이제 제작한 지 20년이 넘어 의안 무게로 처지기 시작한 눈꼬리를 커버할 새 의안이나 하나 맞추어야겠다.

심장 속에 남는 사람

몇 년 전까지만 하더라도 북경이나 상해를 여행하는 한국 사람들의 관광 코스에서 빠지지 않는 곳 중의 하나가 북한 식당이었다.

식당이 단순히 끼니를 해결하기 위해 들리는 장소의 의미를 넘어서 관광명소(?)로 자리매김을 했다는 것은 무언가가 있다는 얘기인데, 세계적으로 유명한 요리를 파는 것도 아닌 북한 식당의 매력은 무엇이었을까?

우선 신비감과 희소가치 그리고 정통성(?)을 꼽을 수 있겠다. 즉, 베일에 가려진 나라의 식당이라는 점이 호기심을 자극하고, 흔히 보기 어려우므로 희소가치가 있고, 100% 북한 사람이 주방과 경영을 맡는다는 점에서 정통성이 있다고 볼 수 있을 것이다.

희소가치 면에서는 독보적인 식당이니 음식은 차치하고라도 '그 동네 사람들은 어떻게 생겼나? 어떤 말씨를 쓰고 어떤 옷을 입고 있나?' 하는 것만으로도 궁금증을 불러일으키기에는 충분했다. 그리고 북한 식당은 100% 북한 사람이 주인이고 주방장이었다. 그것도 평양에서 정부의 허가하에 파견 나온 사장과 주방장 그리고 심지어 종업원들까지 모두가 주재원 신분이고, 평균 4년 정도로 파견 기간이 정해져 있었다.

또 한 가지 이유, 어쩌면 이게 더 큰 이유인지도 모르겠는데, 북한 식당에서 근무하는 복무원들, 즉 종업원들은 모두 재색을 겸비한 젊은 여성들이다. 재색을 겸비했다는 말이 전혀 과장이 아닌 것이 이들은 모두 최소한 한 가지 이상의 악기를 거의 전문가 수준으로 다룬다. 고 전무용을 전공했거나 성악을 전공한 이들도 있어서 최근에 북한식 걸 그룹이라며 유명세를 탔던 모란봉악단이 무색할 정도의 종합 공연 실력을 자랑한다.

해외판 모란봉악단이라 할 만한 이 미녀군단, 아니 미녀분대가 매일 저녁 손님들이 어느 정도 자리를 잡았을 만한 7시경부터 30분 또는 40분가량 공연을 하는데, 자주 봐도 질리지 않을 만큼 레퍼토리도 다양하다. 전자 바이올린, 전자 기타, 드럼, 아코디언, 전자 오르간, 색소폰에 심지어 트롬본까지 동원하는 식당도 있다.

바로 이들이 현지에 있는 중국이나 한국 손님 외에 멀리 한국에서 온 관광객들까지 사로잡는 진짜 비결이라 해도 과언은 아니다. 이제는 우리에게도 익숙한 '반갑스웁네다~ 반갑스웁네다~'라든지 듣기에도 살벌한 '심장 속에 남는 이 있네~' 등이 바로 이들 식당에서부터 유행한 노래들이다.

내가 처음 북경 근무를 시작한 90년대 초중반만 해도 북한 사람을 만나는 것 자체가 국가보안법에 저촉되는 것은 아닌가 하는 의구심을 가지던 때였다. 따라서 북한 식당을 간다는 것 자체가 조심성 많은 사람들에게는 꽤 신경이 쓰이던 시절이었다.

물론 한번 가고 나면 그다음부턴 관성이 생기는 법이라 두 번째에도 벌벌 떠는 사람은 없지만, 북한 식당 같은 특수한 공간을 제외하고 일상에서 북한 사람을 만난다는 것은 북경 하늘에서 별 보기보다도 어렵다 보니 식당 자체가 호기심의 대상이고 시쳇말로 구경거리가 되던 시절이었다.

물론 지금도 북한 관련 사업을 하거나 기업의 북한 관련 부서에서 일하지 않는 한 일반인이 북한 사람과 마주칠 일은 거의 없지만, 북경에 가기 전까지 내가 만나 본 이북 사람은 일사 후퇴 때 피난 오신 부모님을 비롯한 친척 친지들과 실향민들이 전부였다. 그리고 통일이 되기 전에 진짜 북한 사람을 만나 볼 수 있을 것이라고는 상상도 해 본 적이 없었다.

그도 그럴 것이 1980년대만 해도 북한 사람이란 혹시 일본 같은 데 관광을 가서 마주치더라고 말도 섞어서는 안 되고, 같이 사진이라도 찍었다가는 바로 중앙정보부로 불려가게 되는 그런 불가친의 존재였다. 그 시절에는 해외에 나가려면 의무적으로 '소양교육'이란 것을 받아야 했다. 일종의 '해외 여행자 행동 지침 교육' 같은 것이었다. 한국인으로서의 품위를 갖추는 데 필요한 이문화 교육도 있었지만, 많은 부분이 반공 교육과 해외에서 북한 사람과 마주쳤을 때의 행동 요령으로 채워져 있었다.

그로부터 14년, 강산이 한 번 반 정도 바뀔 시간이 흐른 후, 나는 한때 중공이라 불렸고, 이제 막 여행 금지국에서 허가국을 거쳐 수교국으로 외교적 위상이 바뀐 중국의 수도 북경에서 '적성국' 북한의 식당 문을 들어서고 있었다.

그 무렵 한국의 어느 주간지에서 북한 식당을 소개하면서 종업원들이 특수 훈련을 받은 요원급 무술 실력을 갖고 있으며, 개중에는 사격 선수권대회 입상자도 있다는 등 무시무시한 기사를 내보낸 적이 있었다. 약간은 께름칙한 기분으로 찾은 북한 식당은 그리 산뜻하지도 눈에 띄지도 않는 간판에 70~80년대 우리네 동네 국밥집 입구를 연상케 하는 입구 등 내 머릿속에서 상상하던 북한다운 이미지에 딱 맞는 모습이었다.

류경식당.

나보다 한 발 앞서 북경으로 나간 대학 동기의 안내로 찾은 내 인생의 첫 번째 북한 식당이자 처음으로 '진짜' 북한 사람들을 만나게 해준 곳이었다(당시의 사진이 없는 것이 실로 유감이다).

그들은 65년 전에 삼팔선 너머에서 미군의 LST 상륙정을 타고 건너온 실향민이 아닌, 현재의 북한, 정확하게는 조선 민주주의 인민공화국에서 막 건너온 따끈따끈한 이북 사람들이었다.

그날 먹은 다른 음식과 다른 사람들은 기억이 나지 않지만, 세 가지 음식과 한 여성 복무원만은 또렷하게 기억이 난다. 개장국, 명태식혜, 평양랭면 그리고 사 동무!

어린 시절 어른들이 보신탕을 개장국이라 부르던 시절이 있었다. 개장국이란 이름이 너무 직접적으로 재료를 연상시킨다 하여 보신탕이라 불리다가 나중에는 영양탕이라는 이름도 생겨났지만, 시간의 흐름이 멈춘 듯 류경식당에서는 개장국이란 이름을 그대로 쓰고 있었다.

요즘은 보신탕 먹는 사람이 야만인이 된 지 오래지만, 아무튼 이름에서 느껴지는, 어린 시절 아버지를 따라 식당에 가서 먹어 보았던 구수한(?) 맛은 아니었다. 나쁘다는 얘기가 아니라 달랐다는 얘기다.

명태식혜, 요즘 많은 식당에서 후식으로 나오는 식혜를 생각하고 있는 분들은 앞에 붙은 명태가 무슨 소린지 의아할 것이다. 이북에서 식혜는 마시는 음료가 아니다. 일종의 무김치라고 할까? 무채를 맥도날드 프렌치프라이 굵기 정도로 썬 후에 익힌 좁쌀과 명태(혹은 가자미)를 다섯 등분한 정도 크기로 툭툭 잘라 함께 넣고 고추 마늘 등 갖은양념을 하여 버무린 후 김치처럼 발효를 시키는데, 명태나 가자미가 입안에서 살살 녹을 정도로 잘 삭혀서 밥반찬으로 먹는다.

무김치라 했는데, 사실 어린 시절에는 삭힌 생선의 깊은 맛을 즐길 줄을 몰라 식혜에서 무만 건져 먹었고, 어른들은 서로 가자미를 양보하느라 바빴었다. 다들 어려웠던 시절, 식혜에 생선보다는 무가 훨씬 많고 식혜 한 보시기에서 가자미 한두 덩어리 건지기가 쉬운 일은 아니었다. 할머니, 아버지, 어머니 세 분에게 다 한 덩어리씩 돌아가기는 쉽지 않다 보니 "에미야, 니가 먹어라", "아니에요, 어머니 드세요" 하는 얘기는 식혜를 먹을 때면 반주처럼 나오는 대사였다. 아마 어른들 눈엔 생선 맛을 모르는 아이들이 유독 예뻐 보였을지도 모를 일이다. 나이가 들어 발효 생선의 맛을 알고 난 후에야 식혜의 진수는 바로 생선에 있음을 알게 되었다.

김장김치에 조기나 가자미 혹은 굴 같은 해산물이 들어가면 그냥 젓국만 넣어 만든 것과는 비할 수 없는 맛이 난다는 사실을 아는 사람이면 대

략 어떤 느낌의 맛인지 감이 잡힐 것이다.

세월이 흐르면서 만드는 방법들에 조금씩 차이가 생겼는지……. 어머니가 해 주시던 것이나, 속초에서 함경도 출신 실향민들이 만들어서 전국 각지로 배송해 파는 남한의 식혜에 비해 좁쌀이 덜 들어가 색깔은 주황색이 아닌 빨간색에 가까웠고, 무는 프렌치프라이 모양이 아니라 얇게 저민 모양이었다.

그리고 한국의 실향민들이 가자미식혜를 주로 담그는 데 비해 당시 북한 식당에서는 가자미식혜는 없고, 동태(명태도 아닌)식혜를 팔고 있었다.

사전에서 식혜를 찾으면 식해(食醢)의 비표준어라고 나온다. 사투리라는 말이다. 그러나 나는 식혜를 고집하련다. 그것은 함경도 음식이니 함경도 발음으로 읽는 것이 가장 그 맛을 정확하게 떠올릴 수 있는 이름이리라는 내 나름의 고집이다.

사진: 바이두

그리고 평양랭면!

내 매제가 조카들을 앉혀 놓고 하던 아재 개그 중에 안동국시와 안동국수의 차이에 대한 얘기가 있었다. 아마 독자들께선 밀가리로 만든 건 안동국시, 밀가루로 만든 건 안동국수라고 답하고 싶겠지만, 매제의 입에서 나온 대답은 "안동국수를 안동에서 먹으면 안동국시, 타지방에서 먹으면 안동국수"였다. 그땐 웃었지만 정말 옳은 말이다.

비슷한 논리로 북한 식당에서 평양 주방장이 만든 냉면은 평양랭면, 한국에서 한국 주방장이 만든 냉면은 평양냉면이라 불러야 할 것이다.

봉피양, 우래옥, 을밀대, 을지면옥, 평가옥, 평양면옥 등등(가나다순) 수많은 내로라하는 평양냉면집들이 있지만, 그곳에서 먹는 냉면의 이름은 '평양랭면'일 수가 없다. 심지어 탈북 가수 김용 씨가 열었던 모란각의 메뉴에서도 이름은 '평양 메밀냉면'이었다. 아마도 그가 이미 대한민국 국민이 되었기 때문일까?

마지막으로, 가장 강렬한 인상으로 기억에 남는 것은 사 동무와의 첫 대면이었다. 실로 처음 상대해 보는 북한 사람, 그것도 젊은 여성. 미인이라기보다는 당차고 똘똘하게 그리고 깔끔하게 생긴, 그리 크지 않은 키에 20대 중반 정도로 보였던 사 동무는 사미자 씨 외에 주위에 사 씨를 알지 못하는 내게는 이래저래 신기한 인물이었다.

나중에 북한 식당들을 많이 다녀 보고 나서 알게 된 거지만 사 동무뿐이 아니라 평양 여성들의 말솜씨는 아재 농담밖에 할 줄 모르는 웬만한 남자 손님들이 농이라도 걸어 보려고 덤볐다가는 본전도 못 건지는 당찬 수준들이었으나 말씨 자체는 의외로 다분히 여성스럽고 나긋나긋했다. 같은 평양 말씨임에도 쌈닭 같은 조선 중앙TV 여성 아나운서의 말투만 들어 본 분들에겐 천상의 소리라고나 할까.

그럼에도 불구하고 처음 접하는 북한 여성인 사 동무의 당찬 말투는 한국 드라마나 서울의 여느 아파트 현관에서 종종 마주하게 되는 조숙한 초등학교 여학생의 당돌함 같은 느낌이었다.

그날 사 동무와의 대화 가운데 한 가지 기억에 남아 있는 장면이 있다. 일행 중 누군가가 농담이랍시고 "우리 여기서 밥 먹다가 북조선에 납치되는 거 아닙네까?"라고 이북 사투리를 흉내 내며 물었다가 "사내대장부가 길케 겁이 많아서 어카갔습네까?"라고 핀잔 아닌 핀잔을 들었던 기억이다.

외국에 나와 있는 북한 식당의 종업원들은 출신 성분 좋고 외모 출중하며 두뇌 명석하고 특기도 갖고 있는, 그 사회에서는 엘리트 계층에 속하는 젊은이들이라, 식당의 단순 종업원 역할을 하기에는 요즘 말로 초과 스펙인 사람들이다.

그들이 손님과의 대화에서 조금도 밀리지 않고 당찰 수 있는 것은 그들이 명석하기 때문이기도 하겠지만, 가난하다고 자존심까지 밀릴 수는 없다는 일종의 오기(?) 그리고 태어나면서부터 받아 온 훈련의 덕분이 아닐까 싶다.

그런데 정작 이 사 동무가 나를 정말 놀래킨 사연은, 노래 한 곡을 청한 짓궂은(?) 우리 일행의 요청에 너무나도 당연한 요구라는 듯이 "힘들 꺼이 뭐이 있갔습네까?"라는 한마디에 이어 성악 전공자 뺨치는 수준의 가창력으로 노래 한 곡을 완창했다는 것이다.

나중에 안 일이지만, 처음 간 나를 제외한 다른 친구들은 이미 류경 식당의 복무원들이 손님들의 노래 요청에 성실히 응대한다는 사실, 그리고 그 점이 바로 이 식당을 유명하게 만드는 요인 중의 하나임을 알고 있었다는 것이다. 나만 괜스레 노래를 청하는 친구를 황망히 막아서며 "무슨 그런 무례한 부탁을 하느냐"고 호들갑을 떨었으니 사 동무가 보기엔 그 친구가 짓궂은 게 아니라 자기네 식당의 홍보 프로그램을 방해하는 내가 더 짓궂다고 생각했을 수도 있었을 것이다.

그날 사 동무가 불렀던 노래가 바로 '심장 속에 남는 이 있네'였다.

인생의 길에 상봉과 리별,

그 얼마나 많으랴,

헤어진대도 헤어진대도,

심장 속에 남는 이 있네,

아~ 아~ 그런 사람, 나는 못 잊어

심장에 남는 사람(악보 출처: 네이버)

정말로 심장 속에 남는 노래요, 심장 속에 남는 가사였다!

그날 이후 나는 가끔 류경식당을 들러 사 동무뿐 아니라 그 식당의 다른 복무원 동무들의 노래 실력도 보통이 아님을 확인하곤 했다.

이 류경식당의 사 동무 같은 친구들이 서두에 얘기한 해외판 모란봉악단의 시조가 아니었나 생각되는데, 류경식당을 시작으로 북한 식당에 재미를 붙인 나는 미국으로 발령받기 전인 2001년까지 평양관, 해당화, 옥류관 등등 많은 북한 식당들을 발굴(?)해 내며 이북 출신인 부모님을 대신해 고향의 맛을 순례했었다.

내 기억엔 내가 미국으로 떠나기 전, 이들 북한 식당에서 복무원들이 개인별로 들려주던 노래 외에 딱히 공연이란 걸 보았던 기억이 없다. 있었다 한들 별로 강렬하게 기억에 남는 것이 없는데, 미국 근무를 마치고 돌아온 2008년 겨울, 동료들과 함께 찾아간 북경의 북한 식당 대성산관에서의 기억은 90년대 중반 류경식당의 사 동무가 남겨준 강렬한 인상만큼이나 심장 속에 남는 것이었다.

평양의 옥류관 본점에서 파견 나온 직원들로 구성된 복무원 그룹은 실로 해외판 모란봉악단이라 할 만했다. 10년의 세월이 지나는 동안 사 동무의 소박했던 '심장 속에 남는 이 있네'의 솔로 무대는 이미 모란봉악단의 수준으로 성장해 있었다.

서두에 언급했던 북한 식당의 걸그룹 어쩌고 했던 얘기의 모델들이 바로 이 대성산관의 복무원들인데, 전자 바이올린으로 '백만 송이 장미'와 '지고이네르바이젠'을 멋들어지게 연주하던 지 동무와 10여 년 전의 사 동무 뺨치게 노래를 잘하던 팀장 동무, 그리고 현대무용과 고전무용을 두루 섭렵했던 수줍음 많던 박 동무 등등, 그들을 통해 나는 동무와 동지의 차이도 알게 되었다.

중국에서는 특별히 호칭이 마땅치 않을 때 '선생'이나 '아저씨', '아주머니' 대신 '동지'라는 호칭을 쓰던 시절이 있었다. 북한에서의 동지는 전혀 다른 의미이다. 자기보다 높은 사람 혹은 연장자를 부를 때 쓰는 존칭으로, 이름이나 성 혹은 직책 뒤에 붙여서 존경을 나타낸다. 이를테면, 철수 동지, 김 동지, 박 부장 동지, 이런 식이다. 그럼 동무는 무엇인가? 동년배끼리 혹은 아랫사람을 부를 때 성이나 이름 뒤에 붙여서 친근함을 나타내는 호칭이다.

북한 식당의 복무원들은 일반적으로 상의 가슴팍 한쪽에는 인공기 배지를 다른 한쪽에는 명찰을 다는데, 자주 가는 단골손님들은 그 이름을 알아 두었다가 복무원들의 이름이나 성을 부른다. 바로 그때 동무를 붙여서 '박 동무' 혹은 '영희 동무' 라고 부른다는 얘기고, 그러면 자주 가는 단골손님의 경우 그들은 손님들을 '철수 동지', '영수 동지' 혹은 좀 덜 친하면 '이 부장 동지' 하는 식으로 부른다.

재밌었던 것은, 연상이 아니더라도 직급이 높으면 동지라고 불렀다. 앞서 얘기한 노래 잘하는 팀장 동무는 복무원 중 나이가 제일 어렸는

데도 팀장을 맡고 있었고, 다른 복무원들은 그녀를 부를 때 팀장 동지라고 불렀다.

대성산관 외에도 규모로는 그보다 몇 배는 되는 해당화나 옥류관 등이 있었고 공연도 비슷했지만, 내 기준으로는 대성산관이 공연이나 복무원의 수준으로는 제일이었다

북경뿐 아니라 상해, 연길 등 북한 식당이 있는 도시는 꽤 있었지만, 내게 있어서 추억의 북한 식당들이란 이렇게 모두 북경에 있는 것들이었다. 그도 그럴 것이 내가 상해로 발령받아 북경을 뜬 것이 2010년 여름이니, 그때쯤엔 북한 식당에 가는 것이 더 이상의 탐험도 아닐뿐더러 별다른 호기심도 남아 있지 않을 만큼 북한 식당은 중국에 사는 한국 사람들에게 익숙한 것이 되어 있었다. 그러다 보니 상해로 이사를 온 후론 '상해의 북한 식당은 어떤가?' 정도의 호기심만 채우고 난 후엔 별로 더 가게 되지를 않았다.

얼마 전 북경을 다니러 간 김에 예전의 대성산관 생각이 나서 들렀더니 아예 식당 자체가 없어져 버려 의아한 마음에 북경에 사는 친구에게 전화해서 어찌 된 일인지를 물었다. 이 식당뿐 아니라 북경 시내에서 북한이 직접 경영하던 북한 식당은 모두 문을 닫고 복무원들도 다 평양으로 돌아갔다는 대답이 돌아왔다! 그랬구나……. 그런데 왜 내가 그걸 몰랐을까? 북경에 계속 있으면서 간혹 북한 식당을 찾았더라면, 굳이 북한 관련 뉴스를 보지 않더라도 피부로 느끼는 변화였을 텐데…….

사실 지난 몇 년 간 대북 제재 관련 소식이 꽤 자주 보도되었고, 해외에 있는 북한 식당들의 운영난 얘기도 한동안 꽤 뉴스거리가 되었

다. 그런데도 북한 식당 가는 일이 뜸하다 못해 연례행사가 되어 버린 나에게 그 뉴스는 그저 귓등으로 흘려듣는 해외 토픽 같은 것에 불과했었나 보다. 부모님이 이북 출신인 내게 북경 생활 초창기 타향살이에 위로가 되어 주었던 그들에게 자못 미안한 일이 아닐 수 없다.

상해로 돌아온 지 일주일쯤 지났을까? 그냥 지나치기엔 너무 궁금해서 바이두도 검색하고 식당 찾기 앱도 뒤져 가며 북한 식당의 흔적을 찾았다. 가장 유명하던 청류관이나 건국호텔 내의 평양옥류관 등은 이미 흔적을 찾을 수 없었고, 10년 전 상해에 막 왔을 때 한두 번 찾았다가 맛에 실망하고 분위기에 실망하고 복무원에 실망해서 더는 찾지 않았던 ○○평양관이 아직도 영업을 하고 있었다. 이 식당은 본래 중국과 합작한 곳으로 알려져 있었고, 그래서 간판의 왼쪽에는 '○○평양관' 오른쪽에는 '○○탕관'이라고 써 놓고 음식도 북한식과 중국식을 함께 제공했었다.

중국과의 합작이니 아직 살아 있나 보다 생각하고 시간을 내어 일부러 다시 찾았다. 결과는 다분히 만족스러웠다. 10년 가까운 세월 동안 음식도 다른 북한 식당과 비슷한 수준으로 올라와 있었고, 공연도 그만하면 처음 오는 관광객 입장에서는 들를 만한 수준이 되어 있었다.

실제로 내가 찾아간 날 저녁에는 중국 사람들의 대접을 받는 듯한 한국 손님들(일견하여 상해에 사는 한국 사람은 아니고 관광이나 사업차 들른 행색이었다)과 한국 사람끼리 찾아온 10명 안팎의 손님이 두 팀 있었고, 나머지는 모두 중국 손님들이었다. 재밌었던 것은, 그동안 북한 식당들이 현지화에 성공하면서 현지 중국 손님들이 많아져서인지, 그렇지 않으면 이 식당이 중국과의 합작이라 중국 음식도 제공하는 것과 같은 맥락에서인지는 모르겠으나, 공연 내용 중에 중국 노래가 여러 곡 들어 있었고, 진행을 맡은 여성 복무원이 시작과 마지막 멘트에서 우리말과 중국어를 번갈아 사용했다는 것이다.

복무원 한 명에게 물었다. "이 식당의 사장님은 중국분인가요?" 내 질문에 복무원은 뭔가 어색한 태도로 그렇다고 대답을 하면서도 마치 내가 자기네 식당을 사이비로 오해라도 할까 염려하는 듯 "사장님만 중국분이고 주방이나 저희 복무원들은 모두 평양에서 온 사람들입니다."라는 설명을 다는 것을 잊지 않았다. 평양 특유의, 단어 첫 음절에 강세가 들어가는 말씨, 조선족들과는 다른 억양이나 대답하는 품새로 미루어 평양 출신임에 틀림이 없음을 북한 식당 전문가를 자처하는 나는 바로 느낄 수가 있었다.

그날 그들이 들려주었던 중국 노래 중에는 메이유 꿍찬당, 메이유 씬쭝궈(沒有共産黨 沒有新中國: 공산당이 없으면 신중국도 없다)라는 중국의 애국가요도 있었다. 북조선으로 귀환 조치당하지 않기 위해 중국 정부의 환심을 사려는 노래 같아 왠지 마음 한구석이 짠했지만, 이렇게라도 북녘 동포들의 모습을 접할 수 있는 것이 어쩌면 중국이 중간에 있는 덕분 아닌가 생각하니, 그 정도 아부는 해도 될 듯싶기도 했다.

과거의 다른 북한 식당들에 비해 맛에서 조금도 뒤지지 않는 평양 랭면과, 다소 격이 떨어지는 듯하지만 그래도 그만하면 훌륭했던 동태식혜, 그리고 여느 북한 식당들처럼 우리 것에 비해 단맛이 강한 감자전을 배가 터지도록 먹고 기분 좋게 식당을 나서면서 위챗페이로 계산을 마쳤다. 중국 돈으로 음료까지 150원 남짓. 그래도 이 집 하나라도 남아 있는 것을 위안으로 삼으며 집으로 돌아오는데, 마지막에 들었던 두 노래가 귓가에서 맴돌았다. 정감 있는 신나는 노래 '휘휘휘 휘파람'에 이은 마지막 곡은 '다시 만납시다'였다.

백두에서 한나로 우린 하나의 겨레
헤어져서 얼마냐, 눈물 또한 얼마였던가
잘 있으라 다시 만나요 잘 가시라 다시 만나요
목메어 소리칩니다 안녕히 다시 만나요

웬일인지 콧날이 시큰해 왔다.

4

지점장 나와서
비행깃값 물어내!

중국 비즈니스를 위한 몇 가지 통찰

중국 사업은
중국인에게 맡겨야 하는 까닭

　대만을 포함한 소위 중화권에서 30년 가깝게 살면서 대기업 주재원 생활만 15년 이상을 한 나 같은 사람을 두고 사람들은 중국 전문가라고 부른다. 나는 이 말이 늘 부담스럽다. 사실이 아니기 때문이다.

　프랑스에 가서 한 10년 살면서 제빵 기술을 배우고 거기서 제빵사로 일한 사람이 있다고 치자. 프랑스 빵의 전문가라고 할 수 있는가? 그는 외국 사람 중에서는 프랑스 빵을 제일 맛있게 만드는 사람, 혹은 그저 빵을 아주 맛있게 만드는 사람일 뿐 '프랑스 빵 전문가' 소리를 듣기에는 부족하다는 것이 나의 생각이다.

　똑같은 감수성과 미각과 손재주와 두뇌와 근면성을 가진 한국 사람과 프랑스 사람이 똑같은 선생님 밑에서 도합 10년을 함께 제빵 기술을 배웠다고 치자. 두 사람 중에 누가 진짜 프랑스 빵 전문가일까? 물을 필요도 없는 일이다. 한국인 제자는 무엇이 프랑스 사람들이 맛있다고 하는 빵인지 그 맛을 구별하는 데만 2~3년이 걸릴지도 모른다.

샌디에이고에 있던 우리 회사에는 1층에 아주 아담하고 괜찮은 직원 식당이 있었다. 피자도 하고 햄버거도 하고 가끔은 비빔밥이나 떡볶이, 설렁탕도 하는 기특한 식당이었다. 한국인 셰프와 미국인 셰프가 있고, 멕시코 직원들이 셰프들이 알려준 레시피대로 만들어 낸다. 맛도 나름 훌륭해서 짧은 점심시간에 차를 몰고 멀리 나가지 않고 한 끼를 해결하기엔 더없이 좋은 곳이었다. 나는 그 식당의 햄버거를 꽤 좋아했다. 적어도 맥도날드나 웬디즈보다는 훨씬 맛있다고 생각했지만, 내 미국 동료들은 그 집 햄버거를, 음, 그냥 개무시했다. 마치 내가 그 집 설렁탕을 설렁탕으로 치지도 않았듯이 말이다. 결혼 30년이 가까워 오는 아내는 집에서 김치찌개나 된장찌개도 맛있게 끓인다. 그렇지만, 한국에 한 번씩 나오면 들리는 한국 식당들의 각기 다른 된장찌개 맛의 미묘한 차이는 못 느낀단다.

뭔가 깊이를 제대로 안다는 것은 시간과 노력만 더해져서 되는 것이 아니라 기초가 되는 토양도 있어야 하는 것이다. 그래서 외국인인 나 같은 사람을 보고 전문가 운운하는 것은 가당치 않은 표현이며, 그냥 '한국인 중에서는 중국에 대해 좀 많이 아는 사람' 정도가 맞는 표현일 것이다.

중국 주재원 생활을 하면서 본사 높은 분들을 상대로 '중국에선 중국 직원들에 의한 중국식 경영을 해야 한다'라는 보고를 드릴 때 내가 들었던 예가 있다. 우리나라에선 가장 유명한 야구 해설가라도 그분이 미국 메이저 리그 경기를 해설한다면, 물론 많은 자료와 정보 그리고 경험을 토대로 좋은 해설을 할 수 있을 것이다. 그러나 그분과 그분의 조수가 조사해서 모은 메이저 리그 선수들에 대한 자료는 미국 중학생 야구팬이 아는 수준의 절반에도 못 미칠 수 있을 거라고 얘기했다. 미국의 중학생 야구팬이 어느 한 선수에 대해 아는 수준은 그 선수가 고등학교 때는 방어율이 얼마였고 타율은 얼마였으며, 중학교까진 유격수를 하다가 고등학교 때 투수로 변신했고, 대학교 3학년 땐 어깨 부상으로 그해 세계 대학 야구 선수권대회에서 결승전에 나가지 못했으며, 결혼하기 전 여자 친구는 누구였고, 생일은 언제고, 좋아하는 맥주의 브랜드는 뭔지도 아는 수준, 그래서 우리나라의 프로 야구 해설가가 감히 따라갈 수 없는 수준이라고, 해외 사업도 마찬가지라고, 그래서 우리의 중국 사업도 나 같은 가짜 중국 전문가들에게 맡길 게 아니라 중국 현지 인재들에게 맡겨야 한다고 나름 열변을 토했던 기억이 난다.

중국인과 협상,
이것만은 기억하라

사이비 전문가이기는 하지만 주워들은 풍월로 중국에서의 협상 전략에 대해 한번 얘기해 보자.

협상의 기본은 내겐 별로 중요하지 않지만 상대에겐 아주 중요한 것, 또는 내겐 아주 중요한데 상대에겐 별로 중요하진 않은 그 무엇을 찾아내서 서로 바꾸는 일일 것이다. 말이 어려워 협상이지, 그냥 장사라고 생각하면 될 일이다. 내가 필요한 걸 받고 그 대가로 상대가 필요한 걸 주는 것, 그 이상도 그 이하도 아니다. 단지 상대가 원하는 것이 무엇인지를 파악하고, 그것이 내가 줄 수 있는 것인지를 계산해 내기가 그리 간단치는 않다는 것이 문제라면 문제겠다.

그 쉽지 않은 과정의 첫 번째 관문인 '상대의 수요 파악하기'에서 고지를 선점하고 시작하려면 상대가 누구인지, 어떤 성향의 사람인지를 아는 것이 우선이겠다. 그러므로 중국 사업에서 성공하려면 중국의 문화, 역사, 관습, 사람 등을 총체적으로 이해해야 할 필요가 있다.

중국 친구들과 협상할 때 주의할 점이라면 뭐가 있을까? 요즘엔 중국 전문가들이 쓴 책이 하도 많아서 누군가는 언급을 했겠지만, 얘기하는 김에 간단히 정리해 보자.

1. 반드시 상대의 체면을 존중하라.
2. 관계를 해치는 발언은 하지 마라. 관계는 아무리 강조해도 지나치지 않다. 그리고 우선 친구가 되어라. 중국인들은 선인인, 후인사(先認人, 後認事: xiān rèn rén, hòu rèn shì), 우선 사람을 사귀고 나서야 사업 얘기를 한다.
3. '우리 한국은 어쩌고저쩌고……' 하는 식의 잘난 체하지 마라.
4. 중국인에게 가격(돈)이란 상대적으로 훨씬 중요하다.

중국 사람들은 돈 때문에 상식적 룰을 뒤엎는 경우도 있다. 집을 샀는데 집값이 내리면 부동산 개발상에게 무리를 지어 몰려가서 집값을 물어내라며 터무니없는 단체행동을 한다. 그리고 반드시 무엇 하나라도 받아내는데, 중국에선 이걸 '팡나오(房鬧)'라고 한다. 집 문제로 난리를 피운다는 뜻인데, 한국에선 있을 수 없는 일이다.

가격을 낮춰 주어야 할 필요가 있을 때는 반드시 조건부로 하라. 예를 들어 가격 인하 대신 독점 판매권을 요구한다든지. 중국에 국한된 얘기는 아니지만, 중국인들은 이런 협상에 상당히 익숙해 있으므로 많은 경우 성공한다.

중국인은 반드시 화비삼가(貨比三家), 세 군데 이상 가격 비교를 한다. 우리도 그렇게 하라. 투자지역 물색 시에 북경시를 만나고 나오는

자리에서 상대 기분 상할까 봐 걱정하지 말고 상해에도 한번 가 보겠
다고 하라. 조건이 달라진다.

삼성이 서안으로 간 까닭은?

중국을 좀 아는 분들은 1선 도시(一線城市), 2선 도시(二線城市), 3선 도시(三線城市)라는 구분을 들어 보셨을 것이다. 요즘은 일반적으로 경제적 발달 정도를 놓고 1선, 2선, 3선 도시로 구분한다. 당연히 베이징, 상하이, 광저우, 선전 등이 1선 도시이고, 항저우, 난징, 선양, 다롄, 닝보, 저우하이 이런 곳들이 2선 도시이다. 심지어 충칭, 시안도 지금의 구분법으로는 2선 도시이다. '심지어'라는 표현을 쓴 이유는 예전엔 이들은 3선 도시였기 때문이다. 충칭, 시안의 경제가 낙후해서? 그런 것이 아니라 구분법이 달라서이다.

그러면 1선, 2선, 3선이란 본래 무슨 의미이며, 언제 생긴 말인가? 이러한 구분법이 처음 생기기 시작한 것은 2차대전과 국공 내전을 겪으면서다. 적의 침공으로부터 주요 기관과 전략물자들을 안전하게 보호해야 할 필요가 생기면서 공습으로부터 가까운 순서로 도시들을 구분해, 1선 도시는 북경과 상해 등 적의 공격에 제1 목표가 되는 전선의 최전방 도시들, 2선은 그다음으로 전선에서 먼 곳인 절강과 하북 등 등, 3선 도시는 도저히 공략이 불가한 내륙 도시 서안, 성도 등으로 나누었던 것이다.

이 얘기를 지금 왜 하는가?

삼성의 서안 반도체 공장을 보자. 삼성이 서안을 선택한 이유에 대해 많은 이들이 시진핑 주석의 고향이 서안 바로 옆인 푸핑(富平)현이기 때문이라든가, 중국 중앙정부가 강조하는 서부 대개척의 전략적 방향에 부합한다든가 하는 얘기를 많이 한다. 틀린 얘기가 아니다. 그러나 삼성이 단지 그런 이유만으로 서안을 선택했을까? 그렇지 않을 것이다. 삼성의 임원 누군가가 이 글을 읽고 나더러 헛소리한다고 말한다면, 나는 오히려 그분에게 그룹의 전략을 제대로 파악하지 못하고 있는 엉터리 임원이라고 얘기해 주고 싶다.

지금이야 시 주석이 앞으로 몇십 년 장기집권을 할지 모르는 상태가 되었으니 좀 다른 상황이 되긴 했지만, 장쩌민 주석이나 후진타오 주석의 경우에도 그 임기는 겨우(?) 10년, 그보다 낮은 직급의 총리나 성장, 장관의 임기는 길어야 4년이다. 따라서 그런 고위층의 정책적 지원이라는 것은 그 사람 임기 동안일 뿐인 데다, 우리도 그렇지만 중국 말에 '새 관료는 전임 정부에서 있었던 거래는 인정하지 않는다(新官不理舊賬)'란 말처럼, 그 사람 떠나면 말짱 황이라는 거다.

그 짧은 기간에 향후 수십 년 벌어먹을 기초를 다져야 하는데, 그게 결코 쉽지 않은 일이므로 처음부터 기초가 갖춰진 곳을 찾아가야 한다. 그럼 서안 같은 곳이 왜 매력적일까? 중국을 잘 모르는 많은 이들은 서안 등의 내륙지역은 경제적으로 낙후된 지역이니 첨단 전자산업에 필요한 숙련된 기술인력이나 부품업체들 구하기도 힘들 텐데, 그런 문제를 해결하기 위해 중앙정부와 성정부가 팍팍 밀어주는 모양이구나 정도로만 이해할 것이다. 그러나 방금 1선, 2선, 3선 도시 얘기를 하면서 이미 힌트를 드린 대로 중국의 근대사를 조금만 들여다보면 그게 아니란 걸 알게 된다.

2차대전과 국공 내전을 겪으면서 주요 전자산업과 교육기관들이 서안과 같은 당시의 이른바 '3선 도시'로 다 피난을 갔고, 그 결과 1선 도시 못지않은 기초를 다지게 된 것이다. 한국에는 잘 알려지지 않았지만 중국에서는 명문으로 손꼽히는 서안 교통대학이 그 좋은 예의 하나이다.

이 밖에도 역사는 해당 지역 사람들의 성향이나 협상에 임하는 태도에도 영향을 미친다. 비근한 예로 북경, 남경, 서안은 지리적으로는 전혀 다른 특수성을 갖고 있지만, 역사적으로 수도였다는 공통점이 있다. 이로 인해 세 도시의 사람들은 정치색이 강하며, 회담을 할 때도 높은 사람이 나와야 일이 성사되는 경향이 있다.

거기에 비하면 상해, 광주 등은 돈이 되면 그만이지 누가 나오건 별로 상관하지 않는다. 즉, 북경이나 남경, 서안에서 뭘 협상하려면 회장님을 모시고 가야 한다는 얘기다. 좀 과장되게 이분법적으로 얘기했지만, 이렇게 서로 다른 역사, 서로 다른 지역적 특색으로 인한 성향의 차이는 알고 있는 것이 좋다. 그러면 이들 도시는 그렇게 한 가지 특성만 갖고 있는가? 그렇지 않다. 조금만 더 깊이 들어가 보자.

"지점장 나와!" vs "비행깃값 물어내!"

　중국이 워낙 크다 보니 그 안에도 서로 다른 문화권이 있는데, 각각의 문화권 별로 나름의 특성이 있다(하긴 이 조그만 우리 땅 안에도 지방색이 각각이니…….).

　몇 가지 대표적인 것을 보면, 우선 우리에게 비교적 익숙한 북방(北方) 사람들.

　동북 3성에 신장까지를 포함하는 문화권의 사람들인데, 호탕해서 한번 오케이한 건에 대해서는 된다고 보면 된다. 특히 동북은 '관계만 좋으면 뭐든 의논할 수 있다(只要關係好什麽都可以談)'는 식이다. 또한 친구가 되기 위해 말술을 마다하지 않는다. 그래서 배주석병권(杯酒釋兵權. 직역하면, 술 한 잔으로 무장 해제를 시킨다는 말인데 송 태조가 건국 공신들의 병권을 해제하기 위해 술자리에 불러 무장해제시키며 한 얘기에서 유래된 고사)이란 말을 하며, 술자리를 통해 서로 경계를 풀고 관계를 확립하는 경우가 많다.

한국 사람들이 가장 많이 다닐 것으로 추정되는 북경 및 천진 사람들, 이 사람들은 권력 지향적이어서 회담 때에는 꼭 고위층이 나와야 한다. 화제도 '중한 양국의 우의', '상호 무궁한 발전'

등의 얘기가 나와야 하며, 아무리 직급이 낮은 직원이라도 무시하면 안 된다. 자존심 하나로 사는 사람들이다. 북경에선 타 도시에서 온 손님이 택시를 타면 기사 아저씨조차 "그 동네 인민들 생활하는 데 문제 없지요?"라며 국가 주석이나 총리가 할 법한 질문을 한다.

북경이나 상해 다음으로, 아니 어쩌면 더 많은 한국 사람들이 다니는 곳이 아마 산둥성 쪽일 것이다. 산둥성, 장쑤성, 허난성 일대의 사람들이 비슷한 성향을 갖고 있는데, 쉽게 말해 제나라, 노나라 문화이니 유교문화의 영향이 강하다(제나라, 노나라 하면 산둥성만 떠올리기 쉬운데, 공자의 고향인 노나라의 영토는 지금의 산둥성 남쪽과 장쑤성, 허난성 일부에 걸쳐 있었다. 그리고 그 노나라의 위쪽, 즉 북쪽이 제나라였다). 연장자나 상관에 대한 존경심이 강하고 예의를 중시하다 보니 술 한잔 마시는 데도 법도가 있고 이유가 있어야 하는 동네이다. 우리도 좀 그런 경향이 있지 않은가?

내륙으로 좀 더 들어가 보자. 후베이성과 후난성 사람들.

여기엔 장시성 쪽 일부 지역 사람들도 포함되는데, 이해관계를 위해서는 목숨 거는 사람들이 이 동네 사람들이다. 마오쩌둥, 린뱌오 등 혁명의 원로들이 이 지역 출신이다. 특히 후베이 사람들은 머리가 좋기로 유명해서 하늘엔 머리 아홉 개 달린 구두조가 있고 땅엔 호북놈이

사진: 바이두

사진: 바이두

山西省에 가면 九毛九 브랜드의 국수집도 있다.(사진: 바이두)

있다(天上有九頭鳥, 地上有湖北佬)라는 말이 있다.

이거 머리가 좋다는 말이긴 한데 칭찬은 아니므로 호북사람들 앞에서는 얘기하면 안 된다.

사천성과 운남성 일대는 어떨까?

옛날부터 먹을 것도 풍부하고 날씨도 좋다 보니 무사 안일주의가 팽배해서 사람들은 똑똑한데 좀 게으르다고나 할까. 그래서 옛말에 젊어서는 사천에 가지 마라(少不入川)는 말이 있다.

이제 거의 마지막까지 왔다. 서안과 산서 사람들.

쌀알 하나도 셀 정도로 극도로 계산에 밝은 사람들이다. 이 동네 사람들을 일컫는 말로 산서성 사람은 99전까지 센다(山西九毛九)라는 속어가 있다. 1위안의 100분의 1 갖고도 따진단 말이다.

여기서 섬서성 사람과는 혼돈하지 마시길 바란다. 서안이 섬서성에 속해 있지만, 서안 외의 섬서성 사람들은 좀 다른 스타일이다. 비교적 용맹하고 권력 지향적이랄까.

마지막으로, 과거 오나라였던 상해 일대 사람들.

이 동네 사람들은 아무리 관계가 좋아도 돈이 안 되면 할 얘기 없다

(關係再好沒錢也沒項目)는 식이다. 그리고 일이 성사되기 전까지는 아주 까다롭게 굴고 여러 조건을 다 따지지만, 조건이 다 맞아서 한번 성사가 되면 일을 진행하는 효율이나 신용은 믿을 만하다. 우리 회사는 북경에도 상해에도 모두 법인이 있었는데, 북경에선 계약 단계에선 뭐든 '하오, 하오, 메이원티!(好, 好, 沒問!: 좋아요. 문제없습니다!)' 해 놓고 실제 운영 시엔 온갖 문제들이 터져 나와 골치 아팠던 기억들이 있는 데 비해 북경법인보다 운영이 훨씬 순조로웠던 상해법인은 초기에 파토 일보 직전까지 갈 정도로 정말 어렵사리 계약서 협의를 마무리했었다. 이래서야 앞으로 어떻게 한 지붕 두 살림을 하겠냐고 걱정하던 당시 계약팀 직원들의 얘기가 바로 이들의 이런 성향 때문이었나 싶다. 진작에 알았으면 마음고생들을 덜 했을 것이다. 역시 아는 게 약인가 싶다.

이런 중국 사람들의 지역적 특성을 놓고 우스갯소리들이 많다. 예를 들어 비행기가 연발하면 북경 사람들은 "지점장 나와!" 한다. 권력 지향적이다. 상해 사람은 "비행기 표 물어내!" 하는 이익 추구형. 서안 사람은 "지점장 나와서 비행깃값 물어내라고 해!" 권력과 이익 동시 추구형이다. 앞서 얘기했지만, 서안은 역사적으로 수도였기 때문에 권력 지향적이자 아까 얘기한 마지막 1전까지 챙기는 이익 추구형이라 이런 반응이 나온다는 것이다.

물론 모든 사람이 다 이렇게 딱 구분이 된다는 건 아니란 점은 굳이 강조할 필요가 없을 것이다.

이 정도의 지식으로 협상에서 우위까지 점할 수는 없겠지만, 적어도 상대를 몰라서 실수하고 기분 나쁘게 하는 일은 상당히 피할 수 있을 테니 알아 두면 도움이 될 것이다.

탁구에서 배우는
중국 기업의 전략

　상해교통대와 한양대학교가 현지 한국 기업인을 대상으로 상해교통대 내에 개설한 EMBA 과정에 참여했을 때 황단(黃丹) 교수에게서 들었던 중국 기업의 성공사례를 소개해 볼까 한다.

　자신의 힘을 들이지 않고도 주변 환경을 잘 이용해 성공한 사례인데, 단순하게 제품의 경쟁력을 높이거나 마케팅 전략을 수정하는 개념을 넘어서 경영의 성패에 영향을 미치는 관련인들, 경쟁의 관계일 수도 있고 협력이나 보완의 관계, 심지어 심판관의 역할일 수도 있는 이해관계자들의 전략적 수요(하고 싶은데 하지 못하는 불편함)를 파악하고 이를 이용해 소기의 목적을 달성한 경우이다.

　홍솽시(紅雙喜)라는 중국의 유명한 탁구용품 업체가 있다. 2016년 당시 업계 내 매출 1위, 브랜드 가치 1위, 이윤 1위인 기업이지만, 초창기 보잘것없던 이 회사가 그런 성공을 거두게 된 배경에는 앞서 말한 이해관계자, 이 경우에는 탁구 경기의 규칙을 정하고 탁구용품 지

213

정업체를 선정하는 등 전 세계 탁구계를 좌지우지하는 '국제탁구협회'의 불편함, 즉 전략적 수요가 있었다.

탁구가 비인기 종목이던 시절, 탁구협회는 탁구의 관전 매력도를 높이기 위해, 즉 선수용이 아닌 관중용 스포츠로 바꾸기 위해 공의 크기, 탁구채의 공 회전율 등에 변화를 주고자 했다. 아무도 막대한 돈을 들여 기존 생산 설비를 바꾸면서 이 작업에 동참하려 하지 않을 때, 유일하게 홍솽시가 전폭적 지원을 약속한다. 당연히 이후 모든 대회에는 홍솽시의 규격이 국제 규격이 되고, 홍솽시는 일약 세계적 기업으로 발돋움하게 된다.

탁구협이 하고 싶은데 하지 못하는 불편, 즉 전략적 수요를 홍솽시는 간파한 것이다.

두 번째 사례는 UT Starcom. 이제는 퉁딩(通鼎)그룹에 흡수돼 역사의 뒤안길로 사라져 가는 이름이 되고 있지만, 10년 전까지만 해도 중국에선 모르는 사람이 없던 샤오링퉁(小靈通)을 개발한 회사로, 당시 유선전화 사업의 양대 산맥이던 중국전신(中國電信: China Telecom)과 중국망통(中國網通: China Netcom)에게 이동통신 사업의 길을 열어 준 장본인이다.

진출 첫해 1억 불 매출, 2012년 전 세계에서 가장 존경받는 중소기업 2위에 오른 회사다. 자본도 없고 브랜드, 인재, '꽌씨', 아무것도 없던 회사였다.

90년대 말, 중국전신과 중국망통이 무선전화(이동통신) 사업에 눈을 돌리기 시작하던 무렵. 당시 무선전화 사업은 중국연통(中國聯通: China Unicom)과 중국이동(中國移動: China Mobile)의 아성이었고, 신식산업부(信息産業部, 우리의 과기정통부에 해당)의 각종 규제로 인해 중국전신이나 중국망통이 하고 싶다 해서 쉽게 진입할 수 있는 상황이 아니었다.

두 기업이 무선전화 사업에 신규로 참여하고 싶어 안달이 나 있을 때, UT Starcom은 일본에서 도태된 낡은 기술로 신식산업부의 각종 규제를 교묘히 피해 샤오링퉁이란 이름의 저가형 무선전화기를 개발해 중국전신과 중국망통에 공급한다.

小靈通(사진: 바이두)

중국전신과 중국망통이 이 염가형 무선 전화기로 이동통신 시장에 발을 담그려 하자 기존의 맹주인 중국연통과 중국이동이 가만있을 리 없었다. 즉각 소송을 제기했지만, 정작 규제 당사자인 신식산업부는 모르쇠로 일관했다.

누가 여기에 영향을 미쳤을까? 신식산업부 내 짱짱한 인맥에다가 장관을 제치고 직접 총리에게 보고할 수 있는 수준인 중국전신과 중국망통의 고위층들이었다. 이들이 역사와 전통의 유선전화 사업의 양대 산맥임을 잊지 마시라! 고대하던 이동통신 사업 진출이 코앞에 왔는데 놓칠 리가 없었다. 기업의 사활을 걸고 가능한 인맥을 다 동원했을 것은 불 보듯 뻔한 일.

UT Starcom은 중국전신과 중국망통이 하고 싶어서 미치겠는데 할 수 없어서 미칠 것 같은 불편함, 그 전략적 수요를 파고들어 이 두 기업의 유선망을 활용한 저가형 무선전화기로 그들을 고객으로 만든 동시에 그들의 정부 내 영향력을 이용해 정부의 최종 승인까지 얻어냈던 것이다.

샤오링퉁은 사라졌지만, 그 전략적 교훈은 두고두고 새길 만하다.

새총 이론과 전략적 수요

홍샹시와 UT Starcom의 성공은 혼자서 애쓰기보다는 국제탁구협회나 중국전신의 전략적 수요을 파악해 그들을 잘 이용한 결과였다.

이 두 기업의 성공 사례 뒤에 숨어 있는 새총 이론과 전략적 수요에 대해 알아보자.

새총 비행 이론의 요점은 주위 환경과 상대를 잘 활용하면 큰 힘을 들이지 않고도 목적을 이룰 수 있다는 것이다. 영화 인터스텔라에도 나오는 이론으로, 카시니호나 보이저1호도 사용했던 이론이다.

간단히 예를 들면, 로켓을 지구에서 토성까지 보내고자 할 때, 그냥 토성을 향해서 쏘아 올려서는 추진력, 연료, 거리 등을 감안할 때 불가능하지만, 반대 방향인 금성을 향해 쏘면 지구에서 가까운 금성을 향해 날아가던 로켓은 자체 추진력이 약해질 때 쯤 금성의 인력을 이용해 금성을 따라 비행을 하게 되고, 그러다가 추진력이 떨어져 금성의 중력권 밖으로 떨어져 나오면 화성의 중력을 이용해 화성에 끌려가다가 화성의 중력권에서 벗어나면 목성의 중력으로, 마지막엔 토성의 중력을 이용해 토성에 도착할 수 있다는 이론이다. 우주항공이나 천체물리학의 얘기이지만, 중요한 것은, 가만히 있는데 화성이나 목성이 다가와서 우주선을 당겨 주지는 않는다는 것이다. 이들 각 행성의 역학 관계와 운동을 세밀하게 연구하고 분석한 후에야 가능한 얘기이다.

경영활동을 하는 전쟁터에서도 마찬가지이다. 전쟁터의 중심에 내 기업이 있고 그 주위를 각종 '이해관계자'들이 둘러싸고 있다. '보완재 생산기업', '고객기업', '경쟁기업', '대체재 생산기업', '부품공급업체' 그리고 이 모든 것에 영향을 미치는 정부같은 존재. 경영학에서는 이들의 관계를 'coopetition(cooperation+competition)', 즉 '경쟁과 협력의 관계'라고 부른다.

전략에서 가장 중요한 것은 마치 우주선이 가장 경제적인 비행을 위해 각 행성의 운동 궤도와 회전 주기 등을 면밀히 관찰해야 하는 것과 마찬가지로 이들 coopetitor들을 끊임없이 관찰하여 이들이 갖고 있는 불편함, 무언가 하고 싶은데 하지 못하는 불편함을 발견해 내는 것이고, 이 불편함을 전략적 수요라고 부른다.

홍쌍시와 UT Starcom은 국제탁구협회와 중국전신의 전략적 수요를 간파했던 것이다.

중국의 내일은
더욱 아름다울까

중국 생활을 하면서 여러 가지 '난생처음'을 많이 겪어 봤지만 1999년 9월 27일을 전후해 겪은 몇 가지 난생처음은 단순히 구경거리를 넘어 역사의 전환을 암시하는 남다른 감회를 선사한 것들이었다. 대상은 달랐지만 내가 느낀 것과 어쩌면 비슷한 정도의 충격으로 또 다른 난생처음을 그 며칠 동안 중국의 기업가들도 느꼈을 것이고, 그것은 향후 20년 중국의 변화에 지대한 영향을 미치게 된다.

나는 그 변화를 암시하는 몇 가지 쇼를 보았을 뿐이지만 중국의 기업들은 그 쇼 가운데서 그들의 미래를 보았을 것이기 때문이다.

내가 보기에 중국 경제의 전환점은 상해 포춘 글로벌 포럼이었다. 그렇다. 1999년은 중국 건국 50주년이 되던 해였고, 국경일*인 10월 1일 이전에 열린 각종 행사 가운데 가장 큰 규모의 행사가 바로 이 포춘

---

* 우리는 국가적 경사가 있는 날을 모두 국경일이라 부르지만, 중국에서의 국경일(國慶日, 國慶節 혹은 國慶)은 건국기념일만을 지칭한다.

글로벌 포럼(Fortune Global Forum)이었다.

국경절인 10월 1일의 천안문 광장 경축 퍼레이드와 군사 열병식이 대내외적으로 중국의 정치적·군사적 위상을 선보이는 행사였다면, 국경절을 며칠 앞두고 9월 27일부터 29일까지 사흘에 걸쳐 상해에서 열린 포춘 글로벌 포럼은 중국이 전 세계를 향해 경제적 대외 문호개방의 의지를 천명하는 자리였다.

우선 내가 본 쇼들부터 잠깐 살펴보자.

1999년 9월 27일 밤, 상해 푸둥의 국제회의중심. 장쩌민 주석의 초청 만찬이 막 시작되고 있었다.

거기서 나는 난생처음 보는 배식 광경을 목도했다.

열 명씩 앉는 테이블이 모두 백 개! 모두 천 명이 함께하는 만찬이었다. 백 개의 테이블에 동시에 음식을 서빙하기 위해 제복을 입은 백 쌍의 남녀 복무원들이 음식 쟁반을 받쳐 들고 남녀남녀 4열 종대로 만찬장 한가운데를 일직선으로 뚫고 무대 정면 중앙을 향해 행진(!)하다가 4열 종대의 선두가 무대에서 가장 가까운 만찬장의 제일 첫 줄 테이블 중 한가운데에 있는 두 테이블의 중간에 도착하는가 싶더니 선두의 왼쪽 남녀는 왼쪽으로, 오른쪽 남녀는 오른쪽으로 분열을 시작하는 것이었다. 두 번째 줄, 세 번째 줄도 마찬가지였다. 일사불란하기가 열병식을 보는 것 같았다.

당시 차장이었던 나는 소위 따까리의 신분으로 참석을 했던 터라 만찬장에는 들어가지 못하고 밖에 마련된 대형 화면을 통해 그 장면을 구경만 하는 것으로 만족해야 했지만, 그 일사불란한 멋진 열병식은 오랫동안 뇌리에서 지워지지 않는 장관이었다.

또 하나의 난생처음은 만찬이 끝나고 이어진 황포강변의 불꽃놀이였다.

살면서 크고 작은 불꽃놀이들을 꽤 보았지만, 그날 황포강변에서 본 불꽃놀이는 아마 내 평생 다시 구경하기 힘든 장관으로, 역시 오래오래 기억될 것이다!

세계적인 유명한 불꽃놀이들을 많이 봤지만, 그 모든 불꽃놀이가 푸둥의 그것에 비해 떨어지는 점이 하나 있다. 바로 나를 향해서 쏘지 않는다는 것이다.

거의 모든 불꽃놀이는 더 많은 사람들에게 보여주기 위해 기본적으로 수직 방향으로 하늘을 향해 쏘거나 초고층 건물에서 쏜다. 그리고 바로 그런 이유로 관중들은 멀찌감치 떨어져서 보아야 제대로 된 각도에서 연출자가 보여주고 싶은 전체 모습을 즐길 수가 있다.

그러나 99년 푸둥은 달랐다. 그것은 하늘을 향해 쏘아 올린 것이 아니라 45도 정도의 낮은 각도로 초 근거리의 황포강 위에서 강 건너 푸둥 쪽 강변에 있는 나와 나의 일행들을 향해서 쏘아 올린 것이었다.

나의 일행? 바로 장쩌민 주석을 필두로 한 중앙정부와 상해 시정부의 최고위층 그리고 헨리 키신저 전 미 국무장관 등을 포함하는 각국의 정계 인사, 마지막으로 주최 측인 제럴드 레빈 타임워너 사장을 위시한 글로벌 500대 기업의 총수들, 그리고 나를 포함한 그 아랫사람들이었다.

포럼에 참석한 내외빈들을 위해 푸둥 쪽 황포강변에 마련된 임시 특설 관람석.

장쩌민 주석의 초청 만찬이 막 끝난 그 시각 그 자리는 만찬에 참석했던 인사들로 발 디딜 틈이 없었다.

관람석 주변 구석 한쪽에 겨우 발 디딜 틈 하나 정도를 확보할 수 있었을 뿐이지만, 관람석을 향해 날아오는 불꽃덩어리들을 실감하기에는 충분했다.

마치 3D 영화를 보다가 돌이나 화살이 날아오면 자기도 모르게 몸을 피하게 되는 바로 그 기분! 불꽃들은 그렇게 바로 나를 향해 날아오며 내 눈앞에서 명멸하고 있었다.

스마트폰이 없던 시절이라 내 말을 입증할 작은 동영상 하나 없는 것이 아쉽지만, 상상을 해 보시면 대략 짐작이 갈 것이다. 캐나다 밴쿠버에서 열리는 불꽃축제(Celebration of Light)나 두바이의 부르즈 칼리파 혹은 타이베이의 101타워 불꽃놀이도 화려하지만, 그 현장감은 비교 대상이 되지 못한다.

장쩌민 주석은 왜 중국의 쉰 번째 생일날, 태어난 지 50년 만에 난생처음 해 보는 포럼 같은 행사를 할 생각을 했을까? 그때까지 중국의 회의라는 건 연설자가 앞에서 연설하면 나머지는 앉아서 받아 적는 그런 회의뿐이었는데 말이다.

이제 그날 회의장이던 상해 국제회의중심 7층 만찬장에서 있었던 장쩌민 주석의 연설 내용 중 한마디만 잠시 들여다보자.

연설 마지막 부분에서 그는 이런 얘기를 한다.

"나는 중국의 기업들이 외국 기업의 선진 경험을 배우기를 바랍니다."

그렇다. 장 주석이 포춘 포럼을 유치한 목적은 단 하나! 중국 기업들에게 선진 기업들로부터 배울 기회를 제공하기 위해서였다.

당시 글로벌 500에 해당하는 중국 기업은 5개뿐이었지만 주최국 프리미엄으로 포럼에 초대받은 중국 기업은 200개가 넘었고, 33개 기업은 발언 기회도 얻었다.

이후에 7회 홍콩, 9회 북경, 12회 성도, 15회 광주 등 무려 네 번의 포춘 글로벌 포럼을 더 유치하면서 전 세계에서 유일무이하게 다섯 번이나 포럼을 개최한 나라가 되었지만, 당시 중국은 그저 배우는 학생 신분에 불과했다.

포춘 글로벌 포럼으로 인해 중국 그리고 중국의 기업들이 배운 것은 한두 가지가 아니었다.

우선 회의 방식에 일대 변혁이 일어난다. 앞서 얘기한 것 같은 일방통행식 회의 방식에서 쌍방 혹은 다자간 소통인 이른바 브레인스토밍(brainstorming)* 문화가 도입되었고, 실제로 상해 시정부는 포럼을 앞두고 참석 대상 기업들과 언론 기자들을 대상으로 리허설까지 했다. 그 주요 내용은 연설 원고 보지 않기, 일장 연설 하기 없기, 탁상공론 없애기 등이었다.

그뿐인가, 기자들은 인터뷰라는 것은 예약을 하고 시간 약속을 잡아야 한다는 사실을 배우게 되었고, 기업의 대표들은 그들 자신이 걸어 다니는 광고가 되어야 한다는 사실도 배웠다.

당시 발언자의 한 명이었던 더글라스 이베스터(Douglas Ivester) 코카콜라 회장의 일화는 유명하다. 자신의 발언 차례가 되자 단상에 올라간 더글라스 회장은 단상에 올라서자마자 너무도 자연스럽게 본인

---

* 브레인스토밍: 중국어로는 두뇌폭풍(頭腦風暴)이라고 한다)

이 준비해 간 코카콜라의 뚜껑을 열고 앞에 놓인 유리잔에 콜라를 콸콸 따랐다는 것이다.

청중들 앞에 놓인 유리잔에는 하나같이 주최 측이 준비한 오렌지 주스가 담겨 있는 상황에서 말이다.

"나는 내 거 마실 거야!"

더글라스 회장이 주연이 된 한 편의 미니 드라마에 코카콜라가 PPL로 등장하는 순간이었다.

그 사건은 여러 중국 매체에 보도되며 마케팅에 대한 중국 기업가들의 인식을 통째로 바꾸어 주었다.

서두에서 나는 쇼를 보았고 중국의 기업들은 그들의 미래를 보았다고 얘기했는데, 나도 쇼만 본 것은 아니었다. 중국 기업들이 이렇게 선진 기업들의 모습에 자신들의 미래를 투영하며 중국의 성공적 미래를 다짐하고 또 꿈꾸고 있었다면, 나는 변화하기 시작한 상해의 모습에서 20년 후의 중국을 보았다.

비록 앞에 내가 얘기한 만찬장의 '열병식'이나 황포강변의 불꽃놀이는 쇼에 불과한 것이었다 할지라도 그날의 행사를 전후해 내가 본 변화한 상해의 모습은 20년 후의 상해를 예견하게 하는 단서이자 전주곡이었다.

뭐가 그리 거창하냐고 하는 분들은 다음의 얘기를 들으면 더욱 의아하실 수도 있다.

포럼 참석을 위해 며칠 일찍 상해에 도착한 내 눈에 비친 상해는 '괄목상대'라는 표현의 살아 있는 예였다. 불과 5~6년 사이에 빼곡히 들어선 푸둥의 마천루들을 얘기하는 것이 아니다.

포서(황포강 서쪽)에서 바라본 1993년경의 푸둥(위)과 2012년경의 푸둥(아래). 두 사진 모두 가운데 보이는 물이 황포강이며 황포강 건너편 즉, 위쪽이 푸둥이다. 위의 사진에서 허허벌판이던 푸둥이 10년 후 아래 사진에서 보면 동방명주탑(467.9m)이 중간쯤에 보이고, 오른쪽에 푸른색의 상해 세계금융센터(World Financial Center, 492m, 2008년 완공), 그리고 제일 오른쪽에 2014년 완공된 상하이 타워(Shanghai Tower, 632m)의 건설 중인 모습 등이 보인다. 병따개처럼 생긴 푸른색의 상해 World Financial Center를 앞에서 살짝 가리고 있는 흰색 건물이 88층짜리 진마오 타워(Jin mao Tower, 420.5m)로, 그랜드 하얏트 호텔이 이 빌딩 안에 있다. 이제는 사진의 네 건물 중 가장 낮은 건물이 되었지만 99년에 완공될 당시에는 중국에서 가장 높은 건물로 포춘 포럼에 참석한 세계 각국의 VIP들이 모두 여기에 묵었다. (사진: 바이두)

그렇다고 중국 발령 초기에 만리장성이나 자금성 혹은 이화원을 방문하고 그 규모에 놀라서 "중국 정말 대단하구나!" 하던 때처럼 중국의 스케일에 대한 얘기도 아니다. 빠르게 변화하는 중국의 속도와 새 시대를 대하는 놀라운 적응력에 대한 감탄이었다.

대체 무엇을 보았길래 이런 얘기를 하는 걸까?

듣기에 따라서는 하찮은, 그러나 많은 것의 기본이 되는 '교차로 교통정리'로 대변되는 의식의 변화에 대해 얘기하려는 것이다.

우리도 과거에 익히 겪어 본 얘기지만, 번잡한 사거리에서 차량들이 마지막 파란불을 놓치지 않기 위해 꼬리 물기를 시작하면 그 사거리는 금방 주차장이 되고 만다(운전자들이 아무리 준법정신이 없다 해도 일반적으로 교통 경찰 두 명만 있으면 간단하게 해결이 되는 상황이다).

뉴욕 시민이 들으면 부끄러워해야 할 얘기지만, 뉴욕의 홀랜드(Holland) 터널에 진입하기 전 거쳐야 하는 두어 개의 교차로는 아직도 일부 운전자들의 꼬리물기로 늘 반 주차장 상태이다. 터널 진입 직전 교차로에만 경찰이 한 명 있을 뿐, 그전 두 교차로엔 아예 경찰이 없을 때도 있다. 인건비가 그리 비싼가? 정말 내려서 대신 교통정리라도 해 주고 싶을 때가 한두 번이 아니다.

20년 전 포춘 포럼 이전의 중국은 어땠을까? 복잡한 사거리에는 으레 경찰이 네 명씩이나 배치된다. 문제는 이 네 사람이 대개 한데 모여 있다는 것이다. 그리고 신호를 위반하는 차량들이 생기면 그제야 각자 단속을 시작한다. 본래 멀쩡하던 그 사거리는 경찰의 단속에 걸린 차량들과 경찰들 때문에 뒤죽박죽이 되고 만다.

다른 나라에서는 간단하고 사소한 것이 왜 개방 초기 중국에서는 되지 않았을까? 중국 사람들이 유별나게 준법정신이 약해서? 중국 경찰이 머리가 나빠서?

글쎄, 겪어 본 입장에서는 그렇게 간단한 거라고 얘기할지 모르지만, 미증유의 속도로 차량은 늘어나고, 급격한 차량 보급 탓에 운전자의 태반은 초보, 그 와중에 우마차도 차량이라고 자동차 행렬에 끼어든다. 그런데 교통경찰들은 바로 얼마 전까지만 해도 그런 상황을 경험한 적이 없고, 교통체증을 굳이 빨리 해결해야 할 필요를 못 느낀다. 일일 단속 할당량만 채우면 그뿐이다. 불과 1년 전의 상해의 교차로 모습이었다.

그것이 도시의 경제 발전의 기초가 되는 운송 효율과 어떤 관계에 있으며, 한 사람이 지체한 10분의 시간이 전 도시적으로는 몇 십만, 몇 백만 시간의 낭비가 되는지에 대해 고민할 필요도 없었고, 아무도 가르쳐 주지 않았다.

사거리 교통체증으로 대변되는 그 혼돈의 기간을 가장 먼저 종식시킨 곳이, 내가 아는 한, 상해였다.

포춘 포럼 개최지 상해, 국가 주석의 고향이자 중국 경제와 개혁개방을 상징하는 대표 도시.

100여 년 전 일세를 풍미했던 유행의 중심 상해가 다시금 중국의 변화를 주도하는 최일선 중심에 섰던 것이다. 이 선진화의 유행에 원인을 제공하고 불을 댕긴 것이 포춘 글로벌 포럼이었다.

그 며칠을 상해에서 보내며 내내 내 머릿속을 떠나지 않은 생각은 '중국 사람들은 한다면 하는구나!'였다. 요즘 우스갯소리로 바꾸면 '중국아, 넌 다 계획이 있구나!'라고 해야 할까.

물론 '역시 당에서 까라면 까는구나'라는 비아냥 섞인 생각도 없었다고는 할 수 없지만, 그렇게만 몰아가기엔 보기에 좋았다. 아무튼, 그러던 중국이 이제 G2의 일원이 되었다. '명실공히'라는 부사를 주저 없이 붙여 주기에는 아쉬운 점이 한두 가지가 아니지만, 그래도 희망을 가져 보련다.

국가 주석이 한 말이 있으니까!

장쩌민 주석 만찬사의 마지막 한마디!

"중국의 내일은 더욱 아름다울 것입니다. 세계의 내일도 더욱 아름다울 것입니다."

〈中國的明天將會更加美好, 世界的明天將會更加美好。〉

진심으로 이 말이 현실이 되기를 빌어 마지 않는다.

5

신부는 새엄마

중국어 맛보기

신부는 새엄마!

　직장 생활을 오래 하다 보니 결혼식 축사를 해 달라는 젊은이들이 하나둘 생기기 시작하더니, 어느 날부터인가는 동창생 녀석들이 아들 딸 시집 장가 보낸다고 청첩을 보내오기 시작하고, 이제는 손주를 보았다는 녀석들도 한 꾸러미는 되는 나이가 되어버렸다. 내 나이 얘기를 하려는 건 아니고, 얼마 전에도 자식 장가 보낸다는 친구의 카톡 청첩을 받고 축하의 말을 건네다 예전에 상해에서 근무하던 중국 직원의 결혼식에서 해 주었던 축사가 생각나 그 친구에게 "아들놈한테 이 말 전해줘. 니 마누라한테는 하지 말고." 하며 웃었던 얘기가 있다.

　무슨 얘기이길래 아들한텐 해도 되고 부인한텐 하면 안 되는 얘기였을까? 궁금하지 않더라도 중국어 공부한다 생각하시고 들어 보시기 바란다.

　신랑(新郎), 신부(新婦)를 중국에서는 어떻게 부를까? 비슷하지만 우리와는 좀 다르다.

신랑(新郎)은 우리와 똑 같이 新郎이라고 쓰고 발음도 비슷하다. 차이가 있다면, 우리가 '신랑'이라고 쓰고 '실랑'이라고 읽는 데 비해 중국어 발음은 자음동화 없이 신과 랑을 각각 본래 음으로 발음하며, '신'보다는 '씬'에 가깝게 발음하고, '랑'의 'ㄹ'은 영어의 'L'에 가깝게 발음한다. 신부는 씬냥(新孃)이라고 하는데, 중국어 간체자로 新娘이라고 쓴다.

이제부터 본론으로 들어가 보자.

씬냥(新孃)의 냥(孃: niáng)이라는 글자!

우리 발음으로는 '양'이고 우리에게는 젊은 여성의 이름이나 성 뒤에 붙여서 김 양, 경희 양 할 때 이 글자를 쓴다.

중국을 좀 아시는 분들은 예전에 아가씨라는 뜻으로 많이들 썼던 꾸냥(姑孃: gū niáng)이라는 단어에서 이 글자를 많이 접했을 것이다. 그러나 이 냥(孃)이 단독으로 쓰일 때는 아가씨라는 의미가 아니라 어머니라는 뜻이 된다. 현대 중국인들은 이 말을 많이 쓰지 않지만 − 지금은 마마(媽媽: mā mā) 혹은 한 음절로 마(媽: mā)라는 호칭을 더 많이 쓴다 − 몇십 년 전까지만 해도 이 냥(孃)이라는 말은 어머니라는 말로 구어체에서 널리 쓰였고, 오래된 영화나 드라마를 보면 어렵지 않게 접할 수 있는 단어이다. 물론 무협지나 역사물에서는 당연히 아직도 냥(孃)을 쓴다.

신부라는 중국어 씬냥(新孃)을 다시 들여다보자. 무슨 뜻인가? 새엄마!

나는 신부라는 우리말보다 이 말이 신랑이 되는 남자에게 훨씬 중요한 메시지를 던진다고 생각한다. 왜?

'새로운 엄마' 즉 나를 길러 준 어머니 품을 떠나, 나의 남은 반평생 동안 나를 돌보아 줄 새어머니로 신부를 대하라는 의미에서이다. 돌보아 준다고 하니 대뜸 '아내에게 뭘 바라기만 하느냐?'고 따지는 여권 운동가들도 있겠다만.

남자들의 어린 시절을 돌아보자. 어머니의 손을 잡고 옆 동네라도 놀러 갈 때면 신이 나서 가끔 어머니의 손을 놓고 혼자 쪼르르 앞으로 내달렸던 기억이 있을 것이다. 그러다 양 갈래 길이라도 만나면? 어김없이 뒤를 돌아보고 내뱉던 한마디, "엄마! 어디로 가?"

그렇다. 그날 축사를 부탁한 회사 후배에게 내가 해준 말은 이 말이었다.

"이제 씬냥은 당신의 새어머니입니다. 자리에 계신 어머니께서는 서운하실 수 있겠지만, 어린 시절 어머니에게 그랬던 것처럼 앞으로 두 사람의 결혼생활에서 어려운 결정을 해야 할 때는 반드시, 오늘부로 새어머니가 된 씬냥과 상의하고 의견을 물으십시오. 그리고 가능하면 그 말에 따르십시오. 옛말에 마누라 말을 들으면 자다가도 떡이 생긴다는 말도 있습니다!"

신랑 어머니가 들었으면 섭섭해할 만한 얘기가 맞는가?

자, 이제 그럼 신부, 아니 씬냥에게는 내가 뭐라고 했을까?

이번에는 신랑이라는 글자를 보자. 글자 그대로 새 신(新), 사내 랑(郎). 굳이 해석하자면 '새 남자'라는 의미이다.

'새 남자? 헐 신부가 초혼이 아니란 말이여?' 그럴 리가……. 새 남자라니 무슨 의미일까? 내 개똥철학식 해석은 이렇다.

옛날 남녀가 유별하고 남녀칠세부동석 같은 말이 생활윤리로 자리

잡고 있던 시절, 여성에게 있어서 그녀가 접할 수 있었던 남성은 집안의 남자들, 그중에서도 아버지였다.

남자 형제는 '남녀칠세부동석'이니 일곱 살 이후로는 자주 가까이하기가 쉽지 않았을 것이고, 당연한 얘기이지만 태어나서 처음 접한 남성도 아니었을 것이다. 유복자가 아닌 이상 그녀가 세상에서 가장 먼저 만나고 시집을 가기 전까지 유일하게 조석으로 얼굴을 마주했던 남성은 그녀의 아버지뿐이었을 터.

여성에게 있어서 '첫 남자'라 함은 바로 아버지를 가리키는 것이다. 그러니 앞의 새어머니 논리에 대입해 보면 결혼을 해서 신랑을 만난다는 의미는 새로운 아버지를 만나는 것이 아니겠는가?

그래서 그날 내가 씬냥에게 해준 말은 이것이었다.

"그대를 낳아 주신 아버지를 대하듯 이제부터는 씬랑을 의지하고 존경하며 아름다운 가정을 만들어 가세요!"

여러분들은 이 말에 동의하시는가?

자, 중국어 공부는 끝났고 이제 중국 결혼식의 주례에 대해 얘기해 보자.

결론부터 얘기하면, 적어도 한족 중국인의 오늘날 결혼식에 주례는 없다(물론 내가 모든 결혼식에 다 가본 것은 아니니 혹시라도 중국 결혼식에서 주례를 보신 분이 있으면 알려 주시기 바란다).

그럼 중국의 결혼식은 어떻게 진행될까?

큰 틀에서 보면 사회자, 증혼인(證婚人), 주혼인(主婚人)이 결혼식을 구성하는 주요 인물들이다. 물론 양가 부모와 결혼 당사자 두 명, 그리고 하객을 제하고 말이다.

식의 진행을 관장하는 사회자의 역할은 우리와 마찬가지인데, 증혼인은 무엇이고 주혼인은 무엇일까?

증혼인은 그 명칭에서 느낄 수 있듯이 이 혼인의 합법성을 증거하는 증인이다. 일반적으로 사회적으로 명망이 있는 어른으로서 신랑이나 신부의 스승이나 상사 혹은 양가와 인연이 있는 인사가 결혼증명서를 낭독하고 신랑 신부에게 덕담이나 축사를 한다.

주혼인은 혼사를 주관하는 사람이라는 의미인데, 우리의 혼주와는 다른 개념이다. 양가의 일가친척 중에서 가족들의 존경을 받고 사회적으로도 명망이 있는 어른이 맡으며, 주요 역할은 신랑신부에게 당부의 말을 하는 것이다. 예전에는 신랑의 아버지가 주혼인의 역할을 했으나 현대에 와서는 일가친척 중에서 앞에 얘기한 조건에 부합하는 어른이 맡는 경우가 많다.

그럼 나 같은 사람은 뭔가? 그냥 하객이다. 하객 중에 신랑이나 신부가 요청하면 나가서 덕담이나 축사를 하는 경우가 있는데, 내빈 축사에 해당한다.

이렇게 간단히 정리하고 넘어가기엔 요즘의 중국 결혼식이 시쳇말로 천태만상이라 – 하긴 한국도 내 또래가 결혼하던 시절과는 너무나 많은 것이 변했지만 – 한마디로 정리하기는 쉽지 않으나, 이 정도만 이해하고 중국 친구의 결혼식에 가면 상황을 이해하는 데 많은 도움이 될 것이다.

글을 맺으면서 중국에서 결혼식에 참석하며 축의금 봉투에 무슨 글을 써야 할지 고민되는 경우가 생긴다면 아래 글귀 한두 개 정도를 알아두시면 무난하게 사용할 수가 있다.

早生貴子 永結同心!(zǎo shēng guì zǐ yǒng jié tóng xīn)

百年好合 早生貴子 ! (bǎi nián hǎo hé zǎo shēng guì zǐ)

자식 얼른 낳고, 영원히 한 마음으로 잘 살라, 혹은 백년해로하고, 자식 얼른얼른 낳으라는 얘기다.

요즘은 이런 문구가 너무 구태의연하니 다른 좋은 문구 알려 달라는 글들이 바이두에 올라오는데, 뭐 그래 봤자 도토리 키 재기이니 잘 외워두었다가 필요할 때 잘 활용하시길.

남성 독자들 명심하세요!

마누라 말을 들으면 자다가도 떡이 생깁니다!

내가 이렇게 강조하는 이유도 사실은 이게 잘 되지 않아서 스스로에게 다짐하는 의미에서이다. 아마도 남자로 태어나 가장 하기 어려운 일 중의 하나가 아닌가 싶다.

초등학교 5학년 무렵이었던가? 당시 열심히 따라 불렀던 하춘화 씨의 〈잘했군 잘했어〉의 한 구절이 생각난다.

마누라~(왜 그래요~)

외양간 매어 놓은 얼룩이 한 마리 보았나? (보았죠)

어쨌소? (친정집 오라비 장가들 밑천 해 주었지)

잘했군~ (잘했어~)

잘했군 잘했군 잘했어~

그러게 내 마누라지~!

한국과 중국의
고사성어

외국어를 배우는 즐거움이라면 기본적으로는 새로운 표현을 알아가는 즐거움과 그것들을 실생활에서 써보는 즐거움이겠지만, 그 즐거움이 배가될 때는 역시 현지 친구들로부터 내 실력을 인정받는 때일 것이다. 이때 중요한 것이 실제 그 나라 사람들이 쓰는 속어나 속담을 적재적소에 쓸 수 있는 능력이다. 우리도 그렇지 않은가? 외국인 친구가 우리 속담을 능청스럽게 구사할 때 우리는 심지어 놀라기까지 하니 말이다.

우리와 중국이 유사한 부분이 하나 있다. 속어나 속담 외에 고급 언어 구사 능력과 수준의 척도가 되는 사자성어가 바로 그것이다. 사자성어 중에서도 역사적 고사에서 유래한 고사성어 몇 개라도 읊어 대면 중국인들은 우리가 중국의 역사와 문학에 대해서도 조예가 깊은 것으로 착각(?)을 해 준다. 이렇게 고사성어는 속어나 속담보다는 더 수준이 있으면서도 다른 외국인에 비해 우리에게는 더 익숙한 것이라 아는 고사성어 몇 개만 잘 활용해도 쉽게 중국인 친구들에게 실력을 인정받을 수 있다. 문제는, 우리나라의 고사성어와 비슷하거나 똑같은 것도 있지만, 글자의 순서가 바뀌거나 아예 다른 글자들로 조합이 되어 우리 걸 그대로 갖다 썼다가는 상대가 아예 못 알아듣는 수도 있으니 주의해야 한다는 것이다.

가장 가까운 예로 '고사성어'라는 말도 중국에서는 고사성어(故事成語)라고 부르지 않고 성어고사(成語故事: chéng yǔ gù shì)라고 부른다. 이런 미세한 차이야 이해하는 데 아무 문제가 없으니 상관없지만, 차이가 큰 것들도 있으니 써먹고 싶은 고사성어가 있으면 사용하기 전에 최소한 사전 한 번쯤은 찾아보는 성의를 가지는 것이, 폼 잡으려다 되려 폼 구기는 일을 막는 대책이 될 것이다. 예를 몇 가지 살펴보자.

衣錦還鄕(yī jǐn huán xiāng: 의금환향): 우리는 금의환향(錦衣還鄕)이라고 하는데 중국에서는 글자 순서를 바꾸어 사용한다.

烏合之衆(wū hé zhī zhòng: 오합지중): 우리가 오합지졸(烏合之卒)이라고 마칠 졸(卒) 자를 쓰는 데 비해 저들은 무리 중(衆)을 쓴다. '까마귀떼 같은 졸개들'과 '까마귀떼 같은 무리' 정도의 차이이겠다.

五十步笑一百步(wǔ shí bù xiào yī bǎi bù: 오십보 소 일백보): 우리는 五十步百步라고 줄여서 얘기하는 반면 저들은 웃을 소(笑) 자를 생략하지 않음으로써 '오십 보 도망간 놈이 일백 보 도망간 놈을 비웃는다'라는 문장의 원래 형태를 거의 그대로 살려서 쓴다.

青梅竹馬(qīng méi zhú mǎ: 청매죽마): 우리의 죽마고우(竹馬故友)에 해당할 수도 있는 말이지만, 사실은 아주 다르다. 우리의 죽마고우는 남자 사이에 쓰는 말이지만, 청매죽마는 어린 시절 단짝으로 함께 자란 남녀 사이를 말한다. 여기서 청매는 여자, 죽마는 남자를 지칭한다. 자칫 어릴 적 'ㅂㅇ친구'를 중국인에게 소개하면서 '우린 청매죽마(青梅竹馬)입니다'라고 했다간 상대방이 크게 당황할지도 모르니 조심할 일이다.

鶴立雞群(hè lì jī qún: 학립계군): 우리가 군계일학(群雞一鶴)이라고 쓰는 성어다. 우리가 '닭 무리 중의 학 한 마리'라고 다소 시적(詩的)으로 표현했다면, 저들은 '닭 무리 가운데 학이 우뚝 서 있다'라고 보다 설명적, 구체적으로 표현하고 있다.

몇 가지만 더 보자.

호형호제(呼兄呼弟): 남자들 사이에서 많이 쓰는 말이다. 그러나 중국에선 부를 호(呼) 대신 일컬을 칭(稱)과 말할 도(道)를 써서 稱兄道弟(Chēng xiōng dào dì: 칭형도제)라고 쓴다. 잘 먹고 잘산다는 호의호식(好衣好食), 중국에선 좋을 호(好) 대신 풍족(豐足)하다는 풍(豐) 자와 족(足) 자를 앞뒤에 각각 배치하여 豐衣足食(fēng yī zú shí: 풍의족식), 즉 '입을 것 먹을 것이 풍족하다'라고 표현한다.

여기까진 그래도 글로 써 주면 알아는 본다. 그런데 바로 아래의 그림, 소를 옆에 두고 거문고를 타는 이건 뭘까?

바로 우이독경(牛耳讀經)의 중국판이다. 이건 글로 써 줘도 중국인들은 이해하지 못한다. 문장 구조상 '우이'를 주어로, '독경'을 술어로 보기 때문이다. 그래

서 '쇠귀가 어떻게 경을 읽지? 이게 무슨 말임?'이냐고 묻는다. 그럼 중국인들은 이걸 어떻게 말할까? 대우탄금(對牛彈琴: duì niú tán qín)이라고 표현한다. 彈은 거문고 따위의 현악기를 연주한다는 뜻의 동사 '타다'이고, 琴은 거문고나 가야금 따위의 현악기를 말한다. 소를 향해 거문고를 연주한다. 즉, 못 알아듣는다는 얘기다.

이렇게 크건 작건 차이가 있는 것들이 있는가 하면, 중국과 우리가 똑같이 쓰는 것들도 많다. 호시탐탐(虎視眈眈: hǔ shì dān dān), 대기만성(大器晩成: dà qì wǎn chéng), 고진감래(苦盡甘來: kǔ jìn gān lái), 일석이조(一石二鳥: yī shí èr niǎo), 호가호위(狐假虎威: hú jiǎ hǔ wēi), 지록위마(指鹿爲馬: zhǐ lù wéi mǎ) 같은 것들이다.

중국의 고사성어가 반드시 우리 것과 똑같지는 않으니 주의하라는 얘기를 한다는 것이 말이 길어졌다.

아예 한자를 모르는 세대는 차라리 이런 걱정 할 필요 없이 그냥 중국의 사자성어 모음집 같은 것을 사서 중국 친구에게 좋은 표현 몇 개를 골라 달라고 하여 달달 외워 두었다가 적절한 장소, 적절한 분위기에서 써먹으면 될 텐데, 나이 지긋한 세대는 괜히 몇 자 아는 한자 때문에 오히려 혼란스러울 수도 있다. '아는 게 병'이라는 말은 이런 데도 통하나 보다.

방귀 뀌는데
바지는 왜 벗어

방귀 뀌는데 바지는 왜 벗어(脫褲子放屁)? 왜 괜한 짓을 하고 있느냐고 핀잔을 줄 때 하는 얘기이다.

이런 '맛깔나는' 속어는 중국에서 10년을 살아도 써먹기 쉽지 않은 표현이다. 10년을 살고도 쓰지 못한다는 건 10년을 헛살았다는 얘기인가? 그렇게까지 폄하할 수는 없지만, 적어도 중국어를 배우려는 노력과 관련해서는, 미안한 얘기지만, 대충대충 살았다고 할 수밖에……

언어를 배우고 익히는 데 있어서 개인별 차이는 의외로 크다. 어떤 사람은 3개월만 열심히 해도 중급반으로 가는가 하면, 어떤 사람은 1년을 해도 초급을 못 마치는 경우도 있다. 그러니 학교나 학원도 다니지 않고 집에서 살림만 하시는 주부들이나, 집에서 회사, 회사에서 집으로 다람쥐 쳇바퀴 돌 듯 일상에 쫓기는 사회인들 입장에서는 10년을 외국에서 생활한다 해도 실제로 언어를 배우기 위해 투자할 수 있는 시간은 얼마 안 될 것이다.

그럼 그것으로 모든 것이 다 용서(?)가 되는가? 그렇지 않다. 바쁜 와중에서도 2~3년 만에 현지 친구들과 농담 따먹기를 시도하는 용감하고 진취적인 이들도 있기 때문이다. 무엇이 그런 차이를 만드는가? 언어적 감각의 차이도 있지만, 더 중요한 것은 관심, 의지, 노력 그리고 약간의 뻔뻔함이다.

길거리를 가다 간판 하나를 봐도 모르는 글자가 있으면 허투루 지나치지 않는 관심과 호기심, 간단한 식사 자리에서는 일 년 안에 통역의 도움 없이 대화해 보겠다는 야심 찬 목표, TV이건 잡지에서건 모르는 단어가 나오면 메모라도 했다가 사전을 찾거나 친구에게 묻는 부지런함, 처음 듣는 표현을 접했을 때는 상대가 귀찮아할 것을 무릅쓰고라도 한 번 더 물어보는 뻔뻔한 학구열. 사실 이런 것들을 위해서 특별히 더 많은 시간이 필요한 것은 아니다. 마음가짐의 문제일 뿐이다.

『생각지도 못한 생각 사전』의 저자 유영만 교수는 강의 끝부분에 로댕의 '생각하는 사람'의 사진을 화면으로 잠시 보여준 후 화면을 끄고는 "앞에 나와서 방금 본 '생각하는 사람'의 자세를 그대로 따라 해볼 수 있는 사람?"이라는 질문을 던지곤 한다. 유감스럽게도 제대로 따라 하는 사람이 없다. 적어도 내가 그 강의를 들을 때는 없었다. 이유는 간단하다. 초등학교 때부터 보아 온 로댕의 '생각하는 사람'의 자세를 제대로 따라 하지 못하는 건, 보긴 봤는데 대충대충 봤기 때문이다.

말을 배울 때도 마찬가지이다. 알아들었다고 생각하고 대충 넘어가면 그 표현, 그 말은 결코 내 것이 될 수 없다. 문법적으로 분석이나 이해가 안 되면 전체 뜻만이라도 정확하게 물은 후 문장을 통으로 외우거나 혹은 단어 하나하나를 사전을 찾아가며 이해하고 외워서 자기 것으로 만들어야 한다. 그렇게 하지 않고 대충 넘어간 사람은 그 말을 열 번을 들어도 알아는 들을지언정 결코 그 말을 자기가 쓰지는 못한다.

자, 문법 같은 거 잘 모르면 통으로 외운다는 그런 마음가짐으로 이번엔 '맛깔스러운' 현지의 시장통 표현들을 몇 가지 살펴보자.

우리 말에도 '걸핏하면'이란 표현 대신 '놀부 녀석 돈 궤짝 열어 보듯'이라든지, '대충대충' '건성건성'이란 표현 대신 '똥 마려운 며느리 국거리 썰 듯'이라든지, '종잡을 수 없이'라는 말 대신 '미친 ㄴ 널 뛰듯이'처럼 상스럽지만 맛깔스러운 표현들이 있듯이 중국어에도 그런 표현들이 있다. 중국어 웬만큼 하는 사람들도 알기는 쉽지 않은 표현들이다.

脫褲子放屁(튀 쿠즈 팡피: tuō kù zi fàng pì)

바지를 벗고 방귀를 뀐다는 얘기인데, 쓸데없는 군더더기를 괜히 더해서 시간 낭비, 효율 저하를 일으킬 때 쓰는 말이다. 점잖게 말하면 '多此一擧(duō cǐ yī jǔ)', 즉 '안 해도 될 일 하나를 더 하다'라는 말인데, 방귀 뀌느라 바지 내리는 모습을 연상해 보라. 얼마나 재밌는 표현인가.

佔著茅坑不拉屎(zhàn zhe máo kēng bù lā shǐ)

똥간을 차지하고 앉아서 똥을 안 누다. 뭘 하지도 않으면서 남의 순서나 앞길을 막고 있는 경우에 쓰는 말로, 물건도 사지 않을 거면서 계산대 앞에서 점원에게 이것저것 묻는 인간이 있다면 뒤에서 한마디 하면 된다. 물론 싸대기 한 대는 각오해야겠지만.

'站著說話不腰疼(zhàn zhe shuō huà bù yāo téng)?' '거기 서서 입만 나불거리고 있으면 허리는 안 아프냐?'라는 뜻인데, 전혀 도움도 되지 않으면서 한쪽에 서서 이래라저래라, 감 놔라 배 놔라 하는 사람들을 가리켜 하는 말이다. 문법적으로 보면 站著說話腰不疼이 맞는 것 같은데, 북경 사람들은 腰不疼이 아니라 不腰疼이라고 말한다. 물론 腰不疼이라고 해도 알아듣고, 북경 사람이 아닌 사람들은 이게 맞는 말인 줄로 아는 경우가 많다.

하나만 더 보자.

拉不出屎來怨茅房(lā bù chū shǐ lái yuàn máo fáng) 일이 안 되면 늘 남 탓만 하는 인간들을 가리키는 말이다. 직역하면 '똥이 안 나온다고 측간 나무라는 격' 뭐 그런 얘기이다.

얘기의 수준이 좀 너무 아래쪽으로만 간 것 같다. 그래도 이런 표현 한두 개 정도를 자연스럽게 대화에 섞어 쓸 정도가 되면 현지 친구들도 서서히 당신을 중국통으로 인정하기 시작할 것이다.

언어만 알면
통역할 수 있다?

통역이란 단어는 대부분의 사람에게는 별다른 관련이 없는 말이겠지만, 여행이든 출장이든 해외에서 단 며칠이라도 지내야 할 경우 본인이 해당 국가의 언어를 구사하지 못한다면 어떤 형태로든 삶에 끼어들게 된다. 해외여행이라면 가이드가 그 역할을 해줄 것이고, 해외 이주 가족의 경우에는 할아버지나 엄마보다 먼저 말을 배우기 시작한 일곱 살짜리 꼬맹이가 동네 슈퍼에서 훌륭한 통역사의 역할을 해줄 수도 있을 것이다. 물론 주재원으로서의 사업적 통역이나 전문 통역사로서의 국제회의 통역 같은 것은 전혀 다른 차원의 이야기이지만.

처음으로 통역이란 걸 해본 것은 대만에서 방송국 생활을 하면서였다. 한번은 타이베이에서 열린 아시아 부녀자 대회의 동시통역을 하게 되었다.

한중 동시통역사가 그리 많이 배출되어 있지 않던 시절이다 보니 대만 최대 라디오 방송국의 국제부에서 한국어 방송을 하는 사람(필자)

이면 중국어 통역도 제일 잘할 것이라고 생각들을 했던 모양이다. 주최 측의 요청을 받은 우리 국장님은 평소 예쁘게 봤던 나를 추천해 주셨다.

지금 생각하면 참 겁도 없었다는 표현밖에는 딱히 당시의 상황을 형용할 방법이 없지만, 아무튼 거금을 준다고 하니 제 실력은 생각지도 않고 덥석 이 천금 같은 아르바이트 기회를 물었다.

처음 해 보는 동시통역이라 통역 자체도 쉽지는 않았지만, 1:1 통역이 아닌 1:다 통역이다 보니 교차 통역을 위한 기계 조작 실수로 자칫 국제회의를 망칠 뻔했다.

기계 조작이라니? 통역에 무슨 기계?

좀 복잡하지만, 설명을 하자면 이렇다. 참석자의 국적이 다양한 국제회의에서는 원칙적으로는 참여하는 국가의 숫자보다도 많은 통역사가 있어야 한다. 단순히 쌍방향 통역이 아닌, 다방향 통역이 진행되어야 하기 때문이다. 즉, 한국, 중국, 일본, 태국이 참가했다면 한국 참가자 입장에서야 한중, 한일, 한태 관련 쌍방향 통역이 가능한 통역사만 있으면 되지만, 일본의 입장에선 일한 외에도 일중, 일태 통역사가 필요하고 중국 입장에선 중한, 중일 외에도 중태 통역사가 있어야 하므로 6명의 통역사가 있어야 한다는 얘기이다.

이렇게 4개국만 참가해도 통역사가 6명이 필요한데, 5개국 혹은 10개국이 참석하면 어떻겠는가? 무슨 돈으로 그 많은 통역사를 다 부를 것이며, 그 많은 통역사가 들어가 앉을 부스는 다 어떻게 마련한단 말인가? 그래서 생긴 것이 교차 통역이다. 방금 같은 경우에 6명 대신 최대한 줄이면 3명으로도 해결할 수 있다.

동시통역을 하고 있는 통역사들

중일 통역이 가능한 중국인 A와 일어-태국어 통역이 가능한 일본인 B, 그리고 중한 통역이 가능한 한국인 C, 이렇게 세 사람만 있으면 가능하다. 어떻게 할까?

한국 대표가 말할 때 우선 한중 통역이 가능한 한국인 C가 한국어를 중국어로, 그러면 중일이 가능한 중국인 A는 C가 통역한 중국어를 듣고 일본어로 통역, 일본인 B는 한국어도 중국어도 모르니 중국인 A가 통역한 일본어를 듣고 태국어로 통역을 한다. 다시 말해 일본인 B는 한국어에서 중국어로, 다시 일본어로 통역된 내용을 듣고, 태국어로 통역을 하는 것이다. 웬만한 실력자들이 아니면 예능 프로그램에서 흔히 몸동작으로 앞 사람 말을 제일 뒷사람에게까지 전달하는 게임처럼 전혀 엉뚱한 내용을 전달하게 될 수도 있다.

구체적인 마이크 사용법을 예로 들어 보자. 한국 대표가 발언하면 한중 통역인 C는 회의장 마이크에 연결된 이어폰 스위치를 켜고 한국어를 들은 후 중국어로 통역하고, A는 C의 마이크에서 나오는 소리와 연결해 C의 중국어를 듣고 일어로 통역한다. 이때 B는 회의장이나 C의 마이크와 연결하는 것이 아니라 A의 마이크에 연결해 A가 하는 일본어를 태국어로 통역하는 것인데, 이 이어폰을 켜고 끄는 순간을 놓치거나 엉뚱한 마이크와 연결하면 내가 들어야 할 말을 놓치고 허둥대는 상황을 연출하게 되는 것이다. 아마 어떤 분은 지금 종이를 펴 놓고 열심히 줄 잇기를 하고 있을지도 모르겠다.

요즘은 시스템이 좋아져서 통역사들이 이렇게까지 하지 않아도 되겠지만, 그 당시의 시스템에서는 아마 그게 경제성을 살리는 최선의 방법이 아니었나 싶다. 동시통역 훈련을 받고 경험을 쌓은 베테랑이면 모를까, 웬만한 순발력으로는 실수 없이 하기가 쉽지 않은 일이었다. 게다가 잘 모르는 표현이라도 나오면 통역 본연의 스트레스에 스위치 조작 스트레스까지 가중된다. 나중에 직장생활을 하면서 회장님 통역을 할 때도 언어적으로나 기술적으로 이렇게 힘들었던 적은 없었던 것 같다. 물론 정신적인 스트레스는 이쪽이 훨씬 덜했지만.

다행히 3개 국어 동시통역이 가능했던 옆자리의 나이 지긋하신 전문 동시통역사 아저씨께서 위기의 순간마다 옆 부스에서 지원해 주어 큰 사고는 없었지만, 참으로 무모한 도전이었다.

그 후로는 전문 동시통역사들이 대거 배출되어서 동시통역을 해 달라고 부르는 데도 없었지만, 통역 실력이 많이 는 후에도 순차통역에만 적응이 된 입장에선 동시통역은 엄두도 낼 수 없었다.

혹시 순차통역과 동시통역의 차이를 모르시는 분들을 위해 간단히 사족을 달면, 순차통역이란 화자의 말을 다 듣고 난 후에 들은 말을 통역하는 것이고, 동시통역이란 귀로는 화자의 말을 들으면서 동시에 입으로는 그 말을 통역해 내는 것을 말한다.

사장질을 몇 년이나 하셨나요

회사원 입장에서 가장 진땀 나는 것은 회사 최고위층의 통역이다. 회사에서 회장, 부회장, 사장 같은 양반들의 위상이 어떤지 아는 사람이면 쉽게 공감할 수 있을 것이다.

기술적 어려움으로는 동시통역을 따라갈 바가 못 되지만, 정신적 스트레스로는 위궤양 유발에 즉효인 회장님 통역 얘기를 한번 해 보자.

통역을 하다 보면 여러 종류의 실수를 하게 되는데, 그중 대표적인 것이 상대의 말을 잘 알아듣지 못하거나 우리 편이 한 얘기를 상대 언어로 어떻게 표현해야 할지 모를 때 발생한다. 이와 관련한 유명한 우스개가 있다. 어느 통역관이 통역을 하다 윗사람이 던진 유머를 도저히 상대 언어로 통역할 방법을 찾을 수가 없자 "방금 한국어로 재밌는 우스갯소리를 하셨는데, 제가 뭐라 통역할지 몰라서 그러니 다들 좀 크게 웃어 주십시오" 했다는 얘기다.

그런 정도까지는 아니지만, 중국어 통역을 하다 보면 사투리 때문에 곤욕을 치르게 되는 경우가 많다. 그런데 그런 경우는 옆에 있는 중국 사람이 자기네도 그 양반의 사투리가 심하다는 걸 알기 때문에 넌지시 표준어 발음으로 알려 준다. 문제는, 진짜 단어나 표현의 의미를 모를 때 난감해진다.

회장급, 장관급 통역이라 할지라도 식사 자리 같은 다소 격의 없는 분위기에서 진행하는 통역은 그럴 때 솔직하게 "방금 하신 그 말씀이 무슨 뜻인지요?" 혹은 "죄송하지만 한 번만 더 말씀해 주시겠습니까?"라고 당사자에게 물어보아도 크게 문제가 되지는 않는다. 그러나 최고 위층의 공식 면담처럼 격식을 따지는 상황에서 그런 일이 발생하면 난감하기 그지 없는데, 이럴 때는 '가재는 게 편'이라고 상대 통역이 슬쩍 작은 소리로 알려 주기도 한다.

상대 통역이란 무슨 얘기냐 하면, 공식 행사에서는 양측이 모두 통역을 대동하는데, 우리 쪽 통역은 우리 쪽 대표의 말을 듣고 상대 쪽 언어로 통역을 하며, 상대 쪽 통역은 자기네 대표의 말을 듣고 우리 언어로 통역을 한다. 그런데 통역을 해 보니 사실은 거꾸로 한국 대표의 말을 중국 통역이 듣고 중국어로 옮기고, 중국 대표의 말을 한국 통역이 듣고 한국어로 통역하는 것이 듣는 사람 입장에서는 더 편안하고 더 정확하다.

중국 사람이 아무리 한국어를 잘한다 해도 한국에서 나고 자라지 않은 이상 한계가 있을 수밖에 없고, 마찬가지로 한국 사람이 아무리 중국어를 잘해도 한계가 있을 수밖에 없기 때문이다. 이민의 역사가 긴 미국이나 일본의 통역 같은 경우에는 해당 국가에서 나고 자란 이민 2세들이 많아서 문제가 거의 없지만, 중국의 경우엔 아직 그만한 세월이 흐르지를 않았다.

실제로 수교 초기 한중 회의의 통역에는 북한에서 조선어를 전공하고 돌아온 중국인이나 연변식 우리말을 구사하는 조선족이 중국 측 통역을 담당하는 경우가 많았는데, 한국에서 쓰는 한국어와 다른 부분이 많다 보니 때로는 황당한 표현이 등장하기도 했다.

대표적인 것이 조선족들이 즐겨 쓰는 '~질'이다. 우리말의 '사장 역할'에 해당하는 조선족 표현은 거의 비속어에 해당하는 '사장질'이다.

예를 들어 중국 어느 시의 시장이 한국 회사의 중국본부장인 사장급 인사와 면담을 하면서 "사장님께서는 중국본부장을 맡으신 지 몇 년이나 됐습니까?"라는 질문을 중국어로 했다고 치자. 이 경우 조선족이라면 열의 아홉은 "사장님은 중국본부장질을 몇 년이나 했습니까?"라고 통역한다. 점잖은 자리에서 웃지도 못하는 상황이지만, 자상한(?) 사장님 중에는 회의가 끝나고 그 통역과 얼굴이라도 마주치게 되면 '사장질'이라는 단어가 갖는 부정적 어감에 대해 설명해 주는 경우도 더러 있다.

한국인 통역이 중국 시장의 말을 듣고 한국어로 통역을 했다면 당연히 "사장님께서는 중국본부장을 맡으신 지 몇 년이나 됐습니까?"라고 했을 것이다. 그래서 서로 바꾸어서 통역을 하는 게 좋을 수도 있다고 말한 것이다.

대부분은 이렇게 바꾸어 통역하는 것이 듣는 회장님들 입장에서는 듣기에 부드럽고 편안하겠지만, 결국은 앞에서 얘기한 가장 기본적인 문제에 봉착하게 된다. 즉, 만일 정말 내가 못 알아듣는 중국말이 나오면? 방법이 없다.

바로 그런 경우가 우리 회장님과 최대 고객사 중의 하나인 ㅇㅇ의

장○○ 동사장(회장) 사이에서 발
생했다.

중국 측 통역이 없어서 내가 중
국 측 통역과 우리 회장님 통역을
모두 맡았다.

2009년경이었던 것으로 기억되
는데, 이미 50이 다 된 나이였지만

리펑 당시 중국 총리를 안내하는 필자.

회장님이 뜨면 영락없이 통역을 하는 것이 사내 불문율처럼 되어 있던
터라 장 동사장의 초청으로 ○○ 본사를 방문한 회장님의 통역 겸 장
동사장의 통역을 맡게 됐다.

한때는 우리 회사의 대리상을 했던, 그러나 어느 순간 폭풍 성장하여
그 무렵에는 나 정도의 사람은 말도 섞기 쉽지 않을 정도로 위상이 올
라간 장 동사장과 그 회사에서 한자리하는 간부들은 다 참석하여 우리
회장님 일행에 대해 최대의 예의를 표하는 분위기 좋은 만찬이었다.

만찬 중에 얼큰해진 장 동사장이 총무 담당 임원을 시켜 마이크를
갖고 오게 하더니 VIP룸에 있는 TV 화면을 켜고 노래를 부를 준비를
하는 게 아닌가. 우리 일행도 기분 좋게 한잔들 했겠다, 장 동사장의
그런 동작이 우스꽝스럽다거나 채신없어 보였다기보다는 우리에게 마
음을 다 터놓는 것 같아 수행한 임원들도 편한 마음으로 지켜보고 있
었다. 그때 장 동사장이 직원들에게 뭐라 한마디하고는 회장님과 나를
향해 또 한마디를 하는 것이었다.

처음 듣는 고사성어였는데, 다행히 하나둘 자리를 뜨는 임원들을 향
해서 하는 얘기를 듣고 첫 번째 성어의 뜻은 쉽게 알아들었다. 직원들

에게 한 얘기는 이거였다. "총무 담당과 비서만 남고 나머지는 이제 가서 남은 일들 해라. 나는 계속 손님 접대할 테니."

그러고 나서 회장님과 나를 보고 한 얘기는 '즈쉬 쩌우꽌 팡훠, 뿌쉬 바이씽 디앤떵〈只許州官放火, 不許百姓點燈: zhǐ xǔ zhōu guān fang huǒ, bù xǔ bǎi xìng diǎn dēng〉'이었다.

장 동사장이 이 글을 보면 서운하겠지만, 그 양반의 중국어가 남경 억양이 섞여 그리 표준 발음은 아닌 데다 고사성어 쓰는 걸 좋아해서 일반 구어체의 대화는 상관이 없지만 이런 식으로 고사성어를 쓰기 시작하면 골치가 아파지기 시작하는데, 틀림없이 직원들에게 한 얘기와 관련이 있는 표현일 터였다.

어려운 성어는 아니지만, 일상에서 그리 많이 쓰질 않기 때문에 접할 기회가 많지 않은 성어였다.

〈只許州官放火, 不許百姓點燈〉

주관(州官)이라 함은 고을의 관리, 우리 옛 표현으로 하자면 고을 원님 정도가 되겠다. 직역을 하면 "주관에게만 방화가 허용되고 백성에게는 점등도 허용되지 않는다." 즉, "원님은 불을 질러도 상관없지만, 백성들은 등불도 밝혀서는 안 된다." 좀 더 의역하면 "나는 뭘 해도 상관없지만, 너희들은 아무것도 하면 안 돼."라는 말이다.

이때 원님은 장 동사장 자신을 가리키는 것이고, 백성은 부하 직원들을 일컫는 것이다. 저녁 8시가 넘은 시간에 임원들을 퇴근하라는 것도 아니고, 남아서 일을 더 하라고 시키면서 본인은 남아서 술 마시고 놀겠다는 얘기를 나름 '유식하게' 표현한 것이다.

여기까진 비록 모르던 고사성어였지만 전후 사정과 대화를 통해 그

뜻을 알 수가 있었다. 정작 문제는 직원이 가져온 마이크를 잡은 장 동 사장이 회장님께 한 한마디였는데, 또 그놈의 고사성어!

정확한 발음으로 했더라도 내 실력으로는 알 수 없는 처음 듣는 성 어였다.

혹시 설명 없이 이 성어의 뜻을 아시는 독자는 고전이나 중국어에 대한 이해가 상당히 깊은 분이다. 우리말로는 '포전인옥(抛磚引玉)'이 라 하는 이 성어는 '벽돌을 던져서 옥을 구한다'는 의미로, '형편없는 노래 실력을 가진 자신을 던져 회장님의 노래 한 곡을 구하겠다'라는, 다시 말해 '부끄러운 실력이지만 제가 먼저 한 곡 부를 테니 회장님도 한 곡 해 주십시오'라는 의미였다.

결국 장 동사장이 메모지에 중국어로 써 주고 나서야 겨우 그 말뜻 을 알아듣고 회장님께 통역해 드릴 수 있었다. 비교적 편안한 식사 자 리였던 데다 술기운에 간이 집 나간 상황이었기에 망정이지, 평소였으 면 식은땀을 바가지로 쏟을 상황이었다.

지금이야 스마트폰들의 통·번역 어플들이 발달해 외국어 한마디 못해도 해외여행에 별문제가 없지만, 당시엔 뭘 검색한다는 것은 있을 수 없던 시절이었다. 물론 그게 가능했다 해도 회장님 앞에서 폰을 꺼 내 들고 통역을 할 수는 없는 일이지만.

통역 얘기가 나왔으니 말인데, 업무상 통역을 할 일 있는 분들은 본인의 기억력에 너무 의존하지 말고 반드시 손에 잡히는 크기의 그리 크지 않은 수첩과 펜을 준비하고, 또 화자의 말을 다 적으려고 애쓰기 보다는 화자의 말을 키워드 위주로 따라 적으면서 통역에 임하시기를 권한다. 속기를 배워 두면 정말 크게 도움이 되는데, 그 이유를 지금부터 설명드리겠다.

기억력이 한창 좋던 과장 시절에 그룹의 부회장이자 우리 회사의 CEO였던 이○○ 부회장과 당시 주한 중국대사의 통역을 하던 날 손님 앞에서 혼났던 적이 있다.

워낙에 달변인 데다 철학적 사유를 즐기는 우리 부회장께서는 통역할 사람에게 통역할 틈을 주시는 법이 없었다. 공식 기념사나 축사처럼 본인이 한 문장을 읽으면 통역이 한 문장을 따라 통역하는 그런 경우를 제외하고는 하시고 싶은 얘기를 기승전결 다 끝내고 나서야 "자, 이제 통역해라!" 하는 스타일이었다.

대부분의 경우에는 이런 유형이 통역하기가 더 쉽다. 특히 말주변이 없거나 논리적인 화법을 구사하지 못하는 사람의 언어를 통역해야 할 때는 이렇게 처음부터 끝까지 하고 싶어 하는 말을 다 듣고 통역을 하는 것이 더 편하다. 설사 말의 접속 관계나 인과 관계가 애매하더라도 전후 문맥을 통해서 말하고자 하는 의도를 파악하고 제대로 통역을 할 수 있는데, 우리 부회장 같은 분은 그럴 필요가 전혀 없는 논리적 달변가여서 오히려 한 마디 한 마디 끊어 얘기해 주는 게 통역하는 입장에서 숨이 차지 않아 더 좋은데, 이 양반은 늘 한 번에 통역해야 하는 분량이 최소 1분은 되게 말씀을 하셨다.

그날도 예외는 아니었다. 아니 가장 심한 경우에 속했다. 한 5분은 얘기하신 것 같은데, 지니고 있던 수첩의 빈 페이지가 거의 남지 않을 때까지 받아 적으면서 빈 페이지가 모자라면 큰일이라는 걱정 속에 말씀이 끝나기만을 기다렸다.

드디어 기다리던 말, "자 이제 통역해라!"라는 지시가 떨어졌다.

수첩을 약 열 장 정도 되넘겨서 간신히 처음 시작한 부분을 찾을 수 있었다.

그런데 이게 웬일인가? 하도 바빠 받아 적다 보니 틀림없이 내가 적은 글인데, 알아볼 수가 없었다. 이야기의 흐름은 논리 정연한 내용이라 첫 문장만 풀리면 술술 풀려갈 터였는데, 첫 단어, 첫 문장이 암호처럼 해독이 되지를 않는 것이었다. 하는 수 없이 "부회장님, 처음 시작하신 부분만 다시 한번 말씀해 주실……."

"연필 손에 들고 뭘 적은 건가!"

대사 면전에서 눈물이 찔끔 나게 혼이 나는데, 다행히 배석했던 사장님이 "자동차 산업 얘기……."라고 알려주셨다.

아마 그 사장님이 아니었으면 부회장 당신께서도 처음에 무슨 얘기부터 시작했는지 기억을 못 해 냈을 수도 있다. 아니, 그래서 내게 더 화를 내셨던 게 아닐까?

그 당시엔 정말 내가 하는 짓이 한심해서 내게 역정을 내시는 것이라 생각했지만, 이제 내가 그분 나이가 되고 보니 당신이 한 말이 기억이 나지 않아 짜증을 내셨을 수도 있겠다는 생각에 더 무게가 실린다.

통역 얘기를 하다 보니 같은 중국어인데 대만과 중국이 사용하는 어휘나 발음에 서로 차이가 있는 바람에 귀국 후 입사 초기에 동료 간에 자칫 오해를 할 뻔했던 기억들이 새롭다. 중국어 전공을 했더라도 유학을 대만에서 했느냐 중국에서 했느냐에 따라 사용하는 어휘에 차이가 있고, 마찬가지로 통역의 대상이 되는 사람이 대만 사람이냐 중국 대륙 사람이냐에 따라 선택하는 어휘도 달라져야 한다.

이것은 통역뿐 아니라 문서 번역에도 해당되는 얘기인데, 대만 생활을 마치고 들어와서 회사의 중국팀에서 일을 시작하던 때였다. 중국어 인력이 별로 없던 시절, 우리끼리는 같은 중국 업무를 하더라도 나처럼 중국어를 전공하고 대만 유학을 다녀온 사람을(당시에 중국에 유학할 수는 없었으므로) 육사 출신에, 중국어 기초는 없지만 업무적 전문성(예를 들어 재무 전문가, 마케팅 전문가 등)을 인정받아 중국 업무에 투입되어 사내 단기 언어연수를 마치고 후에는 주재원으로까지 나간 동료들을 총 쏘는 법만 며칠 배우고 전선에 투입된 학도의용군에 빗대어 불렀다. 그런데 중간에 입사한 나보다 먼저 중국 일을 하던 이 학도의용군들이 내가 쓰는 어휘에 이의를 제기하는 것이 아닌가! 그들은 중국어 전공자는 아니지만 나보다 앞서 이미 2년 정도 중국 기업들과 대화하며 실무 경험을 쌓은 실전파들이었다. 당연히 실무에서 늘 쓰는 단어들에 충분히 익숙해진 상태.

그런데 당연히 '따쌰'라고 읽어야 할 빌딩(大厦)을 '따싸'라고 읽고 치웨(契約)라고 불러야 할 계약서를 허통(合同)이라고 부르는 것이었다. 물론 내 말이 맞다고 우기지는 않았지만(우겼더라면 큰일 날 뻔한 게, 이 경우엔 내가 틀렸다), 내가 의심의 눈초리를 보내는 것은 동물적으로 느꼈을 터. 육사 출신 앞에서 대놓고 틀렸다고는 못하고, 아마 속으로 꽤나 기분이 나빴을 것이다.

그래도 다행인 것은 중국어가 뜻글자인 덕분에 많은 경우 의미를 미루어 짐작해 볼 수는 있는 데다 이제는 해협양안* 간의 왕래가 빈번해

---

* 중국과 대만이 대만해협 하나를 사이에 두고 마주 보고 있는 관계로 대만과 중국의 관계를 얘기할 때는 '양안 관계'라 하고, 대만과 중국을 함께 지칭할 때는 '해협양안'이라고 얘기한다.

지면서 이런 차이들도 어느새 익숙한 것들이 되어 버렸다는 것이다.

안타깝게도 우리와 북한은 아직 이런 차이가 좁혀지질 못해서 한 민족 간에 상이한 어휘를 정리 번역(?)해 놓은 북한말 번역기까지 동원되고 있다. 채소와 남새, 도시락과 곽밥의 차이가 없어지는 날이 어쩌면 우리가 중국을 다시 넘어서는 날이 될지도 모르겠다.

아무튼 어렵고도 재미있는 통역!

치매에 걸리지 않으려면 이만한 두뇌 훈련이 또 따로 없다. 늘그막에 고스톱이나 치는 것보단 어디 자원봉사라도 가서 통역할 기회가 있으면 좋겠다. 물론 돈을 주면 더 좋겠지만, 스마트폰 때문에 이젠 그럴 기회도 없으려나?

대만과 중국의 언어 차이

대만이나 중국 여행을 가는 분들을 위해 실제 많이 쓰이는 어휘 중 다른 것 몇 가지만 예를 들어 보기로 하자.

먼저, 가장 중요한 화장실. 중국은 위생 공간이란 의미의 웨이썽졘(衛生間), 대만은 '손 씻는 곳'이란 의미의 시서우졘(洗手間). 택시의 경우 중국에서는 '대여한 차'라는 의미로 추쭈처(出租車), 대만에서는 '거리를 계산하는 차'라는 뜻으로 지청처(計程車). 또 지하철은 중국에선 지하철도를 줄여서 띠톄(地鐵), 대만에선 '빠른 운송시스템'이란 의미의 졔윈(捷運). 라면은 중국에선 '편리한 면'이란 뜻의 팡벤몐(方便麵), 대만에선 '빨리 먹을 수 있는 면'이란 뜻의 쑤스몐(速食麵)을 쓴다.

외국어 공부엔 역시 시청각 교육?

고향 친구 중에 홍콩이나 대만 사극을 무척 좋아하는 친구가 있다. 대만 유학 시절 어느 해 방학에 한국에 와서 오랜만에 고향 친구들과 만난 자리에서 이 친구가 "상훈아, 내도 중국어 쫌 한데이. 함 들어 볼래?" 하더니 "커우젠 황썅" "피잉썬" "칠라이바"라며 성조도 정확하게 중국어 세 마디를 연이어 날리는 것이었다. 발음이 워낙 정확해서 앞뒤 문맥 전혀 없이도 이 친구가 지금 무슨 말을 하는지 100% 알아들을 수가 있었다.

'커우젠 황썅(叩見皇上: kòu jiàn huáng shàng)'이란 '머리 조아려 황제 폐하를 알현하옵니다'라는 얘기이고, '피잉썬'(平身: píng shēn)은 '허리를 펴라', 즉 우리 사극의 표현대로라면 '고개를 들라'에 해당하는 표현이며, '칠라이바'(起來吧: qǐ lái ba)는 '몸을 일으키거라'라는 말이다. 둘 다 '커우젠 황썅'에 대한 황제의 반응이다. '예는 잘 받았으니, 이제 몸가짐을 편히 하거라' 하는, 신하에 대한 황제의 작은 배려다.

이 말들은 1시간짜리 사극 1회분을 보는 사이에 적어도 한두 번은 나오는 말이므로 보통 50회는 넘어가는 사극 한 편을 다 떼고 나면 100번은 듣게 되는 표현이다.

내 친구는 이 말들이 어떤 글자 어떤 단어들로 구성되어 있는지 전혀 모른다. 문법적으로 어떻게 그런 뜻이 되는지는 더더욱 모른다. 그러나 발음이 별로였던 내 주위 몇몇 유학생보다 발음이 훨씬 정확했고, 당연히 언제 어떤 상황에서 그런 표현이 쓰이는지도 정확하게 알고 있었다. 시청각 교육의 놀라운 결과물이었다.

이렇게 드라마만 보아도 자주 나오는 표현 중엔 쉽게 귀에 들어오고 입에 착착 감기는 표현들이 있다. 중국어 사용 지역에 거주한다면 평소에 주위 현지인들과의 대화에 조금만 더 관심을 가지고 틈틈이 드라마도 보고 하다 보면 내 고향 친구보단 훨씬 효과적으로 단시간 내에, 때로는 회화 교과서에도 나오지 않는 많은 좋은 표현들을 배우게 된다. 앞서 얘기했던 고사성어나 시장통 표현들을 쓰는 것과는 또 다른 즐거움이다. 간략히 몇 가지만 맛보고 넘어가자. 일단 아주 쉬운 초급 중의 초급부터. 물론 이 초급의 표현들은 학교에서도 배울 수 있는 내용이므로, 중국어 초급을 마친 분들은 이미 들어 보신 표현이겠다.

뿌커치(不客氣: bù kè qì)

'감사합니다'라는 뜻의 '씨에씨에'(謝謝: xiè xiè)나 '담에 만나요'라는 작별 인사 '짜이지앤'(再見: zài jiàn)만큼 자주 쓰인다. 그도 그럴 것이, '감사합니다' 하는 인사 뒤에는 반드시 따라오는 대답으로서 '천만에요'나 '별말씀을'에 해당하는 말이기 때문인데, 앞의 두 표현과는 달리 중화권에서 살지 않으면 전혀 들어 볼 기회가 없는 말이다.

우리 발음으로는 '뿌객기'이다 보니 '객기 부리지 말라'는 뜻으로 오해하시는 분들도 있겠으나, 우리말과 글자는 같지만 뜻이 전혀 다르다. 우리말의 객기가 '객쩍은 혈기'라는 뜻인 데 비해, 중국어의 객기는 '손님처럼 행동한다'는 의미를 띠고 있다. 즉, '뿌커치'는 '손님처럼 그렇게 사양하지 마시라'라는 뜻으로 영어의 'You're welcome'에 해당한다. 누가 '씨에씨에' 하면서 감사를 표시하면 무조건 반사적으로 '뿌커치'라고 대답하면 된다는 말이다.

우리 말에서는 '감사합니다'에 대해 여러 표현, 예를 들어 '천만에요', '별말씀을', '에이, 별것도 아닌데', '에이 뭘' 등등 상황과 어감에 따라 더 어울리는 표현들도 있지만, 중국어에서는 뿌커치 하나면 다 된다. 물론 약간씩 변형이 있을 수도 있고, 고급으로 가면 좀 더 다른 표현들이 있기는 하지만, 누군가 '씨에씨에'라고 하면 '뿌커치' 한마디만 하면 틀리는 경우는 없다.

이보다는 덜 쓰이지만, 중국에 가서 한국 사람들이 제일 먼저 배우는 말 중에 또 한 가지 표현이 있다. 바로 '칭커(請客 : qǐng kè)'다. 한턱낸다는 의미인데, '네가 한턱내'라고 하고 싶으면 '너'라는 你(nǐ)를 앞에 붙여서 '니 칭커'(你請客: nǐ qǐng kè), '내가 한턱낼게'라고 하고 싶으면 '나'라는 我(wǒ)를 앞에 붙여서 '워 칭커'(我請客: wǒ qǐng kè)라고 하면 된다.

중국어나 영어가 편한 게 이런 부분인데, 경어가 세분화되어 있지 않기 때문에 어른에게나 애들에게나 다 똑같이 얘기해도 된다.

이번에는 약간 어려운 표현이지만 「영웅본색(英雄本色: yīng xióng běn sè)」이나 「상해탄(上海灘: shàng hǎi tān)」 같은 홍콩 누아르 혹은 무협지를 좋아하는 젊은 층이 쉽게 따라 배우는 표현을 보자.

人在江湖身不由己(런짜이 쟝후 썬뿌 여우지, rén zài jiāng hú shēn bù yóu jǐ). '몸이 강호(무림)에 있으니 내 몸이 내 뜻대로 되지 않는구나'라는 말로, 무협지에서 정말 많이 나오는 말이다. 실생활에서도 때론 심각하게, 때론 다소 유머러스하게 얼마든지 사용할 수 있는 표현이다. 우선 무협지의 상황을 한번 상상해 보자. "이번 일에 형님이 직접 나서시면 우리 무당파 전체가 연루될 가능성이 높습니다. 부디 재고해 주십시오." "난들 그걸 모르며, 난들 나서고 싶어서 이러겠느냐? 人在江湖身不由己로구나!"

이번엔 현대판 직장생활에서의 한 장면. 동료들끼리의 주말 회식 자리.

"김 대리 이 친구 왜 이렇게 늦어?"

"어, 아까 부장님이 월요일 아침까지 제출하라고 한 보고서가 있다고 마무리하고 온다던데요."

이때 헐레벌떡 뛰어 들어온 김 대리를 본 동료들 이구동성으로 "허울라이저 싼뻬이(後來者三杯, hòu lái zhě sān bēi)"를 외친다. '후래자 삼배'라는 말이다. 김 대리 왈

"라올러워바(饒了我吧: ráo le wǒ ba). 人在江湖身不由己!" '한번 봐주라. 난들 이러고 싶겠니?'라는 말이다.

요럴 때 써먹는 표현이다. 기억해 두시라.

얘기 중간에 나온 '허울라이저 싼뻬이'(後來者三杯: 후래자 삼배)는 '지각자는 석 잔의 벌주를 마시라'는 얘기. 따라서 반드시 써먹을 수 있으니 이 또한 기억해 두자.

이 글이 중국어 회화 강의가 목적은 아니니 딱 두 가지만 더 배우자.

동료들이 자기 얘기를 하는 도중에 때마침 도착한 김 대리, 우리라면 뭐라고 얘기할까? '너도 양반 되긴 글렀구나' 혹은 '호랑이도 제 말을 하면 온다더니'일 것이다. 바로 이 말과 똑같이 사용되는 중국말이 있다. 『삼국지연의』에 헌제의 신하가 조조에게 원병을 청하자는 제안을 하자마자 약속이라도 한 듯 조조의 구원병이 때맞춰 당도하는 부분이 있다. 바로 여기서 온 말, '쑤오따오 차오차오 차오차오 찌우따오(說到曹操曹操就到: shuō dào cáo cāo cáo cāo jiù dào)'. 역시 엄청 자주 쓰이는 말이다. '조조 얘기를 했더니 정말 조조가 왔네'라는 말이다.

마지막으로 하나만 더.

허우후이 여우치(後會有期: hòu huì yǒu qī). '그럼 다음 기회에', '다음 기회를 기약하지요'라는 말인데, 더 정확하게 얘기하면 '또 만날 기회가 있겠지요'라는 뜻이다. 영어의 'See you next time'이나 'See you again' 같은 '만나자'라는 '의지' 혹은 '계획'을 말하는 것이 아니라, 만날 날이 있기를 '기대'한다는 의미여서 좀 더 운치가 있다. 실제 상황을 한번 상상해 보자.

늦게 도착한 김 대리가 혼자 온 줄 알았더니 그 뒤에 묘령의, 그것도 미모의 여성 한 명을 달고 나타난 것이 아닌가!

"아, 다들 인사해! 내 대학 동창인데, 오다 만났어. 푸둥에 있는 중화광고 알지? 거기서 AE로 일하는데, 서로 인사해 두면 좋을 것 같아서. 그리고 뭣보다도 얘 술 쎄! 임대옥 대리야. 인사들 해."

"와! 환잉, 환잉(歡迎, 歡迎: huān yíng huān yíng 환영합니다. 어서 오세요)."

신이 난 동료 녀석들. 그런데 이걸 어째? 한 30분 앉아 있던 임 대리가 일이 있어 먼저 간다네? 오늘은 그냥 인사만 하러 왔대나? 아쉬워 어쩔 줄 모르는 녀석들. "30분만 더 계시지……."

이때 고개를 살짝 숙여 인사한 임 대리가 고개를 드는가 싶더니 긴 생머리를 찰랑 뒤로 넘겨 젖히며 내뱉는 한마디. "허우후이 여우치(後會有期)"

다음에 보잔 건지 말잔 건지? 언제 보자는 건지……? 'See you again'보다 훨씬 운치가 있는 게 뭔가 무협지 속의 여협객 느낌이 나지 않는가?

'See you next time'의 뜻으로 그냥 "쌰츠 지앤"(下次見: xià cì jiàn 다음번에 만나요) 혹은 그냥 짜이지앤(再見: zài jiàn)이라고 하기도 한다.

그렇다고 "허우후이 여우치(後會有期)"가 무협지에서만 쓰는 표현은 아니니 자신 있게 써 보시기 바란다.

(상기한 표현들과 관련하여 글로는 표현할 수 없는 중국어의 발음을 독자들에게 효과적으로 설명하기 위해 동영상을 만들어 네이버 블로그 '이상훈의 중국 수다'에 올려 두었으니 필요한 분은 참고하시기 바란다)

앞에 예시한 표현들은 TV만 열심히 봐도 쉽게 접하고 쉽게 따라 하게 되는 표현들이다. 외국어 공부, 알고 보면 참 쉽지 않은가?

개인적으로는 허구한 날 회화책 붙들고 씨름하는 것보단 TV 드라마 한 편을 제대로 본방 사수하는 것이 실생활에는 더 도움이 된다고 말씀드리고 싶다. 물론 다소 과장되게 얘기하긴 했지만, "아직 니하오, 씨에씨에도 못 하는데 무슨 드라마냐?" 하시는 분들을 위해 사족을 달자면, 요즘은 중드에 한글 자막이 다 나오기 때문에 내용 이해는 자막으로 해결하고, 계속 보다 보면 자주 나오는 단어와 표현은 드라마를 즐기는 이외에 아무런 추가 노력을 하지 않더라도 따라 할 수 있게 된다.

이 시청각 교육은 나이가 어릴수록 효과가 빠르다. 초등학교 6학년에 오키나와로 이주한 내 고종사촌 누이는 영어만 사용하는 카데나 미군기지 안에 살면서 일본어 교육 한 시간도 받지 않고도, TV에 나오는 일본 만화만 보고 일본어를 거의 마스터한 케이스이다. 한국어 자막도 없는데 말이다.

잠꼬대로 전화하기

어린 시절 영어를 배우기 시작할 무렵, 주위 어른들이 심심찮게 하던 얘기가 있었다. 영어 잘한다는 소리를 들으려면 잠꼬대도 영어로 하는 수준이 돼야 한다!

참, 나. 이게 말인지 방귄지……. 아마 이분들은 워낙 깊이 주무시는 분들이라 본인들은 꿈을 꾸지 않거나, 꿈을 꾸더라도 잠꼬대라는 걸 해보지 않은 분들일 것임이 틀림없다.

잠꼬대라는 건 수면 중에 나타나는 일종의 이상 행동으로, 꿈속에서 하는 말이 실제 말이 되어 나오는 경우이므로 영어를 잘하건 못하건 꿈에서 미국 사람과 말하는 상황이 발생했다면, 그리고 그것이 실제 말이 되어 나왔다면, 그것이 단 마디이건, 긴 문장이건, 콩글리시이건, 잘된 영어이건, 영어로 잠꼬대가 나올 수밖에 없는 것이다…….

영어를 막 배우기 시작한 중학생이 잠꼬대를 영어로 했다면 그건 영어를 잘하는 증거라기보다는 영어 때문에 엄청 많은 스트레스를 받고 있다는 증거에 더 가까울 것이다.

평소 잠꼬대를 자주 하는 사람이 있다고 치자. 예를 들어서 나 같은 사람이 미국에 살고 있으면 영어로 잠꼬대를 하는 경우가 많을 것이고, 중국에 있다면 중국어로 잠꼬대를 하는 경우가 많을 것이다. 뉴욕의 택시 기사가 부당하게 팁을 요구하는 바람에 되지도 않는 영어로 꿈속에서 싸우고 있었다면 아마도 "당신 뭔 소리 하는 거요?(What the hell are you talking about?)" 따위의 영어 잠꼬대를 했을 것이고, 북경의 야채 가게 아주머니와 외상값을 갖고 다투고 있었다면 "니짜이 쑈오 싸(你在說啥: nǐ zài shuō shà)? 쥐텐 밍밍 푸 구올러(昨天明明付過了: zuó tiān míng míng fù guò le)！", 즉 "무슨 소리예요? 어제 분명히 계산했잖아요?"라고 중얼거리게 될 것이다.

중국어를 이제 겨우 배우기 시작한 사람이 꿈속에서 중국 경찰이 나타나 뭔가를 자꾸 캐묻는 진땀 나는 상황에 부닥쳤다면 두 손을 휘휘 내저으며 "팅뿌똥, 팅뿌똥(聽不懂 tīng bù dǒng, 聽不懂 tīng bù dǒng)", 즉 "못 알아들어요, 못 알아듣는다고!"라며 더듬거리는 악몽을 꾸게 될 것이다.

이렇듯 잠꼬대와 유창한 언어 구사 사이에는 별 상관관계가 없는 듯하다. 중급 정도 되었을 때 간단하게 자신의 외국어 수준을 가늠하는 쉬운 방법은 따로 있다. 물론 해당 외국어가 사용되는 현지에서 사는 경우에 해당하는 얘기이긴 하지만. 현지어로 현지 사람과 전화를 할 수 있느냐 하는 것이다. 이게 간단한 것 같아도 사실 웬만큼 자신이 생기기 전에는 쉽게 엄두가 나지 않는 일이다. 학창 시절에 미국과 대만에서 주위의 선후배 혹은 동료 유학생들을 보며 절실하게 느꼈던 부분이고, 나이가 들어 미국과 중국에 살면서도 여전히 전화하기를 어려워하는 이들을 보며 개인적으로 매우 안타깝게 생각하는 부분이기도 하다.

해외에 살다 보면 어쩔 수 없이 관공서나 금융기관 등을 방문하여 잘 안 되는 언어 때문에 식은땀을 흘리는 상황에 부딪히게 된다. 체류 기간 연장을 위해 출입국 관리소를 방문한다든지, 계좌 개설을 위해 은행에 간다든지, 전화 개통을 위해 휴대폰 영업점을 방문한다든지, 소포를 부치기 위해 우체국에 간다든지, 차가 고장 나서 수리센터에 간다든지 등등, 평소 늘 만나는 직장 동료나 친구들과 하던 것과는 전혀 다른 내용의 대화, 한 번도 써 본 적이 없는 단어들 때문에 애를 먹게 된다. 직접 방문하는 것이 아닌, 전화로 무엇인가를 확인하고 신청하는 경우 또한 마찬가지이다. 아니, 대부분의 사람은 오히려 전화하는 걸 더 어렵게 생각한다. 상대의 동작이나 표정, 입모습이 전혀 보이지 않으니 더 알아듣기가 힘들기 때문이다.

이런 상황에 처하면 많은 친구들이 같이 가 달라거나 대신 전화해 달라고 부탁한다. 이런 상황에 처한 친구나 후배들에게 해 주는 조언이 있다. "방문해야 하는 경우 우선 전화로 사전 정보나 준비물 등을 먼저 확인하고 가라!" 그리고 "전화하는 것을 두려워 말라!" "전화를 받는 사람은 네가 누군지 전혀 모른다." "틀려도 창피해할 필요도 없고, 정 말문이 막히면 미안하다 한마디하고 전화 끊으면 그만이다."

은행이나 공공기관 등에는 어느 나라건 대개 무료로 사용할 수 있는 고객 서비스 전화가 있다. 무조건 다이얼부터 돌리기 전에 묻고자 하는 내용과 관련해 예상 가능한 상황을 미리 머릿속으로 정리한 후, 관련 단어들을 찾아서 메모해 두고, 하고 싶은 얘기를 자신의 언어 수준에 맞게 머릿속으로 연습한 후 필요하면 그것도 메모해 둔다.

그리고 심호흡을 한 번 크게 한 후 이제 다이얼을 돌려 보자! 이런 유의 고객 응대 전화의 특징은 매번 받는 사람이 다르다는 것이다. 즉, 처음 한 번 통화가 됐을 때 한두 마디 알아듣다가 말문이 막히거나 상대의 말을 잘 알아듣지 못해 1차 실패하고 전화를 끊어도, 두 번째 전화했을 때 같은 사람이 내 전화를 받을 가능성은 로또 당첨 확률만큼이나 낮다는 것이다. 그러니 첫 번째 통화에서 못 알아들은 단어나 표현을 사전 등으로 확인해 본 후, 전열을 가다듬고 용기를 내어 다시 도전하라는 것이다.

혹시 운수 사납게 성질 더러운 상대가 짜증을 내거나 퉁명스럽게 굴면 욕 한 바가지 해 주고 끊으면 그만이다. 고객 상대를 그따위로 했으니 욕 좀 먹어도 싼 거 아닌가?

이렇게 두 번, 세 번 하다 보면 '어? 이거 별거 아니네!' 하는 자신감과 함께 스스로를 대견해하게 될 것이다. 물론 하루아침에 되는 것은 아니지만.

언어 능력의 제고를 위해 반드시 필요한 것이 두꺼운 낯가죽이라고 흔히 이야기한다. 그래서 많은 사람들이 술을 마시면 외국어가 더 잘된다고 얘기하기도 하는데, 조금도 틀린 얘기가 아니다.

전화를 할 때는 표정과 입모습과 제스처가 보이지 않아서 얼굴을 마주하고 말하는 것보다 더 힘들단 얘기를 했지만, 바로 그래서, 즉 얼굴이 보이지 않기 때문에, 익명성이란 사실 때문에, 전화에서는 더 용감해질 수 있다는 사실, 즉 낯가죽이 절로 두꺼워진다는 사실을 한두 번

해보면 스스로 깨닫게 된다.

처음이 힘들지, 두 번째부터는 갈수록 쉬워진다. 나 같은 경우 영어든 중국어든 회화 실력을 단시간에 올려보겠다는 욕심에 유학 시절 주위 친구들이 힘들어하는 전화는 자청해서 대신해 주며 '언어 능력 향상'과 '잘난 체할 기회' 두 마리 토끼를 잡기도 했다.

이렇게 전화로 현지인과 대화가 가능해진다고 해서 갑자기 아는 단어가 몇 배 늘어나고 모르던 표현이 드라마 속의 대사처럼 멋지게 떠오르는 것은 아니다. 그보다 훨씬 중요한 것은 외국어로 말한다는 생소함, 외국인을 상대하는 데서 오는 어색함을 해소하는 데 큰 도움이 된다는 것, 그리고 틀릴지 모른다는 두려움에서 해방된다는 것이다.

고맙게도 현지인들은 우리가 개떡같이 말해도 대개 찰떡같이 알아듣는다. 마치 외국인이 '안녕이노 하시무니까'라고 하든, '아뇽하시니카'라고 하든, 배고프단 말을 '배가 비었다'고 하든, '밥이 필요하다'고 하든, 우리가 다 알아들을 수 있는 것처럼 말이다.

요즘은 외국에 나가지 않고도 전화로 외국어 공부를 하는 프로그램들이 많이 생겼다. 상황 설정과 예습을 잘 하고 전화 수업에 임한다면 좋은 효과를 얻을 수 있을 것이다.

자, 이렇게 잠꼬대보다는 전화하기가 외국어 수준을 알아보는 데 더 현실적인 척도가 될 거라는 얘기를 밑도 끝도 없이 늘어놓았는데, 단순한 잠꼬대가 아니라 꿈속에서 현지인과 전화로 이야기하는 꿈을 꾸었다면 이미 그만한 실력이 되었거나 최소한 그만한 노력은 하고 있다는 증거일 것이다.

어느 나라나 마찬가지로 전화를 해서 다짜고짜 "○○ 씨 있어요?" 혹은 '○○ 씨 바꿔 주세요"라고 하는 것보다는 실례지만 ○○ 씨 있어요?"처럼 보다 공손한 표현이 있다.

간단한 중국어 두 마디만 알아 두면 크게 결례하지 않고 이 질문과 부탁을 할 수 있다. 칭원(請問: qǐng wèn)과 마판닌(麻煩您: má fan nín)이다.

'칭원(請問)'은 무엇을 물을 때 말머리에 붙이는 '실례지만 말씀 좀 묻겠습니다', 즉 "여쭙건대"라는 의미인데, 우리말로 옮길 때는 굳이 이렇게 해석할 필요도 없다. 묻는 말 앞에 붙여서 공손함을 더하는 '실례지만'이라는 느낌의 표현이라고 생각하면 된다.

"李先生在嗎?(이 선생님 계십니까?)" 앞에 칭원(請問)을 더하면

"請問,李先生在嗎?"가 되어 "실례지만 이 선생님 계십니까?"가 된다.

친구인 소룡이와 통화하고 싶다면

"小龍在嗎?(소룡이 있어요?)" 앞에 "칭원(請問)을 더하면

"請問小龍在嗎?(실례지만 소룡이 있어요?)"의 의미가 된다.

마판닌(麻煩您)은 '당신을 귀찮게 하다'라는 의미로, '수고스럽지만 ~ 좀 해 주세요'의 의미가 된다. 이 표현도 연습해 보자.

그전에 우선 "○○ 씨 좀 바꿔 주세요"라는 전화 용어, 중국어에서는 어떻게 표현할까? 중국에서는 바꾸라는 표현 대신 "○○ 씨더러 전화 받으라고 하세요"라는 의미로 "請○○聽電話"라고 말한다. '請'은 글자 그대로 '청하다' '요청하다'라는 의미의 '시키다'의 공손한 표현이고, '聽電話'는 '전화를 듣다', 즉 '전화를 받다'라는 의미이다.

"이 선생님 좀 바꿔 주세요"는 "請李先生聽電話"라고 하면 된다.

이번엔 마판닌을 활용해 보자.

"請李先生聽電話"/"이 선생님 전화받으시라고 해(하세요)"/"이 선생님 바꿔(주세요)"

여기에 마판닌(麻煩您)을 앞에 붙이면

"麻煩您請李先生聽電話"/"수고스럽지만 이 선생님께 전화 좀 받으시라고 해 주세요", 즉 "수고스럽지만, 이 선생님 좀 바꿔 주세요"가 된다.

이번엔 친구를 찾는 경우

"叫小龍聽電話"/"소룡이더러 전화 받으라고 하세요"/"소룡이 바꿔주세요"

'마판닌'을 붙여서 공손하게 말해 보자.

"麻煩您叫小龍聽電話"/"수고스럽지만 소룡이한테 전화받으라고 해 주세요"/"죄송하지만 소룡이 좀 바꿔 주세요"가 된다.

이상의 예를 통해 칭원(請問)이나 마판닌(麻煩您) 모두 찾고자 하는 대상의 신분 고하에 관계없이 '실례지만'과 '수고스럽지만'이란 의미로 전화 심부름을 해 주는 사람에게 표하는 예의임을 알 수 있다.

장쩌민의 약속이 지켜지기를

중국이 두려운가? 중국이 싫은가?

20년 전으로 돌아가 보자.

세계를 향한 중국의 프러포즈, 황포강변의 불꽃놀이!

21년 전인 1999년 9월 27일, 중국 건국 50주년을 나흘 앞둔 날 밤, 상해 푸둥의 황포강변. 나는 중국이 전 세계를 향해 쏘아 올리는 구애의 불꽃놀이 현장에 있었다.

중국 정부가 글로벌 500대 기업을 초청해 상해에서 개최한 포춘 글로벌 포럼(Fortune Global Forum).

장쩌민 주석의 초청 만찬에 이어 황포강변에서 펼쳐진 불꽃놀이. 그것은 전 세계를 향한 중국의 프러포즈였다.

내가 20년도 더 지난 1999년을 유달리 또렷이 기억하는 이유는 그해가 중국 건국 50주년이어서가 아니다. 중국에서 생활한 지 만 5년이

지나는 그때까지 한 번도 느껴보지 못한 중국민의 자신감을 이 해에 있었던 포춘 글로벌 포럼 행사를 치르는 상해 시민의 질서 의식에서, 그리고 나흘 후 북경 천안문 광장 열병식에 보란 듯이 위용을 드러낸 둥펑 31 대륙간 탄도 미사일에서 보았기 때문이다.

건국 50주년을 기념하는 그 두 개의 행사를 내 눈으로 보기 전까지 내 뇌리에 중국과 관련한 단어는 후진적, 패배 의식, 궁핍, 주로 그런 것뿐이었다.

덩샤오핑이 당부한 도광양회 백년대계의 유지를 가슴 한 켠에 품고서, 중국민들은 가난과 낙후라는 연막책으로 세계인의 눈을 가리며 숨어서 내공을 연마하고 있었던 것일까?

이 책의 몇몇 글을 통해 소개했던 소심하고 움츠러든 모습의 중국은 1999년 10월 1일 이후 사라졌다. 그리고 실질적 경제 발전 면에서도 글로벌 500대 기업의 틈에서 주최국의 기업으로 어깨를 나란히 하며 새로운 도약을 하기 시작했다.

그로부터 20년, 그때까지만 해도 GDP 1조 1천억 달러에 불과했던 중국은 일약 세계 2위, GDP 14조 3천억 달러로(2019년 기준) 세계 경제의 16.3%를 차지하는 경제 대국이 되었다.

그해 중국을 방문하고 기존의 중국 투자를 강화하거나 신규 투자를 결심했던 글로벌 500의 총수들, 지금은 대부분 은퇴했겠지만, 그들은 현시점에서 당시의 결정을 어떻게 반추하고 있을까?

당시 장쩌민 주석은 만찬사에서 이런 말로 글로벌 기업들에게 구애했었다.

"여러분의 시선을 중국으로 돌리십시오. 중국은 여러분을 환영합니다. 중국의 현대화 건설은 여러분의 참여를 필요로 합니다. 중국의 경제 발전은 여러분에게도 거대한 기회를 제공할 것입니다. 나는 중국의 기업들이 외국 기업의 선진 경험을 배우기를 희망합니다."

당시 상해의 포춘 글로벌 포럼에 참석했던 외국 기업들이 '상장기업에 대한 관리 감독 방안'이나 '대기업의 시장 농단과 사회적 책임', 혹은 '시장 경쟁하에서의 기업 윤리' 등에 대해 토론하고 있을 때, 불량품 냉장고를 망치로 깨부쉈다며 제조업의 기본 중의 기본인 불량품 폐기를 자랑스러운 경영 혁신 사례로 설명하고, 소비자의 제품 사용 사례에서 제품 개발 아이디어를 얻어 고구마 세척용 세탁기를 개발했다는 당시 하이얼 총재의 발언을 들으며 그들은 얼마나 자신만만하게 주판알을 튕겼을까?

그들은 장밋빛 미래를 그리며 '시장 줄게 기술 다오'(市場換技術)라는 중국의 기업들과 합자를 결심한다.

그렇게 국가 주석까지 나서서 불꽃놀이와 함께 한 구애 작업에 동원되었던 당시의 중국 기업들이 지금 포춘 글로벌 500에 몇 개나 들어가 있는지 아시는가? (참고로 1999년 당시에는 단지 5개뿐이었다.)

2019년 기준으로 자그마치 모두 119개이고, 그 가운데 3개 기업은 5위권에 올라 있을 정도이다(2위 중국석화, 4위 중국석유, 5위 중국국가전망). 모두 121개 기업이 포진하고 있는 미국과 단 2개 차이다.

그해를 기점으로, 아니 좀 더 정확하게 말하자면 건국 50주년이 되는 그해를 중심으로 수년 전부터 그리고 그 이후 20년 중국은 빠르게 변해 왔다.

비근한 예로 포럼의 만찬사에서 장 주석도 밝혔다시피 행사가 열렸던 푸둥 지역 역시 93년까지만 해도 '허물어져 가는 가옥들과 논밭밖에는 없던 곳'이었다. 그러던 곳에 불과 6년 만에, 건국 50주년을 외국인들 앞에서 멋지게 치르기 위해, 단 6년 만에, 상해시의 아이콘인 동방명주탑(95년 완공)을 비롯해 88층짜리 하얏트 호텔(99년 완공) 같은 초고층 건축물들을 완성했고, 글로벌 500의 총수들을 초청하기에 전혀 손색이 없는 콘퍼런스 센터까지 마련했던 것이다. 그 후의 발전은 굳이 더 설명이 필요 없겠다.

그전까지의 중국이 덩샤오핑의 도광양회를 가슴 깊이 품고 숨어서 실력을 쌓았다면, 그때부터의 중국은 드러내 놓고 따라 하고, 배우고, 경쟁하며 세계 무대를 향해 나갔던 것이다.

요즘처럼 너무 커 버린 중국이 무섭다거나, 심지어 싫다거나, 혹은 중국 사람들 앞에서 잘난 체하던 시절이 그립고 화가 나는 분들은 그 화풀이를 20년 전 중국에 배움의 기회를 제공한 포춘 글로벌 포럼한테 해 보시기 바란다.

만일에 중국이 커진 것에 대해 불만이 있다면, 또 거기에 누가 책임을 져야 한다면, 궁극적으로는 결국 '중국에서 돈을 벌어 보겠다고 중국 투자를 장려한 각국 정부 그리고 거기에 따라나선 기업들에게도 그 책임이 있다'라고 얘기한다면 지나친 논리의 비약일까?

어쨌든 중국은 당시 명시적으로 '市場換技術', 즉 '시장 줄게, 기술 다오' 정책을 펼쳤으므로 중국이 그간 배운 기술로 성장한 것을 배 아파할 필요는 없는 것이고(공정하지 못한 방법으로 배운 것들에 대한 비난은 별개로 하고), 덩치가 커지면 식욕 또한 커지는 것 역시 자명한 논리라, 그것을 예상하지 못했다면 못한 자들의 잘못도 있는 것이다.

미·중 무역 분쟁의 씨앗은 이렇게 이미 1999년에 제대로 뿌려졌었다. 그러나 인류의 지혜와 공동선을 향한 노력도 20년이나 나이를 먹었으니 비관만 할 일은 아니다. 사람도 국가도 경제도 정치도 모두 유

278

기체! 구성원들이 어떻게 상호 작용하느냐에 따라 결과는 달라질 것이다.

그러나 장쩌민 주석이 연설 후반부에 전 세계를 향해서 했던 약속 하나만은 다시 떠올리고 싶다.

그리고 그의 말이 지켜질 것이라 믿고 기대한다.

"중국의 발전은 그 누구에게도 위협이 되지 않을 것이며, 오로지 세계 평화와 안정 그리고 발전만을 촉진하게 될 것입니다. 영원히 패권을 추구하지 않을 것이며, 이것은 중국 인민의 전 세계에 대한 장엄한 약속입니다."

"中國的發展不會對任何人構成威脅、而只會促進世界的和平、穩定和發展。永遠不稱霸、這是中國人民對世界的莊嚴承諾。"

부록

덩샤오핑이 누구지?

한어병음 읽는 법

알파벳만 알면 중국어 읽을 수 있다!

중국이 개혁개방을 시작하고 얼마 되지 않았을 무렵, 미국의 시사 주간지 「타임(TIME)」 커버 페이지에 덩샤오핑(鄧小平)의 사진이 실린 적이 있다. 그리고 그 밑에는 알파벳으로 DENG XIAO PING이라는 그의 영문(?) 이름이 적혀 있었다. 문제는, 그것이 알파벳으로 표기되긴 했지만 영어가 아닌 중국어의 발음기호인데도, 알파벳 하면 영어 발음부터 떠올리는 미국인들은 그걸 보고 '뎅쟈오핑'이라고 읽었다는 것이다. 실제로 그 무렵 CNN을 비롯한 서방의 뉴스 앵커들은 너나없이 덩샤오핑의 이름을 '덩샤오핑'이나 '떵샤오핑'이 아닌 '뎅쟈오핑'으로 읽었다.

중국어 발음을 알파벳으로 표기한 한어병음에서 이 경우의 e는 'ㅔ'가 아니라 'ㅓ'로 읽어야 하며, x는 'ㅈ'이 아니라 'ㅅ'으로 읽어야 한다는 것을 몰라서 발생한 일이었다.

알파벳 기호만으로 한어병음(漢語拼音) 읽기

운모(韻母)

한어병음	발음	비고
a	아	
ai	아이	
ao	아오	
an	안	
ang	앙	
e	어	e가 단독으로 사용되거나 단독으로 자음 앞뒤에 올 때 'ㅓ'로 발음. 본문 5-(2)-① 참조
e	에	y 뒤에서 혹은 다른 모음의 앞뒤에서 '에'로 발음함. 본문 5-(2)-① 참조
ei	에이	
en	언	
eng	엉	
er	얼	
i	이	c, r, s, z, ch, sh, zh 이외의 자음 뒤에서, 혹은 모음과 함께 쓰일 때는 '이'로 발음(bi, mi, ti, ai, ei, ia 등). 본문 5-(2)-② 참조
i	으	c, r, s, z, ch, sh, zh 뒤에서는 '으'로 발음. zi(즈), ci(츠), si(스) 등. 본문 5-(2)-② 참조
ia	야, 이아	
iao	야오	
ie	예, 이에	
iou	유, 이우	본문 6-(4) 참조
iu	유, 이우	본문 6-(4) 참조
ian	옌, 이앤	a를 'ㅐ'로 발음함. 본문 6-(1) 참조
iang	양	
in	인	
ing	잉	
iong	용, 융	용과 융의 중간 발음이지만, 둘 중 어느 것으로 발음해도 크게 상관없음. 본문 6-(5) 참조
o	오	
ou	어우	'오우'보다 '어우'에 가깝게 발음
ong	옹, 웅	옹과 웅의 중간 발음이지만, 둘 중 어느 것으로 발음해도 크게 상관없음. 본문 6-(5) 참조
u	우	j, q, x, y 뒤에서만 '우'로 발음. (bu, du, ku, nu, hu) 등. 본문 5-(2)-④ 참조
u	위(ü)	j, q, x, y 뒤에서만 '위(ü)'로 발음. ju(쥐), qu(취), xu(쉬), yu(위) 등. 본문 5-(2)-④ 참조
ua	와, 우아	
uai	와이	
ui	우이	
uo	워, 우오	본문 6-(3) 참조
un	운	j, q, x, y 이외의 자음 뒤에서 '운'으로 발음
un	윈	j, q, x, y 뒤에서 '윈'으로 발음
uan	완	j, q, x, y 이외의 자음 뒤에서 '완'으로 발음
uan	위앤	j, q, x, y 뒤에서 '위앤'으로 발음. 본문 6-(2) 참조
uang	왕	
ü	위(ü)	N과 L 뒤에서만 사용(nü, lü, lüe, nüe), 본문 5-(2)-⑤ 참조

한어병음	발음	비고
ya	야, 이아	
yai	야이	
yao	야오	
ye	예, 이에	
yi	이	본문 5-(2)-⑦ 참조
yo	요, 이오	
you	유, 이우	본문 6-(4) 참조
yu	위	본문 5-(2)-⑦ 참조
yue	위에	본문 5-(2)-⑦ 참조
yan	옌, 이앤	a를 'ㅐ'로 발음함. 본문 6-(1) 참조
yang	양	
yin	인	
ying	잉	
yong	용, 융	용과 융의 중간 발음이지만, 둘 중 어느 것으로 발음해도 크게 상관없음. 본문 6-(5) 참조
yun	윈	본문 5-(2)-⑦ 참조
yuan	위앤	본문 6-(2) 및 5-(2)-⑦ 참조
yuan	위안	본문 6-(2) 참조
wa	와, 우아	
wai	와이	
wan	완	
wei	웨이	
wo	워, 우오	본문 6-(3) 참조
wu	우	본문 5-(2)-⑦ 참조
wan	완	
wang	왕	
wen	원	
weng	웡, 웅	
v	ü	ü발음 타이핑 시에만 사용. 본문 5-(2)-⑥ 참조

성모(聲母)

한어병음	발음	비고
b	ㅂ, ㅃ	성조나 앞뒤 소리에 따라 된소리가 되기도 함
c	ㅊ	본문 5-(1)-① 참조
ch	권설음 ㅊ	본문 5-(1)-⑤ 참조
d	ㄷ, ㄸ	성조나 앞뒤 소리에 따라 된소리가 되기도 함
f	ㅍ(F)	영어의 F 발음과 같음
g	ㄱ, ㄲ	성조나 앞뒤 소리에 따라 된소리가 되기도 함. 본문 5-(1)-④ 참조
h	ㅎ	
j	ㅈ, ㅉ	성조나 앞뒤 소리에 따라 된소리가 되기도 함. i와 u 앞에서만 사용. 본문 5-(1)-② 참조
k	ㅋ	
l	ㄹ(L)	영어의 L 발음과 같음
m	ㅁ	
n	ㄴ	
p	ㅍ	
q	ㅊ	i와 u 앞에서만 사용. 본문 5-(1)-① 참조
r	권설음 ㄹ	본문 5-(1)-⑤ 참조
s	ㅅ, ㅆ	성조나 앞뒤 소리에 따라 된소리가 되기도 함. 본문 5-(1)-③ 참조
sh	권설음 ㅅ, ㅆ	본문 5-(1)-⑤ 참조
t	ㅌ	
x	ㅅ, ㅆ	성조나 앞뒤 소리에 따라 된소리가 되기도 함. 본문 5-(1)-③ 참조
z	ㅈ, ㅉ	성조나 앞뒤 소리에 따라 된소리가 되기도 함. 본문 5-(1)-② 참조
zh	권설음, ㅈ, ㅉ	성조나 앞뒤 소리에 따라 된소리가 되기도 함. 본문 5-(1)-⑤ 참조

*이 표는 외래어 표기법과는 무관하게 실제 발음에 가깝게 필자가 정리한 것임. 비고란에 특별한 설명이 없이 두 개의 발음이 있는 것은 어느 발음으로 읽어도 큰 문제가 없음.

자, 이제 공부를 시작하자. 한어병음 읽는 법을 표로 정리해 첨부했지만, 남의 나라 발음인 만큼 미묘한 발음, 또 다소 특수한 용법들에 대해서는 좀 지루하더라도 인내심을 갖고 이 글에서 드리는 설명을 끝까지 따라오시기를 바란다.

1. 대만에서는 주음부호(注音符號: zhù yīn fú hào)라는 것을 쓰고, 중국에서는 한어병음(漢語拼音: hàn yǔ pīn yīn)이라는 것을 쓰는데(중국도 예전에는 주음부호를 썼다), 이 글에서는 오늘날 중국어 교육 기관들이 외국인 대상의 교육을 할 때 공통으로(대만에서조차) 사용하는 한어병음을 어떻게 '읽을' 것인지를 공부해 보자.

2. 한어병음은 알파벳을 사용하여 중국어 발음을 표기하며, 대부분 우리가 생각하는 알파벳의 발음과 일치하지만 각별히 주의해야 하는 몇 가지가 있다.

3. 우리말의 자음과 모음, 중국어의 성모와 운모
참고로 음운 구조가 우리와는 전혀 다른 중국어에서는 자음, 모음이라는 표현을 쓰지 않는다. 우리의 '자음'에 해당하는 소리는 성모(聲母)라 한다. 우리의 '모음' 혹은 '모음 + 받침'에 해당하는 것은 운모(韻母)라 한다.
이 글에서는 여러분에게 익숙한 자음, 모음의 개념으로 설명하도록 하겠다.

4.알파벳별 발음

우선 각각의 알파벳을 모음과 자음으로 나누어 글자마다 뒤의 괄호 속에 그에 상응하는(근접한) 우리 음을 달아 보았다. 우리말에 없는 'F' 나 'L', 그리고 있어도 현대인이 잘 구분하지 못하는 ü(umlaut u) 같은 발음은 각각 F, L, ü로 표기했다.

(1) 자음

b(ㅂ,ㅃ), c(ㅊ), d(ㄷ,ㄸ), f(F), g(ㄱ,ㄲ), h(ㅎ), j(ㅈ,ㅉ), k(ㅋ), l(L), m(ㅁ), n(ㄴ), p(ㅍ), q(ㅊ), r(ㄹ), s(ㅅ,ㅆ), t(ㅌ), x(ㅅ,ㅆ), z(ㅈ,ㅉ)

① b, d, g, j, s, x, z 등은 경우에 따라 된소리, 즉 ㅃ, ㄸ, ㄲ, ㅉ, ㅆ, ㅆ, ㅉ로 소리 나기도 한다. 이 글에서 발음의 예를 들 때는 편의상 모두 대표음인 ㅂ, ㄷ, ㄱ, ㅅ, ㅈ만을 사용해 표기했다.

② c(ㅊ)와 q(ㅊ), z(ㅈ)와 j(ㅈ), s(ㅅ)와 x(ㅅ)는 서로 다른 두 개의 알파벳 자음들이 같은 소리로 발음되는 것들이다. 예를 들어 c 와 q는 둘 다 'ㅊ'으로 발음하는데, 두 'ㅊ' 발음 자체에 차이가 있는 것이 아니라 뒤에 오는 모음에 따라 어떤 때는 c를, 어떤 때는 q를 쓴다. z와 j, s와 x도 마찬가지이다. 상세 내용은 뒤에 서 배우도록 하자.

(2) 모음과 v, w, y

a(ㅏ), e(ㅓ,ㅔ), i(ㅡ), o(ㅗ), u(ㅜ, ü), ü.
v(ü), w(ㅇ, 우), y(ㅇ, 이)

① ü는 영어 알파벳에는 없지만, 단모음 'ㅟ'('앞뒤'라고 할 때 '뒤'의 'ㅟ' 소리이며, 입술 모양이 'ㅜ'에서 'ㅣ'로 변하지 않는 소리)를 표기하기 위해 한어병음에서 쓰는 정식 발음부호이다.

② v는 한어병음에 없는 부호이고 자음이지만, 실생활에서 컴퓨터나 휴대폰으로 한어병음을 입력할 때, 자판에 없는 ü 대신에 사용하는, 꼭 필요한 알파벳이므로 특별히 여기에 명기했다.

③ w와 y는 자음으로서 초성에서 무음가 'ㅇ'의 역할도 하지만, 각각 '우' 소리와 '이' 소리에 해당하는 역할을 하므로 모음들과 함께 두었다.

5. 별도 주의가 필요한 발음기호들

(1) 일반 자음 중에서

① c와 q

c는 'ㅆ'이나 'ㅋ'이 아니라 'ㅊ'으로 발음한다.

q는 'ㅋ'이 아니라 'ㅊ'으로 발음해야 한다.

어떤 경우이건 c와 q는 'ㅊ'으로 발음한다!

앞에서 잠깐 설명했듯이 둘 다 'ㅊ'으로 발음해야 하는데, 'ㅊ'음 뒤에 'ㅣ' 나 'ㅟ(ü)'모음이 섞인 발음(이, 인, 잉, 야, 이앤, 양, 예, 용, 유, 위, 윈, 위앤 등)이 오면 그 앞에 q를 쓴다.

예: qi(치), qin(친), qing(칭), qia(챠), qian(치앤), qiang(챵), qie(치에), qiong(춍), qiu(츄), qu(취), qun(췬), quan(취앤) 등 등.

그 외의 발음이 뒤에 오면 c를 쓴다.

예: ci(츠), ca(차), ceng(청), cong(총), cu(추), cun(춘), cuan(추안) 등등.

그리고 같은 i이지만 q 뒤에 있는 것은 'ㅣ'로 발음하고 c 뒤에 있는 것은 'ㅡ'로 발음한다. 즉 같은 알파벳 기호이지만 다른 발음으로 간주한다.

예: ci(츠)와 qi(치)

u 역시 c 뒤에서는 'ㅜ'로 발음하지만, q 뒤에서는 'ㅟ(ü)'로 발음한다.

예: cu(추)와 qu(취), cun(춘)과 qun(췬) 등.

② j와 z

'j'와 'z'는 모두 'ㅈ'으로 발음한다. 방금 공부한 'c', 'q'의 예와 똑같은 용법이 적용되는 것들이다.

'ㅣ'나 'ㅟ(ü)' 모음이 섞인 발음이 뒤에 오면 그 앞에 j를 쓴다.

예: ji(지), jin(진), jing(징), jia(쟈), jian(지앤), jiang(쟝), jie(지에), jiong(죵), jiu(쥬), ju(쥐), jun(쥔), juan(쥐앤) 등.

그 외의 발음이 뒤에 오면 z를 쓴다.

예: zi(즈), za(자), zeng(정), zong(종), zu(쥬), zun(준), zuan(주안) 등.

i는 'j' 뒤에서는 'ㅣ'로, 'z' 뒤에서는 'ㅡ'로 발음한다.

예: ji(지), zi(즈)

u는 j 뒤에서는 'ㅟ(ü)'로, z 뒤에서는 'ㅜ'로 발음해야 한다.

예: ju(쥐)와 zu(쥬), jun(쥔)과 zun(준) 등.

③ s와 x

s와 x는 모두 'ㅅ'으로 발음한다.

앞의 두 경우와 마찬가지로 'ㅣ'나 'ㅟ(ü)' 모음이 섞인 발음이 뒤에 오면 앞에 x를 쓴다.

예: xi(시), xin(신), xing(싱), xia(샤), xian(시앤), xiang(샹), xie(시에), xiong(숑), xiu(슈), xu(쉬), xun(쉰), xuan(쉬앤) 등등.

그 외의 발음이 뒤에 오면 s를 쓴다.

예: si(스), sa(사), seng(성), song(송), su(수), sun(순), suan(수안) 등등.

여기에서도 같은 i이지만 s 뒤에서는 'ㅡ'로, x 뒤에서는 'ㅣ'로 발음한다.

예: si(스), xi(시)

또, 같은 u이지만 s 뒤에서는 'ㅜ'로, x 뒤에서는 'ㅟ(ü)'로 발음한다.

예: su(수)와 xu(쉬), sun(순)과 xun(쉰) 등.

④ g

g는 'ㅈ'으로는 발음하지 않고 'ㄱ'으로 발음한다.

예: ge(거), gu(구), gui(구이), gong(공) 등.

⑤ 권설음(卷舌音): zh, ch, sh, r

zh, ch, sh는 z(ㅈ), c(ㅊ), s(ㅅ)와는 다른 음이지만, 결론부터 얘기하면 이 발음들이 잘 안 되는 분은 어설프게 흉내 내는 것보다는 차라리 z, c, s와 구별 없이 읽는 것이 낫고, 큰 문제도 없다.

중국인 중에도 남방 사람들은 zh, ch, sh와 z, c, s를 구별하지 못한다. 그러니 안 된다고 너무 낙담할 일은 아니다.

아래 설명을 통해 권설음이 무엇인지 우선 이해부터 하자.

z(즈), c(츠)는 우리의 'ㅈ', 'ㅊ'처럼 혀가 입천장에 닿은 상태에서 떨어지면서 나는 파찰음이고, s(스)는 'ㅅ'처럼 입천장에 혀가 닿지 않은 상태에서 나는 마찰음이다.

z(ㅈ), c(ㅊ), s(ㅅ)를 발음할 때와 비교하면 zh, ch, sh는 혀의 위치만 이동시키면 된다. 혀의 위치를 z, c, s를 발음할 때보다 조금 더 (1센티 정도) 뒤쪽으로 당겨서(혹자는 '혀끝을 살짝 위쪽 뒤로 말듯이 들어 올려서'라고 설명하기도 한다) 혀가 좀 두꺼워진 채로, z, c, s 소리를 내려고 하다 보면 나오는 소리가 zh, ch, sh이다. 이때 나는 소리를 '혀를 말아서 낸 소리'라는 의미로 '권설음'이라고 한다.

굳이 연습하고 싶으면 예를 들어 z의 경우, 우리 발음으로 '즈즈즈즈'를 연속적으로 발음하면서 동시에 혀끝으로 입천장을 쓸 듯이 혀끝을 위쪽 뒤로 조금씩 이동해 가면(물론 계속 '즈즈즈즈'소리를 내면서) 처음에 이뿌리 근처에서 시작한 혀끝이 이와 완전히 이별하고 경구개(입천장 중에서 이에 가까운 딱딱한 부위)의 시작하는 부위쯤으로 이동했을 때 zh의 소리가 나기 시작한다. 그 이동 거리는 대략 1센티 남짓이다. ch와 sh의 소리도 '츠츠츠츠', 'ㅅㅅㅅㅅ'하면서 연습해 보시기 바란다.

또 다른 권설음 r은 우리의 'ㄹ'과 비슷하지만 다소 다른 소리이다. 'ㄹ'을 발음할 때보다 혀의 위치가 약간 뒤쪽으로 가야 한다. zh, ch, sh를 발음할 때와 같은 방법, 같은 방향으로 이동하지만 실제 혀의 위치는 zh, ch, sh 때보다는 뒤에 가 있다. 'ㄹ' 소리를 발음할 때의 혀의 위치가 'ㅈ', 'ㅊ', 'ㅅ'보다는 뒤에 있기 때문이다.

그리고 'ㄹ'을 발음할 때는 혀가 떨 듯, 살짝 입천장에 닿았다 떨어지는 데 비해, r을 발음할 때는 혀와 입천장이 닿을 듯 말 듯 떨어진 사이로 바람을 세게 내보낼 뿐, 혀가 입천장에 닿지는 않는다. 기본적으로는 'ㄹ'과 비슷한 소리이므로 이 또한 어설프게 흉내 내는 것보다는 차라리 'ㄹ'로 발음하는 것이 낫다.

꼭 연습을 하시고 싶은 분은 앞의 zh, ch, sh를 먼저 터득하시기 바란다. 그것이 되면 r 발음도 비교적 쉽게 터득이 된다.

⑥ 기타

편의상 우리 발음으로 ㄷ, ㅂ, ㅅ, ㅈ으로 표기한 발음들(d, b, s, x, j, z)은 실제 중국어에서는 앞뒤에 오는 소리에 따라 혹은 성조에 따라 ㄸ, ㅃ, ㅆ, ㅉ처럼 된소리로 발음되기도 한다. 1성이나 4성일 때 된소리가 나는 경우가 많지만, 반드시 그렇지도 않다. 많이 듣다 보면 절로 깨우치는 날이 오니 걱정하실 필요는 없다.

(2) 모음 중에서

① e

(가) e가 단독으로 사용되거나, 단독으로 자음 뒤에 올 때는 'ㅔ'가 아니라 'ㅓ'로 발음해야 한다.

예: e(어), ce(처), de(더), ke(커), ne(너), ze(저) 등등.

(나) 뒤에 자음(받침)이 오는 경우에도 마찬가지이다.

예: ceng(청), deng(덩), er(얼), ken(컨) 등등.

(다) 단지 다른 모음, 혹은 y와 함께 사용되는 경우에는 '에'로 발음한다.

예: dei(데이), mei(메이), nie(니에), ue(위에), ye(이에) 등등.

② i

자음 중에서 c와 q, j와 z, s와 x를 설명하면서 일부 설명이 되었지만, i는 다른 모음과 함께 쓰이거나 b, d, j, l, m, n, p, q, t, x, y 뒤에서는 'ㅣ'로 읽고, z, c, s, zh, ch, sh, r 뒤에서는 'ㅡ'로 읽는다.

(가)'ㅣ'로 읽는 예:

ai(아이), ei(에이), ui(우이), ia(이아) 등.

bi(비), di(디), ji(지), mi(미), qi(치), pi(피), xi(시) 등.

(나)'ㅡ'로 읽는 예:

zi(즈), ci(츠), si(스), zhi(즈), chi(츠), shi(스), ri(르)뿐이다.

③ o

o는 'ㅗ'로 발음한다. 단지 ou는 '오우'보다는 '어우'에 가깝게 읽는다.

④ u

u는 j, q, x, y를 제외한 다른 발음기호들과 같이 쓰일 때는 'ㅜ'로 발음한다.

예: cu(추), wu(우), bu(부), mu(무), su(수), zu(주), niu(니우), guo(구오), kou(커우) 등.

u가 j, q, x, y 뒤에 올 때는 'ㅜ'가 아니라 'ㅟ(ü)'로 발음한다.

예: ju(쥐), qu(취), xu(쉬), yu(위), jun(쥔), qun(췬), xun(쉰), yun(윈), juan(쥐앤), quan(취앤), xuan(쉬앤), yuan(위앤), jue(쥐에), que(취에), xue(쉬에), yue(위에)뿐이다.

⑤ ü

한글 모음으로 'ㅟ'라고 표기한 이 ü는 독일어의 움라우트(umlaut) u(ü)와 같은 발음이다. 우리말에도 정확하게 얘기하자면 이 발음이 있다. '앞뒤'라고 할 때의 '뒤'의 'ㅟ'나 '생쥐'라고 할 때의 '쥐'의 'ㅟ'는 '아래위'라고 할 때의 '위'의 'ㅟ'와는 다른 소리이다. '아래위'의 '위'처럼 입술 모양이 'ㅜ'에서 'ㅣ'로 변하며 나는 소리가 아닌 처음부터 끝까지 입술 모양이 변하지 않는 채로 내는 umlaut u와 같은 소리인데, 단지 요즘 사람들이 무시하고 구분을 잘 하지 않을 따름이다.

방금 바로 앞에서 u가 j, q, x, y 뒤에 올 때는 'ㅜ'가 아니라 'ㅟ(ü)'로 소리 난다고 했는데, 바로 이 소리이다.

그러면 이미 u로 'ㅜ'소리와 'ㅟ(ü)' 소리를 모두 표기할 수 있게 됐는데 왜 또 ü가 필요한 걸까?

단 두 개의 자음, 즉 'ㄴ(n)과 ㄹ(l)' 때문이다.

한번 보도록 하자.

'ㅈ', 'ㅊ', 'ㅅ', 'ㅇ' 이외의 자음 중에서 이들처럼 '주, 쥐', '추, 취', '수, 쉬', '우, 위'의 경우와 같이 뒤에 'ㅜ' 모음과 'ㅟ(ü)' 모음이 모두 올 수 있는 자음은 'ㄴ(n)'과 'ㄹ(l)' 외에는 없다.

즉, l과 n의 경우에는 루(lu) 소리도 있고, 뤼(lü) 소리도 있다. 마찬가지로 누(nu) 소리도 있고 뉘(nü) 소리도 있다.

문제는 '주(zu)'와 '쥐(ju)'의 경우처럼 'u'는 그대로 쓰면서 앞에 오는 자음만 바꾸어서 'ㅜ'와 'ㅟ'를 구분을 하려니 'l'과 'n'을 대체할 더 이상의 자음이 없더라는 말이다.

따라서 'l'과 'n'은 그대로 두고 뒤에 오는 모음에 해당하는 'u'를 'ü'로 바꾸어서 lu는 '루', lü 는 '뤼'로 발음하기로 정한 것이다. 마찬가지로 nu는 '누', nü는 '뉘'로 발음한다.

한어병음에서 'ü'가 따라오는 자음은 l과 n, 이 두 가지밖에 없으니 복잡하게 외울 것도 없다. 실제 예로는 녹색이라는 뤼(綠: lü) 자의 발음이나 여인이라는 뉘(女: nü) 자, 간략이라는 뤼에(略: lüe) 자 등의 발음을 표기할 때 이렇게 표기한다.

이 정도로만 이해하면 비전공자로서는 충분한데, 혹시 추가 질문을 하는 분들이 있을 수 있겠다.

〈지금부터 이 꺾쇠괄호 안의 긴 설명은 궁금하지 않은 분은 이 부분을 건너뛰고 바로 ⑥ v로 이동해서 계속해서 공부하시기 바란다. 궁금해하실지 모르는 내용은 아마도, ü라는 발음기호가 있는데, 왜, 주(zu), 쥐(ju), 추(cu), 취(qu), 수(su), 쉬(xu), 우(wu), 위(yu) 등의 발음에서 'ㅜ(u)'와 'ㅟ(ü)' 소리를 구분하기 위해, 'ㅈ'을 z와 j로 나누고 'ㅊ'을 c와 q 따위로 나누는 번거로운 일을 했느냐는 질문, 즉 처음부터 ü를 썼으면 되지 않느냐는 것이 그 궁금증일 것이다. 주(zu), 쥐(zü), 추

(cu), 취(cü), 수(su), 쉬(sü), 우(wu), 위(wü) 이렇게 쓰면 되지 않느냐는 말이다.

그 질문에 대한 답은 본래 중국어의 음운구조와 발음기호인 주음부호의 구조를 알아야 가능하다. 서두에 잠깐 얘기했지만 한글과는 음운구조 자체가 다르고, 한글과 같이 자음과 모음으로 구성되어 있지도 않다.

간단히(?) 말하면 전통 중국어 발음기호인 주음부호에서는 우리가 편의상 'ㅈ'이라고 여기는 '즈(ㄗ)'와 '지(ㄐ)'가 각기 독립된 다른 발음기호다, '즈(ㄗ)'를 우리처럼 다시 'ㅈ'과 'ㅡ'로 구분하거나 '지(ㄐ)'를 'ㅈ'과 'ㅣ'로 나눌 수 없다는 의미이다(이 말은 달리 얘기하면 '즈(ㄗ)'와 '지(ㄐ)'에서의 'ㅈ' 같이 들리는 소리가 중국어에서는 미묘하게 다른 소리일 수 있다는 의미이다. 한어병음을 빌려 얘기하자면 '즈(zi)'와 '지(ji)'에서 z와 j는 다른 소리란 얘기이다. 설사 100% 똑같은 소리라 할지라도 중국어의 본래 발음기호인 주음부호에서 이 둘을 구분했으므로 한어병음에서도 구분하는 것이 원칙일 것이다. 따라서 우리 발음의 구조로 생각하면 '주(zu)', 쥐(zü)라고 하면 될 것 같지만 그렇지 않다는 얘기이다.

츠(ci: ㄘ)와 치(qi: ㄑ), 스(si: ㄙ)와 시(xi: ㄒ)도 마찬가지 이유로 c와 q, s와 x를 구별한다.

그러다 보니 알파벳을 차용해 오면서도 'ㄗ'는 '즈(zi)'로 'ㄐ'는 '지(ji)로 쓰고 발음하도록 정하고, '즈(ㄗ)' 대신 z를, '지(ㄐ)' 대신 j를 쓰도록 구분하여 정한 것이다.

'추(ㄘㄨ)'와 '취(ㄑㄩ), '수(ㄙㄨ)'와 '쉬(ㄒㄩ)' 등의 경우까지 설명하면 너무 복잡해질 수도 있지만, 이왕 설명한 것, 마저 하도록 하자.

추(ㄔㄨ)는 츠(ㄔ)라는 독립된 부호와 우(ㄨ)라는 독립된 부호가 만나서 마치 '치읓(ㅊ)'과 '우(ㅜ)'가 합쳐져서 '추'가 되는 우리의 경우처럼 추(ㄔㄨ)라는 음을 만든다. '취(ㄑㄩ)'의 경우에는 '츠(ㄔ)' 대신 '치(ㄑ)'라는 부호에 '위(ㄩ)'라는 부호가 합해져서 '취(ㄑㄩ)' 소리를 만든다. 앞에서 얘기한 '즈(ㄗ)'나 '지(ㄐ)'의 'ㅈ'처럼 들리는 발음이 같은 것이 아니듯, '추(ㄔㄨ)'와 '취(ㄑㄩ)'에서 같은 'ㅊ'처럼 느껴지는 '츠(ㄔ)'와 '치(ㄑ)'도 중국어에서는 서로 구분하는 것이다. 그래서 한어병음에서도 '츠(ㄔ)'는 c로 '치(ㄑ)'는 q로 구별하여 표기한다.

착실히 따라오신 분들은 여기서 새로운 질문 한 가지를 할 것이다. 한어병음에서는 'ㄩ(ü)' 소리를 내기 위해 즈(z)를 지(j)로 바꾸고, 츠(c)를 치(q)로 바꾸었지만 우(u)는 그대로 썼는데, 주음부호에서는 '추(ㄔㄨ)'와 '취(ㄑㄩ)'에서 보듯, '우(ㄨ)'도 '위(ㄩ)'로 바꾸지 않았는가? 그렇다면 한어병음에서도 같은 규칙을 적용해 '추(ㄔㄨ)'는 cu로, '취(ㄑㄩ)'는 qü로 표기했어야 하는 것 아니냐는 질문일 것이다.

맞는 얘기이다. 그러나 이미 c를 q로 바꾸고, z를 j로, s를 x로, w를 y로 바꾸어 구별이 가능해진 상태에서, 더구나 주음부호가 무엇인지도 모르는 사람들을 위해서 그 원칙까지 동일하게 적용할 필요는 없었을 것이다.

쉽게 "j, q, x, y 뒤에서 u는 ü로 읽는다"라고 설명하는 것이 훨씬 간편했을 것이다.

참고로, 이 글은 '중국어의 발음을 어떤 기호로 표현해서 어떻게 교육할까' 하는 발음기호를 만든 입장에서 설명하는 것이 아니라, 역으로 발음부호를 보면서 그 부호를 어떻게 발음하는지, 또 왜 그렇게 만들었는지에 대한 궁금증을 풀어가는 글임을 이해하고 보시기 바란다.

또 한 가지 이유는 컴퓨터의 자판에 ü가 없다는 점 역시 u 로 ü를 대체하게 한 원인 중의 하나일 것이다(ü의 타이핑은 v를 사용해 해결하는 방법이 있다고 앞에서 잠깐 얘기했고 바로 뒤에 이어지는 ⑥ v에서 또 설명하겠지만, 컴퓨터 자판을 두드릴 때 nv(뉘), lv(뤼), lve(뤼에), nve(뉘에) 등만으로도 이미 자음에 자음이 이어오는 기형적인 모습이 몇 개가 생겼는데, 중국어를 배우고 컴퓨터 자판 앞에서 타이핑을 하는 외국 학생들 특히 알파벳을 모국어 문자로 쓰는 학생들에게 'ㅟ(ü)'가 포함된 글자를 타이핑할 때, jv(쥐), qvan(취앤), xvn(쉰), yve(위에) 등과 같이 문자 형성의 기본을 무너뜨리는 기형적인 타이핑을 계속 시키고 싶지는 않았을 것이다).

이번에는 l과 n에서 ü가 사용되는 예 중에 뤼(lü)와 뉘(nü)에 대해 주음부호는 어떻게 쓰는지를 고급반 학생들을 위해 좀 더 설명하면,

루(ㄌㄨ : lu)는 러(ㄌ)라는 독립된 부호와 우(ㄨ)라는 독립된 부호가 만나서 마치 '리을(ㄹ)'과 '우(ㅜ)'가 합쳐져서 '루'가 되는 우리의 경우처럼 ㄌㄨ(lu)라는 음을 만들고, '뤼(ㄌㄩ)'의 경우에는 러(ㄌ)에 '위(ㄩ)'라는 부호가 합해져서 'ㄌㄩ(lü)' 소리를 만든다.

누(ㄋㄨ : nu)는 너(ㄋ)라는 독립된 부호와 우(ㄨ)라는 독립된 부호가 만나서 마치 '니은(ㄴ)'과 '우(ㅜ)'가 합쳐져서 '누'가 되는 우리의 경우처럼 ㄋㄨ(nu)라는 음을 만들고 '뉘(ㄋㄩ)'는 너(ㄋ)에 '위(ㄩ)'라는 부호가 합해져서 'ㄋㄩ(nü)' 소리를 만든다.

이 경우에는 주음부호에서도 'ㅜ(ㄨ)'와 'ㅟ(ㄩ)'를 구별했지만, 한어

병음에서도 u와 ü를 구별하고 있음을 볼 수 있다.〉

⑥ v

앞에서 'v는 한어병음에 없는 부호이지만, 실생활에서 컴퓨터나
휴대폰으로 한어병음을 입력할 때 자판에 없는 ü 대신에 사용하는,
꼭 필요한 알파벳'이라고 했었다.

바로 앞에서 ü의 용례를 설명하면서 녹색이라는 뤼(绿: lü) 자의
발음이나 여인이라는 뉘(女: nü) 자를 예로 들었다.

이제 실제 상황을 보자. 뤼(綠: lü) 자나 뉘(女: nü) 자를 컴퓨터나
휴대전화에서 타이핑하려고 하는데 자판에 ü가 있는가? 없다. 그래
서 ü 대신 v를 치면 컴퓨터나 휴대전화가 알아서 ü가 들어간 발음을
찾아준다. 물론 어떤 중국어 학습서이건 綠 자에 대한 한어병음의
표기는 lv가 아니라 lü라고 나온다.

마찬가지로 여인이라는 女 자도 컴퓨터에서 칠 때는 nv를 쳐야 찾
을 수 있지만 女 자를 중국어 학습서나 한어병음이 있는 사전에서
찾으면 nü로 표기되어 있다.

타이핑을 할 일이 없는 이상 v를 알 필요가 없다고 생각할 수도 있
는데, 사실 중국에는 한어병음은 쓸 줄 알지만, 글자를 모르는 사람
들이 꽤 많다. 이런 사람들과 부득이 휴대전화 메시지로 대화를 주
고받아야 하는 경우엔 nv나 lv로 女나 綠를 표기하게 된다. 휴대전화
자판에는 ü가 없기 때문이다. 이 경우 수신자 역시 v가 ü임을 인지
하고 있어야 한다.

⑦ w와 y

이 둘은 자음에 해당하는 알파벳이므로 초성에만 쓰인다.

그러나 자음의 특성상 w나 y는 단독으로 쓰일 수 없고 반드시 뒤에 모음을 수반한다.

즉 '우'와 '이'에 해당하는 역할을 하지만 '우'나 '이'를 표기할 때조차도 'w'나 'y'로만 표기할 수 없고, 'wu', 'yi'로 표기해야 한다. 이와 마찬가지로 초성이 다른 자음이고 뒤에 'ㅜ' 소리나 'ㅣ' 소리가 올 경우에도 'ㅜ'는 u, 'ㅣ'는 i를 사용한다. 즉 '부'는 bu, '두'는 du, '미'는 'mi', '티'는 'ti'와 같이 쓴다. bw, dw, my, ty로 쓸 수 없다는 말이다.

단지 y는 u의 앞에서는 '이' 소리가 아니라 뒤에 오는 u(우)를 ü(위)로 만들어 주고 스스로는 'ㅇ'의 역할만을 한다.

예: yu(위), yun(윈)

(가) w의 사용 예:

우(wu), 와(wa), 왕(wang), 우오(wo)

*참고: 황(huang), 누오(nuo)

(나) y의 사용 예:

이(yi), 이에(ye), 양(yang), 윈(yun), 위앤(yuan)

*참고: 냥(niang), 비에(bie)

6. 국립국어원의 '중국어의 발음부호와 한글 대조표'

이 이야기를 하기 전에 앞에서 각각의 한어병음별 한국어 발음 예를 들면서 대부분의 발음은 우리 발음으로 유사하게 표기해 두었지만, 관심있게 본 분들은 '이건 왜 이렇게 발음하지?'라는 것들이 몇가지 있었을 것이다.

아래를 보자.

(1) yan과 ian에서의 'a' 발음

ia나 ya는 '야'로 발음하면 되고, niang이나 yang처럼 뒤에 ng가 오면 '냥, 양'으로 발음하면 된다. 그러나 yan이나 mian처럼 뒤에 n이 오는 경우에는 '얀(이안)', '먄(미안)'이 아니라 '옌(이앤)', '몐(미앤)'으로 발음해야 한다.

예: Jia(쟈), nia(냐), qia(챠), xia(샤), ya(야), Jiang(쟝), niang(냥), qiang(챵), xiang(샹), yang(양), Jian(졘,지앤), nian(녠,니앤), qian(쳰,치앤), xian(셴,시앤), yan(옌,이앤)

ia나 ya 뒤에 n, ng 이외의 자음이 받침으로 오는 경우는 없으니 걱정 마시기를 바란다. 즉, 중국어에 yap, yak, liag, diam 등등과 같은 발음은 없다는 말이다.

(2) juan, quan, xuan, yuan에서의 'a'의 발음

j, q, x, y 외의 다른 자음 뒤에 오는 'uan'은 '우안(완)'으로 즉 duan(두안, 돤), nuan(누안, 놘), kuan(쿠안, 콴) 등으로 읽으면 된다. 그러나 'juan', 'quan', 'xuan', 'yuan'의 경우 '쥐앤', '취앤', '쉬앤', '위앤' 등으로 a가 '아' 보다 '애'에 훨씬 가깝게 소리 난다.

유일하게 'yuan'만은 '위앤' 외에 '위안'으로도 소리가 나는데, 이 또한 그 뒤에 다른 발음이 오지 않는 경우에만 '위안'으로 읽는다. 예

를 들어 돈의 단위인 1원, 2원 할 때 'yi yuan', 'er yuan'을 '이 위안', '얼 위안'으로들 읽는데, 많은 사람들은 이조차 '이 위앤, 얼 위앤'으로 읽는다.

뒤에 다른 발음이 오는 경우에는 '위앤'으로 읽는다. 예를 들어 1월 1일을 지칭하는 yuandan(元旦)은 '위안딴'이 아니라 '위앤딴'으로, 원만하다는 yuanman(圓滿)은 '위안만'이 아니라 '위앤만'으로 읽는다는 말이다.

(3)wo, uo

wo나 uo는 국립국어원의 중국어 발음 표기법에 보면 '워'로 표기하게 되어 있다. 즉 '우+오'가 아니라 '우+어'라는 얘기인데, 우선 우리글에서 '우+오'를 한 글자로 표기할 수 없기 때문이기도 하지만 중국어의 이 발음이 이 두 발음의 중간쯤에 있다 보아도 무방하기 때문이다. '나'라는 我(wo)의 발음이 바로 대표적인 예인데 '워'라고 발음하면 거의 맞다. 또 우리가 잘 아는 사천식 훠궈(火鍋: huoguo) 역시 이런 기준으로 이렇게들 '훠궈'로 표기한다. 사실 '훠궈'보다는 '후오꾸오'를 빠르게 발음할 때의 소리가 더 비슷하긴 하지만……. 사실 '한국'의 중국어 발음인 '한궈'(hanguo)도 '한구오'에 조금 더 가깝다.

〈한 가지 여기서 짚고 넘어갈 것은 국립국어원의 '외래어 표기법'은 어디까지나 '외래어'를 어떻게 한글로 '표기'할 것이냐에 관한 규정이지, 그것이 정확한 그 나라의 발음이라는 것은 아니다.

비근한 예로 영어에서 와서 우리말이 된 대표적 외래어 중에 '라디오'와 '텔레비전'이 있다. 외국어의 음운을 나름의 일관성을 살려 우리 나라 음운구조에 맞게 적는 규칙을 만들다 보니 그렇게 적기로 한 것 일 뿐, 이 발음들이 영어 원래의 발음에 가까운 것은 아니다. radio의 'r'이나 'television'의 'l', 'v' 등은 우리 음에는 없는 발음들이다 보니 가 장 비슷한 소리로 'ㄹ'과 'ㅂ'을 갖다 쓴 것이지만 그렇다 할지라도 좀 더 원발음에 근접하려면 '레이디오', '텔리비젼'이라고 쓰는 것이 옳다. 그러나 이것을 가지고 우리가 왈가왈부하는 것은 옳지 않은 것이, 이 것들은 원래의 발음을 가능한 살리되 가장 한국어 음운구조에 맞게 표 기하도록 규칙을 정한 결과 그렇게 쓰기로 합의한 약속일 뿐이기 때문 이다.

국립국어원이 배포한 '중국어의 발음부호와 한글 대조표'의 표기 방 식 역시 기본적으로 같은 원칙에 의해 만들어졌고, 따라서 원래의 중 국어 발음과 때로는 꽤 거리가 있을 수도 있다. 즉 100% 이대로 발음 해서는 안 된다는 의미이다.

관심이 있는 분들은 이 글의 설명을 다 보신 후 국립국어원 사이트 를 비교 참조해 보시기 바란다.〉

국립국어원 표기 원칙 중 학자별로 이견이 있을 수 있는 발음 한두 개를 더 보면,

(4)you, iu

you, iu를 국립국어원 기준으로는 '유'로 표기하게 되어 있다. 혹 자는 '여우'나 '이우'로 표기하자고 한다. 예를 들어 술 주(酒 : jiu)를

'주'라고 쓰자고 국립국어원은 얘기하는데, "아니다! '져우', 혹은 '지우' 등으로 다르게 쓰자"는 의견들도 있다는 말이다. '주'로 쓰지 않고 '져우'나 '지우'로 쓴 경우에는 빠르게 한 음절처럼 읽어야 한다. '져우'나 '지우'처럼 '져'와 '우' 혹은 '지'와 '우'를 띄어서 마치 두 음절인 것처럼 읽어서는 안 된다.

(5) 'ong'이 들어가는 발음

'nong', 'song', 'yong' 등을 농, 송, 용으로 읽어야 하는지 '눙', '숭', '융'으로 읽어야 하는지에 대해서도 다른 의견들이 있다. 다 나름의 이유도, 일리도 있지만, 여러분은 신경 쓰지 마시라. 결론은 어떻게 읽어도 큰 상관은 없다. 중국어 발음에서는 '오'와 '우'는 구별하지만, '옹'과 '웅'을 구별하지 않는다.

예를 들어 共(공, gong), 宮(궁, gong), 宋(송, song), 嵩(숭, song), 终(종, zhong), 中(중, zhong)과 같이 한국어에서는 '옹'과 '웅'으로 구분되는 음들이 중국어에서는 'ong' 하나로 통일되어 있고 발음도 하나이다. 이 이유로 한국어를 아는 사람들은 '옹'이냐 '웅'이냐로 논쟁을 하지만, 그것은 합의하여 둘 중 하나를 정하면 되는 문제이지 다툴 일은 아니다. 한국어와 음운 구조가 다른 말을 한국어로 표기해야 해서 발생하는 문제일 뿐 사실 '옹'도 아니고 '웅'도 아닌, 그냥 'ong'일뿐이다. 예를 들어 중국어로 宋(song)을 발음할 때, 한국어로 '쑹' 혹은 '숭'이라고 할 때처럼 입술이 삐죽 앞으로 나오지 않는다. 또 '쏭' 혹은 '송'이라고 할 때처럼 턱이 아래로 많이 내려오지도 않는다.

이 문제는 마치 영어의 son을 '썬'이라고 읽나? '쌘'이라고 읽나?

하는 문제와 같은 것으로, 우리 말과는 다른 우리 말에는 없는 [sʌn] 이라는 발음이기 때문인 것과 마찬가지의 문제이다.

참고로 중국(中國)은 중국어를 배운 한국 사람들 간에 '종궈', '쭝궈', '종구오', '쭝구오' 등등으로 그 발음을 놓고 다른 의견들이 많다. 국립국어원의 중국어 표기법에 따르면 '중궈'다. 역시 그렇게 쓰기로 정했을 뿐이다.

글이 많이 길어졌다.

비전공자들에게 우리말 음운 구조와 알파벳 기초에 근거해 가능한 한 쉽게 설명해 드리느라 나름 고민했는데, 설명이 너무 복잡해진 것은 아닌지 걱정스럽다. 중국어 발음과 한어병음의 이해에 다소라도 도움이 되었기를 바란다.